キャリアアップを
目指す人のための

経済産業省経理・財務人材育成事業
経理・財務スキル検定™
FASS
Finance & Accounting Skill Standard

「経理・財務」用語事典

馬場一徳　青山隆治　奥秋慎祐
著

税務経理協会

本書の特長

はじめて経理の仕事に就かれた方がまず面食らうのは、その専門用語の多さです。簿記の勉強をしている方ならば会計用語はある程度わかったとしても、税務や財務（ファイナンス）の用語はわからない方も多いでしょうし、「年齢調べ」や「支払精査」といった簿記に出てこない用語も経理・財務の現場では頻繁に飛び交ったりもします。

本書は、このような初心者の方が実際に経理・財務の実務の現場で使える羅針盤のような存在でありたいという思いで執筆いたしました。

また、経理の仕事をされている方は簿記の学習をされている方が多いかと思いますが、経理・財務実務に精通するには、簿記はもちろんのこと、会計学や税法、資金管理、予算、ファイナンス、業務プロセス・内部統制、監査など幅広い知識や経験も必要となります。そこで、日本CFO協会では、これら経理・財務実務の総合的な能力を判定するための経理・財務スキル検定（FASS 検定）を実施しています。本書の著者は、このFASS検定に向けた『「経理・財務」実務マニュアル』（上・下）（税務経理協会）も執筆しており、本書はこれにも準拠して編集いたしました。

本書には次のような特長があります。

- ●「経理・財務」実務マニュアルの章立てに従った編集。FASS検定の学習にあたってのしるべにもなります。
- ●消費税等も考慮した仕訳例を多くとりあげるなど、実務に直結した解説。
- ●多くの図表を入れた平易な解説。

「経理・財務」パーソンのための経理・財務用語事典として、実務にご活用ください。

著者一同

目次

1　売掛債権管理

委託販売（いたくはんばい）

委託者が受託者に対して商品販売を委託する販売形態。原則、受託者が委託品を販売した日をもって売上高を認識する。例外の処理として、仕切精算書（売上計算書）が到達した日をもって売上計上する。実務的には、受託者が委託品を販売した日をタイムリーに把握しづらい場合は、例外的な処理を採用することになる。

仕訳例

● 委託販売のため、商品1,200円を受託者に渡した。

（積送品）	1,200	（商品）	1,200

● 受託者が2,160円にて商品を販売した。

・原則：

（売掛金）	2,160	（売上高）	2,000
		（仮受消費税）	160
（売上原価）	1,200	（積送品）	1,200

・例外：仕訳なし

● 受託者から仕切精算書を受領した。

・原則：仕訳なし

・例外：

（売掛金）	2,160	（売上高）	2,000
		（仮受消費税）	160
（売上原価）	1,200	（積送品）	1,200

一括評価金銭債権（いっかつひょうかきんせんさいけん）

一括評価の貸倒引当金の対象となる債権のこと。

一括評価金銭債権に係る繰入限度額は、期末の一括評価金銭債権の帳簿価額の合計額に繰入率を乗じて計算する。この繰入率には、「貸倒実績率」と「法定繰入率」の２つがある。

一括評価の貸倒引当金（いっかつひょうかのかしだおれひきあてきん）

法人税法上、不良債権以外の一般の売掛金などに対して設定する貸倒引当金のこと。個別の債務者ごとに繰入限度額を計算するのではなく、対象債権をひとまとめ（グルーピング）にして繰入限度額を計算する。なお、個別評価の貸倒引当金の繰入対象となった債務者の金銭債権は、一括評価の繰入対象とすることができない。

一般債権（いっぱんさいけん）

金融商品会計基準で定められている債権の区分の一つで、貸倒懸念債権及び破産更生債権等以外の債権をいう。

貸倒引当金の見積額の算定方法は、貸倒実績率法になる。

売上計上基準（うりあげけいじょうきじゅん）

売上高を認識する基準のこと。実現主義によって原則売上高は認識されるが、個々具体的な認識基準をいう。主なものに、出荷基準、船積基準、納品基準、検収基準がある。

時系列で示すと次のようになる。

- 受注
- 製造
- 製品完成
- 倉庫又は工場からの出荷← 出荷基準
- 得意先への納品← 納品基準
- 得意先での検収← 検収基準
- 請求書発行
- 代金の入金← 回収基準

↓

会社や取扱い物品等の実態にあわせて採用する。また、採用した基準は、むやみやたらに変更することなく、継続適用が大事となる。

売上高（うりあげだか）

会社の本業によって稼いだ収益のこと。商品、製品の販売やサービスの提供によってもたらされるもの。

仕訳例

●商品を1,080円で掛にて販売した。

（売　掛　金）	1,080	（売　上　高）	1,000
		（仮受消費税）	80

売上値引（うりあげねびき）

商品等の量目不足、品質不良、破損等の理由により、売上代金から控除されるものをいう。

仕訳例

●324円の値引きを行った。

（売上値引）	300	（売　掛　金）	324
（仮受消費税）	24		

売上返品（うりあげへんぴん）

商品等の販売後に、注文が取消され、商品等が返送されるものいう。

仕訳例

●商品324円が返品された。

（売上返品）	300	（売　掛　金）	324
（仮受消費税）	24		

ポイント

●破損や不良品等の理由で返品された場合は、在庫の評価減の要否について検討する必要がある。

売上割引（うりあげわりびき）

売上代金支払期日前の支払に対する売掛金の一部減額をいう。会計上は、金融的費用とみられるため、営業外費用に計上する。

仕訳例

●期日前に代金の回収があり、324円の売上割引を行った。

（売上割引）	300	（売　掛　金）	324
（仮受消費税）	24		

売上割戻（うりあげわりもどし）

一定期間に大量に商品等を購入してもらった得意先に対して売上代金の一部を戻すことで、一般的にはリベートと呼ばれている。

仕訳例

●商品を所定の個数以上販売し、324円のリベートを支払った。

（売上割戻）	300	（売掛金）	324
（仮受消費税）	24		

売掛金（うりかけきん）

得意先との通常の取引によって生じた営業上の未収入金をいう。いわゆるカケとかツケといわれるものである。

代金の回収までが企業にとって大事な業務である。

仕訳例

●商品を1,080円で掛売りした。

（売掛金）	1,080	（売上高）	1,000
		（仮受消費税）	80

●売掛金1,080円の入金があった。

（現金預金）	1,080	（売掛金）	1,080

売掛金元帳（うりかけきんもとちょう）

得意先の数が多い場合、その管理のために得意先ごとに口座を設けて、発生・回収を記録整理する帳簿（補助元帳）をいう。

エイジングテスト（Aging test）

☞年齢調べ（ねんれいしらべ）

回収期限到来基準（かいしゅうきげんとうらいきじゅん）

割賦販売における売上の認識基準の一つ。代金の回収期限が到来した日をもって売上計上する方法。割賦販売の特殊性に鑑み認められた例外的な方法である。

【仕訳例】

☞割賦販売（かっぷはんばい）

回収基準（かいしゅうきじゅん）

売上の計上基準の一つで、代金を回収した日をもって売上計上する方法。代金回収が長期にわたる割賦販売など、特殊な業態にのみ例外的に認められている。

【仕訳例】

☞割賦販売（かっぷはんばい）

貸倒懸念債権（かしだおれけねんさいけん）

金融商品会計基準で定められている債権の区分の一つで、経営破綻の状態には至っていないが、債務の弁済に重大な問題が生じているか、又は生じる可能性が高い債務者に対する債権をいう。

貸倒引当金の見積額の算定方法は、

財務内容評価法又はキャッシュ・フロー見積法となる。

貸倒実績率（かしだおれじっせきりつ）

会計上と税務上の2パターンの貸倒実績率がある。

会計上の貸倒実績率法とは、債権について、債権全体又は同種・同類の債権ごとに過去の貸倒実績率等の合理的な基準により、貸倒見積高を算定する方法である。

ある期における債権残高を分母として、翌期以降における貸倒損失額を分子として算定する。算定期間は、一般的には債権の平均回収期間が妥当とされている。

一方、税務上の貸倒実績率とは、過去３年間の一括評価金銭債権の帳簿価額の合計額のうちに、過去３年間の貸倒損失の額がいくらあったかという過去３年間の貸倒れの実積率を使用する。

貸倒損失（かしだおれそんしつ）

債権等が貸倒れとなった場合に費用又は損失として計上するものをいう。

税務上は、損金に算入できるケースが定められており、①法律上の貸倒れ、②事実上の貸倒れ、③形式上の貸倒れの３つに限定されている。

仕訳例

●売掛金50円が貸倒れた。

（貸倒損失）	50	（売掛金）	50

貸倒引当金（かしだおれひきあてきん）

債権等の将来の貸倒れに備えるために、回収不能見込額を見積り計上したもの。他の引当金項目とは異なり、資産の控除項目として表示する。

税法上は、一定の要件を満たすものに対してのみ損金算入が認められている。また、平成24年4月1日以後に開始する事業年度より、適用法人が、中小法人、銀行・保険会社などに限定された。

仕訳例

●期末において、売掛金に対する貸倒引当金を50円として見積もった。

（貸倒引当金繰入額）	50	（貸倒引当金）	50

貸倒引当金繰入額（かしだおれひきあてきんくりいれがく）

貸倒引当金を費用又は損失計上するための科目である。

【仕訳例】

☞貸倒引当金（かしだおれひきあてきん）

ポイント

- 貸倒引当金繰入額の表示区分は次のようになる。
- ・通常の営業取引から生じた債権：販売費及び一般管理費
- ・通常の営業取引以外の取引から生じた債権：営業外費用
- ・発生原因が臨時の事象に起因し、かつ金額が巨額な場合：特別損失

割賦販売（かっぷはんばい）

月賦、年賦等の方法により販売対価の支払いを受けることを定めた約款に基づき行われる販売形態であり、商品等を引き渡した日をもって売上収益が実現した日とみなす。割賦販売は代金回収の期間が長期にわたり、かつ分割払いであることから、代金回収上のリスクが高いため、収益認識を慎重に行う観点から、販売基準に代えて、割賦金の回収期限の到来日（回収期限到来基準）又は入金日（回収基準）をもって売上収益実現の日とすることが例外的に認められている。

仕訳例

● 商品を2,160円で販売した。代金は5回の分割払いである。

・原則：

（売掛金）	2,160	（売上高）	2,000
		（仮受消費税）	160

・回収期限到来基準：仕訳なし

・回収基準：仕訳なし
　但し、備忘仕訳を切ることがある。

● 1回目の回収期限が到来し、同日に432円の入金があった。

・原則：

（現金預金）	432	（売掛金）	432

・回収期限到来基準：

（売掛金）	432	（売上高）	400
		（仮受消費税）	32

・回収基準：

（売掛金）	432	（売上高）	400
		（仮受消費税）	32

● 2回目の回収期限が到来したが、いまだに入金がない。

・原則：仕訳なし

・回収期限到来基準：

（売掛金）	432	（売上高）	400
		（仮受消費税）	32

・回収基準：仕訳なし

期日別債権管理（きじつべつさいけんかんり）

滞留債権が発生しないように、決済期日別に債権を管理すること。決済期日を過ぎた債権については、原因を調査し、督促等の対策を講じる必要がある。

キャッシュ・フロー見積法（キャッシュ・フローみつもりほう）

キャッシュ・フロー見積法とは、債権の元本及び利息について元本の回収及び利息の受取が見込まれる時から当期末までの期間にわたり、当初の約定利子率で割り引いた金額の総額と債権の帳簿価額との差額を貸倒見積高とす

る方法である。

形式上の貸倒れ（けいしきじょうのかしだおれ）

税務上の損金算入できる貸倒損失の判定基準の一つで、次のどちらかに該当する貸倒れのこと。

> ①債務者と取引を停止したとき（最後の弁済期が取引停止以後のときは、その弁済期）以後1年以上経過した場合
> ②同一地域の売掛債権の総額が売掛債権を取り立てるための旅費などの費用に満たず、督促しても弁済がない場合

備忘価額（1円）を引いた残額の損金経理を条件として貸倒損失とすることができる。

損金算入時期は、①については取引停止後1年以上経過した日以後の事業年度、②については弁済がないとき以後の事業年度となる。

ポイント

- 対象債権は売掛債権に限定されている。貸付金は対象外なので、注意が必要。

検収基準（けんしゅうきじゅん）

相手方が商品の品質・規格等の検査をし、検収合格してはじめて売上計上する方法。据え付けや試運転の必要な大型機械などに適用される。

工事完成基準（こうじかんせいきじゅん）

工事契約に関して、工事が完成し、目的物の引渡しを行った時点で、工事収益及び工事原価を認識する方法。

仕訳例

- 工事着手にあたり、800円の前受金を受領した。

（現金預金）	800	（未成工事受入金）	800

- 工事が完成し、引渡しが完了した。

（未成工事受入金）	800	（完成工事高）	2,000
（完成工事未収入金）	1,360	（仮受消費税）	160

工事進行基準（こうじしんこうきじゅん）

工事契約に関して、工事収益総額、工事原価総額及び決算日における工事進捗度を合理的に見積もり、これに応じて当期の工事収益及び工事原価を認識する方法。

仕訳例

- 工事を2,160円で請負った。
  工事の総原価は1,296円と見積もられた。
  当期末までに工事原価が216円発生した。

（完成工事未収入金）	360	（完成工事高）	360

（※）2,160円×（216円÷1,296円）＝360円

個別評価金銭債権（こべつひょうかきんせんさいけん）

個別評価の貸倒引当金の対象となる債権のこと。

個別評価金銭債権は内容に応じて分類され、繰入限度額が内容ごとに定められている。

ポイント

● 個別評価金銭債権を分類したものと、それに対応する繰入限度額は次のようになる。

個別評価金銭債権	繰入限度額
①長期棚上げ債権 会社更生法等の規定による更生計画認可決定等の事由で弁済が猶予された債権又は分割払いにより弁済される債権	その事由が生じた事業年度から5年を超えて弁済される金額
②一部回収不能債権 債務者について債務超過の状態が相当期間継続し、事業好転の見通しがないことなどにより債権の一部について取立ての見込みがないと認められるもの	取立ての見込みがないと認められる金額
③形式基準該当債権 会社更生法等の規定による更生手続き開始の申立て等がなされたものに対する債権（手形交換所の取引停止処分を受けたものに対する債権を含む）	対象となる債権の50％
④外国公的不良債権 外国の政府等に対する金銭債権のうち、長期にわたる債務の履行遅延によりその経済的な価格が著しく下落し、その弁済を受けることが著しく困難であると認められる事由が生じているもの	対象となる債権の50％

個別評価の貸倒引当金（こべつひょうかのかしだおれひきあてきん）

法人税法上、個別の債務者ごとに繰入限度額計算を行う貸倒引当金のこと。

債権残高確認（さいけんざんだかかくにん）

得意先に当社の売掛金等の債権の帳簿残高を文書で知らせて確認し、先方の帳簿残高と合致するか、差異があればその原因が何であるかを調査すること。

差異の有無にかかわらず必ず回答を求める方法を「積極的残高確認」といい、差異があった場合にのみ回答を求める方法を「消極的確認」という。残高確認としては、積極的確認が望ましい。

債権残高確認書（さいけんざんだかかくにんしょ）

当社の債権額と得意先の債務認識額とが合致しているかどうかを確認するために、先方に送る書面のこと。

財務内容評価法（ざいむないようひょうかほう）

財務内容評価法は、債権額から担保の処分見積額及び保証による回収見込額等を減額した残高について、債務者の状況を考慮して、貸倒見積高を算定する方法である。

破産更生債権等については、回収見込額を減額した残高の全額が貸倒見積高となる。一方、貸倒懸念債権は、債務者の支払能力を判断して必要額を貸倒見積高とすることになるが、残額の50%を引き当てる簡便法の採用も考えられる。

残高確認（ざんだかかくにん）

当社の債権額又は債務額と相手先の債務又は債権認識額とが合致しているかどうかを確認すること。

確認残高に不一致があれば、原因を調査することが必要である。

事実上の貸倒れ（じじつじょうのかしだおれ）

税務上の損金算入できる貸倒損失の判定基準の一つ。債務者の財産状況、支払能力などからみて、その全額が回収できないことが明らかになった場合の貸倒れのこと。回収不能額の全額が損金経理を要件として貸倒損失の計上が認められている。損金算入のタイミングは、回収ができないことが明らかとなった事業年度となる。

ポイント

- 債権の一部ではなく、全額が回収不能となることが要件となっている。
- 相手から担保を受け取っているときは、その担保物を処分した後でなければ貸倒処理ができない。
- 法律上の貸倒れの場合と違って、損金経理を行っている必要がある。

実現主義（じつげんしゅぎ）

収益の計上について、①商品等の移転と②対価の受領があったときに認識するという考え方のこと。

実質的に債権とみられない金額（じっしつてきにさいけんとみとめられないきんがく）

同一人に対する売掛金又は受取手形と買掛金がある場合のその売掛金又は受取手形の金額のうち買掛金の金額に相当する金額などをいう。税務上の貸倒引当金を算出する際に考慮される金額である。

出荷基準（しゅっかきじゅん）

商品等を出荷した日を売上計上日とする方法で、最も一般的な方法。どの段階をもって出荷とするかの社内基準を作る必要がある。

試用販売（しようはんばい）

買手に買取りの意思のない段階で商品等の引渡しを行う販売形態であり、買手が買取りの意思を表示した日をもって売上収益が実現した日とみなす。

仕訳例

●相手先へ試用品1,200を送付した。

（試用品）	1,200	（商品）	1,200

●相手先から買取りの連絡がきた。代金は2,160円である。

（売掛金）	2,160	（売上高）	2,000
		（仮受消費税）	160
（売上原価）	1,200	（試用品）	1,200

信用調査（しんようちょうさ）

受注契約を結ぶ前段階として、債権の回収可能性を把握・検証するために、取引先の財務状況、債務の支払状況等を調査すること。信用調査機関へ依頼するケースが一般的であるが、自ら財務諸表等を入手し独自に分析し、判断することが重要である。

滞留債権（たいりゅうさいけん）

☞23. 貸付金管理

長期割賦販売等（ちょうきかっぷはんばいとう）

資産の販売等の代金を月賦、年賦等の分割払いの方法で、長期にわたって決済する販売形態をいう。税務上、長期割賦販売等を行った場合は、実現した収益を繰り延べることができる。この適用要件は次の３つを満たす必要がある。

①月賦、年賦その他賦払が3回以上に分割されていること。
②目的物の引渡し等の翌日から最終の支払期日までの期間が2年以上であること。
③目的物の引渡期日までに受けるべき頭金等が対価の3分の2以下であること。

長期大規模工事（ちょうきだいきぼこうじ）

法人税法上定められているもので、以下の要件を満たす工事をいう。

①工事の着手の日から工事契約の目的物の引渡し期日までの期間が1年以上であること。
②請負対価が10億円以上であること。
③工事契約において、その請負対価の2分の1以上が目的物の引渡し期日から1年を経過する日後に支払われるものではないこと。

長期大規模請負工事については、工

事進行基準の適用が強制される。

得意先元帳（とくいさきもとちょう）

☞売掛金元帳（うりかけきんもとちょう）

取引条件（とりひきじょうけん）

受注契約の締結における契約金額、納期、検収方法、支払方法、支払期限等の各条件のこと。

年齢調べ（ねんれいしらべ）

債権残高が発生から何ヶ月経過しているのかを明らかにしたもの。回収の遅延など債権の残高管理に役立つ。

延払基準（のべばらいきじゅん）

長期割賦販売等で認められる税務上の収益計上方法のこと。実現した収益を繰り延べる方法である。次の算式により計算する。

算式

①収益の額：長期割賦販売等の対価の額×賦払金割合

②費用の額：（原価の額＋手数料等の額）×賦払金割合

（※）

$$\text{賦払金割合} = \frac{\text{当期中に支払期日が到来する賦払金の合計額}}{\text{長期割賦販売等の対価の額}}$$

破産更生債権等（はさんこうせいさいけんとう）

金融商品会計基準で定められている債権の区分の一つで、経営破綻又は実質的に経営破綻に陥っている債務者に対する債権をいう。

貸倒引当金の見積額の算定方法は、財務内容評価法になる。

発生主義（はっせいしゅぎ）

収益と費用は、発生した期間に認識するという基準のこと。代金が未入金でも商品が販売されたら売上を認識する。収益のより具体的な認識基準として実現主義がある。

引渡基準（ひきわたしきじゅん）

相手方へ商品を引き渡したという事実をもって売上計上する方法。

船積基準（ふなづみきじゅん）

一種の出荷基準で、特に輸出する品物については、船荷証券の日付をもって売上計上日とする方法。

法定繰入率（ほうていくりいれりつ）

法人税法上、一括評価の貸倒引当金を算出する際に用いる繰入率のことで、税務上業種区分ごとに定められている。中小法人等のみが用いることができる。

①卸売及び小売業（飲食店業、料理店業を含む）・・・10/1000
②製造業（電気、ガス、熱供給、水道、修理業を含む）・・・8/1000
③金融・保険業・・・3/1000
④割賦販売小売業・割賦購入あっせん業・・・13/1000
⑤その他の事業・・・6/1000

法律上の貸倒れ（ほうりつじょうのかしだおれ）

税務上の損金算入できる貸倒損失の判定基準の一つで、会社更生法など法的な手続きによって生じた貸倒れのこと。法律上、債権が切り捨てられた場合などに、その切り捨てられた金額が貸倒損失となる。貸倒損失の損金算入のタイミングは、その切り捨てが発生した事業年度に限定されているので、注意が必要である。

与信管理（よしんかんり）

取引先の信用状況を管理することをいう。新規の相手先と取引を行う場合は、相手先の信用調査を行って、債権残高の限度額を設定したりする。既存の相手先については、最新の財務情報等に基づいて、取引限度額や取引条件の見直しを継続的に行ったりする。

相手先の信用度が低い場合は、担保の設定、保証金の預り、保険の設定等が行われる。

与信限度額（よしんげんどがく）

取引先に対して売上債権を許容する最高限度額のこと。

予約販売（よやくはんばい）

買手より商品等の購入予約を受けて予約金を受領するが、その時点では商品等の引渡しが完了していない販売形態であり、商品等の引渡し又は役務提供の完了した日をもって売上収益が実現した日とみなす。

仕訳例

●相手先から予約金400円を受領した。

（現金預金）	400	（前受金）	400

●相手先へ商品を2,160円で引渡した。

（前受金）	400	（売上高）	2,000
（売掛金）	1,760	（仮受消費税）	160

2 買掛債務管理

FOB（エフオービー：Free On Board）

輸出港までは売り手が商品を運び、そこで買い手が受け取る条件の輸出入取引のこと。輸出地で商品の所有権が買い手に移転する。

買掛金（かいかけきん）

仕入先との通常の取引（商品・原料の買入れ）によって生じたものの買入代金のうち、まだ支払われていないもの（カケ・ツケの未払額）をいう。つまり、買入先（仕入先）との間の通常の商取引に基づいて発生した営業上の未払いのこと。

通常の取引とは、商品、原材料等の買入（仕入）や外注加工の依頼等を意味する。固定資産の購入・建設は含まれない。また、通常の取引に基づいて発生した役務の提供による未払金、例えば電気・ガス・水道料、外注加工賃等の未払額は買掛金に含めることができる。

ポイント

未払金との違い	●買掛金と未払金はどちらも未払であることは同じだが、次のように、購入したモノの内容が異なる。 ・買掛金は、購入した商品、原材料等やサービスが、そのまま、あるいは加工されて商品や製品として販売されるようなモノを購入した場合。 ・未払金は、器具備品、設備の購入等、営業上の取引以外のモノを購入した場合。
表示のしかた	●買掛金は支払期日が1年を超える場合も通常の営業取引であれば流動負債に区分される。 ●未払金は支払期日が1年以内の場合は流動負債、1年を超える場合は固定負債に表示される。
消費税	●買掛金は、消費税込みの金額で計上する。したがって、税抜経理の場合は、次のように仕入額と消費税等の額だけ差異が生じる。 （仕　　入）100（買　掛　金）108 （仮受消費税）　8
買掛金のマイナス残高（赤残）	●仕入先元帳に赤残が生じた場合は、原因を究明のうえ、処理する。 ・支払金額の誤りや二重支払の場合は、仕入先に返還請求を行い、処理伝票を作成する。 ・前渡金を買掛金のマイナスで会計処理している場合も、赤残が生じることがある。この場合は、決算で前渡金に振り替える。

期日別債務残高管理（きじつべつさいむざんだかかんり）

買掛金や未払金について、支払が遅延したり、早すぎたりすることがないよう、支払期日別に残高を管理すること。

決済（けっさい）

買入先からの請求に基づき、購入代金を支払うこと。

検収（けんしゅう）

入荷した商品の数量、品質等を点検し、確認すること。

検収基準（けんしゅうきじゅん）

仕入の計上基準の一つ。入荷した商品の数量、品質等を点検し、不良品は返品、数量不足は値引き処理をした上で仕入（買掛金）を計上する基準。返品や値引き等の実施後に買掛金計上を行うため、仕入債務の計上としては他の基準よりも確実性が高く、最も一般的な方法である。

内部統制上のリスクとしては、決算日に受入済みの未検収品がある場合、会計上、仕入には計上したが、在庫（期末棚卸高）には計上していないというミスが起こる可能性があるので注意する必要がある。

購入業務／購買業務（こうにゅうぎょうむ／こうばいぎょうむ）

商品や原材料を買う時の会社の行動をいう。基本的には次の５つに整理できる。

①買入先へ注文書を送る
②送り状付きで原料が送られてくる
③検収書を購買部へ送る
④入庫伝票を購買部及び経理部へ出す
⑤買入伝票を経理部へ出す（受入の計上）
⑥買入先へ代金を支払う

● **購入業務の流れ**

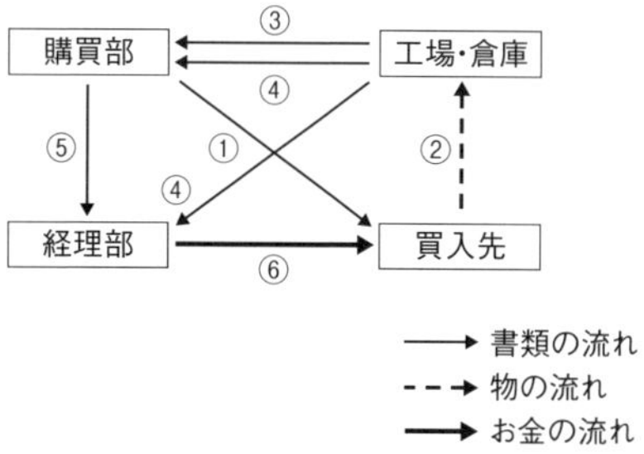

買入部は原料料を買入先に注文し（①）、買入先は注文書に従って、工場・倉庫等に納入（②）する。これを受けて工場・倉庫等では検収（③）を行い、注文した原材料が過不足なく入ってきたかチェックする。検収に合格すると、購買部と経理部に入庫伝票を回して（④）買入先へ通知して受入の計上をし、経理部はその仕訳を記帳する（⑤）。通常、この受入が終わっ

た段階で、お金を支払う義務が発生するが、この段階では、掛買い（買掛）というわば「ツケ」にすることが多い。そして、買入先との契約に従って、請求書をもらい、決められた日に支払う。その際、経理部は支払いの計上の仕訳を記帳する（⑥）。

下請代金支払遅延等防止法（したうけだいきんしはらいちえんとうぼうしほう）

親事業者と下請事業者の公正な取引を確保することを目的とする法律。親事業者が、立場の弱い下請事業者の利益を害することを防止するために、独占禁止法の特別法として制定された。

仕入の計上基準（しいれのけいじょうきじゅん）

仕入の発生（＝仕入計上のタイミング）をいつにするのかというルールのこと。いくつかの認められた方法の中から、会社が合理的な方法を選択できる。ただし、一度選択したら毎期継続して適用する必要がある。

仕入の計上基準には、発送基準、入荷基準、検収基準、使用基準等がある。

仕訳例

●注文していた商品1,000円を検収し、買入先に通知した。

（仕　　入）	1,000	（買 掛 金）	1,080
（仮払消費税）	80		

仕入（しいれ）

物やサービスを買うこと。仕入、買入、購入、購買はすべて同義語だが、仕入は特に商品、原材料等の場合に用いることが多い。

仕入値引（しいれねびき）

仕入商品の量目不足、品質不良、破損等の理由により、仕入代金から控除される金額をいう。

仕訳例

●仕入商品の中に不良品があったので買入先と交渉のうえ1,080円（消費税込）の値引きを受けることになった。

※間接控除方式の場合

（買 掛 金）	1,080	（仕入値引）	1,000
		（仮払消費税）	80

仕入割戻し（しいれわりもどし）

一定期間に多額又は多量の仕入取引をしたときに、仕入先から受け入れる仕入額の返戻をいう。リベートともいう。仕入割戻しの計上時期は、算定基準が購入価額や数量によっており、かつ契約等で明示されている場合は購入した年度、そうでない場合は仕入先から通知を受けた年度である。

仕訳例

●買入先より、1,080円（消費税込）の割戻しを行う旨の通知を受けた。
※間接控除方式の場合

（買　掛　金）	1,080	（仕入割戻し）	1,000
		（仮払消費税）	80

仕入割引（しいれわりびき）

仕入代金を約定期日前に支払った時に支払額の減額を受けること。たとえば、通常の支払条件が月末締切り、翌月末支払となっている場合に、納品後10日以内に支払った場合は5%割り引くというような条件が付いている場合にその条件の適用により受ける減額等である。

仕入割引は、仕入取引から生じたものではなく、代金の支払取引から生ずる収益であり、仕入取引に基づく減額である仕入値引や仕入割戻しとは異なる。一種の受取利息なので、損益計算書上は「仕入割引」として営業外収益の区分に表示される。

仕訳例

●買掛金（1,080円）の支払を支払期日前に行うこととし、契約条件に従い、仕入割引額54円を差し引いて振り込んだ。

（買　掛　金）	1,080	（普 通 預 金）	1,026
		（仕 入 割 引）	50
		（仮払消費税）	4

使用基準（しようきじゅん）

仕入の計上基準の一つ。商品、製品、原材料等が使用又は販売された時点で仕入を計上する基準。自社倉庫、工場に商品等を預かり、使用、販売した分のみを仕入計上する基準。預かっている商品等は、使用・販売されるまでは預り品として取り扱われる。コックシステム（Cock System）ともいう。

仕入先別債務残高管理（しいれさきべつさいむざんだかかんり）

支払遅延、二重支払等が生じないよう、仕入先ごとに買掛債務を記録・集計し、残高の管理、記帳を行うこと。仕入先別元帳の合計額と総勘定元帳の買掛金残高は一致するはずなので、この確認を定期的に行う必要がある。

仕入先別元帳（しいれさきべつもとちょう）

仕入先ごとに買掛金の発生と支払を記録し、買掛金の残高を明らかにした補助元帳のこと。

CIF（シフ：Cost,Insurance and Freight）

売り手が輸入地までの運賃・保険料を負担する条件の輸出入取引のこと。商品の所有権は船積書類（船荷証券、送状及び保険証券）が売り手から買い手に提供された時に貨物の所有権が買い手に移転する。

滞留買掛金（たいりゅうかいかけきん）

仕入先からの請求がないまま、長期間未払いとなっている買掛金をいう。発生原因を調査し、適切に処理する必要がある。発生原因としては、①記帳の誤り、②仕入先との間の納品等のトラブルに起因するもの、③そもそも支払不要である、④架空仕入等が考えられる。

入荷基準（にゅうかきじゅん）

仕入の計上基準の一つ。仕入先から商品、製品、原材料等が自社の倉庫、工場、店舗等に納品された時点（検収前）で仕入を計上する基準。納品基準ともいう。納品後の検収作業によって不良品や数量不足が発見された場合には、仕入高を修正する会計処理を行う必要がある。

発送基準（はっそうきじゅん）

仕入の計上基準の一つ。仕入先から商品、製品、原材料等が発送された時点で仕入を計上する基準。

輸入取引の仕入計上基準（ゆにゅうとりひきのしいれけいじょうきじゅん）

FOBの場合は船積み通知を入手した時、CIFの場合は船積書類を入手した時に仕入計上する。

仕入計上基準

FOB（本船渡し条件）	船積み通知を入手した時
CIF（仕向地までの運賃保険料込み条件）	船荷証券等の船積書類を入手した時

3 在庫管理

後入先出法（あといれさきだしほう）

在庫の評価方法の一つで、後に取得されたものから順次払出しを行って、期末棚卸資産は最も古く取得されたものからなるとみなして期末棚卸資産の価額を算定する方法。

平成22年4月1日以降開始する事業年度から廃止となっている。

移動平均法（いどうへいきんほう）

在庫の評価方法の一つ。棚卸資産の受入の都度、数量及び金額をすでに在庫中の棚卸資産及び金額に加え、その合計額を合計数量で除して新しい平均単価を算定し、期末棚卸資産の価額を算定する方法。

計算例

日付	内容	数量（個）	仕入単価（円）	金額（円）	払出（個）	残高（個）
期首残高		50	100	5,000		50
4月5日	仕入	40	80	3,200		90
4月10日	売上				20	70
4月14日	仕入	40	120	4,800		110
4月23日	売上				50	60
合計		130		13,000	70	60

・4/10払出単価：（5,000円＋3,200円）÷90個＝@91.1円（四捨五入）
・4/10売上原価：20個×@91.1円＝1,822円
・4/23払出単価：（@91.1円×70個＋4,800円）÷110個＝@101.6円（四捨五入）
・4/23売上原価：50個×@101.6円＝5,080円

売上原価：1,822円＋5,080円＝6,902円
在庫金額：13,000円－6,902円＝6,098円

継続記録法（けいぞくきろくほう）

棚卸資産の数量把握方法で、一品目ごとに受払及び残高を記録していくやり方。

定期的に実地棚卸を行い、帳簿と現物とを照合し、棚卸差異を把握する。使用する補助簿として商品有高帳がある。これにより、棚卸資産の管理が可能となる特徴がある。

原価法（げんかほう）

期末棚卸資産を実際購入原価又は実際製造原価で評価する方法。低価法との選択適用になる。

原材料（げんざいりょう）

製品製造のために購入した原料や材料、部品のこと。

個別法（こべつほう）

実際原価をベースとした在庫の評価方法で、取得原価の異なる棚卸資産を区別して記録し、その個々の実際原価によって期末棚卸資産の価額を算定す

る方法。

個別法は、個別性が強い在庫の評価に適した方法といえる。

計算例

日付	内容	数量(個)	仕入単価(円)	金額(円)	払出(個)	残高(個)
期首残高		50	100	5,000		50
4月5日	仕入	40	80	3,200		90
4月10日	売上				20	70
4月14日	仕入	40	120	4,800		110
4月23日	売上				50	60
合計		130		13,000	70	60

・4/10売上原価（4/5仕入分を払出した）：20個×@80円＝1,600円
・4/23売上原価（期首残高を払出した）：50個×@100円＝5,000円

売上原価：1,600円＋5,000円＝6,600円
在庫金額：13,000円－6,600円＝6,400円

在庫（棚卸資産）回転率（ざいこ（たなおろししさん）かいてんりつ）

過剰在庫や滞留在庫が発生していないかをチェックするための指標。

算式

$$在庫回転率 = \frac{出庫金額}{在庫金額}$$

商品別に求めることにより、商品の優劣を判定することができ、在庫回転率が高いほど販売や生産効率が高い、すなわちよく売れていることが分かる。

商業、流通業を主とする会社においては、次の算式により、会社トータルとして回転率を管理することも必要となる。

算式

$$在庫回転率 = \frac{売上高}{期首・期末平均棚卸資産在庫高}$$

また、在庫回転率を日数に置き換えることにより在庫の滞留日数を表すこともできる。

算式

$$在庫回転期間（日） = \frac{365}{在庫回転率}$$

最終仕入原価法（さいしゅうしいれげんかほう）

事業年度の最終に仕入れた単価をもって期末棚卸資産を評価する方法。税法独自の基準で財務会計では認められない方法である。但し、重要性に乏しい「貯蔵品」の評価方法として採用している企業は多い。

計算例

日付	内容	数量(個)	仕入単価(円)	金額(円)	払出(個)	残高(個)
期首残高		50	100	5,000		50
4月5日	仕入	40	80	3,200		90
4月10日	売上				20	70
4月14日	仕入	40	120	4,800		110
4月23日	売上				50	60
合計		130		13,000	70	60

在庫金額：60個×@120円＝7,200円
売上原価：13,000円－7,200円＝5,800円

先入先出法（さきいれさきだしほう）

在庫の評価方法の一つ。先に取得されたものから順次払出しが行われ、期末棚卸資産は最も新しく取得されたものからなるとみなして期末棚卸資産の価額を算定する方法。

計算例

日付	内容	数量(個)	仕入単価(円)	金額(円)	払出(個)	残高(個)
期首残高		50	100	5,000		50
4月5日	仕入	40	80	3,200		90
4月10日	売上				20	70
4月14日	仕入	40	120	4,800		110
4月23日	売上				50	60
合計		130		13,000	70	60

在庫金額：20個×@80円＋40個×@120円＝6,400円
売上原価：13,000円－6,400円＝6,600円

仕掛品（しかかりひん）

☞6. 原価管理

仕損品（しそんじひん）

製品の製造過程で、加工に失敗したり、検査の結果不合格品となった物品のこと。

商品（しょうひん）

販売を目的として購入した完成品のこと。

商品の取得価額は、購入対価に付随費用を足した金額となる。

仕訳例

●商品5,400円を購入した。あわせて、引取運賃216円を支払った。

（商　　品）	5,200	（現金預金）	5,616
（仮払消費税）	416		

実地棚卸（じっちたなおろし）

棚卸資産の在高を事業年度終了時に実際に点検・計量することで、在庫を確定し、評価をすることをいう。売上原価を確定するための重要な手続きであるとともに、不良品や滞留品を発見して評価損の把握等必要な処理を行うための手続き。

正味売却価額（しょうみばいきゃくかがく）

時価の捉え方の一つで、次の算式でもとめる。

算式

正味売却価額＝売却可能価額－見積追加製造原価－見積販売直接経費

税務上、時価とは正味売却価額を指し、企業会計と同一概念となった。

製品（せいひん）

☞6. 原価管理

総平均法（そうへいきんほう）

在庫の評価方法の一つ。期首の数量及び金額に一定期間の数量及び金額を加え、その合計額を合計数量で除して平均単価を算定し、期末棚卸資産の価額を算定する方法。移動平均法と基本的には同じ考えだが、1カ月単位のように一定期間で計算する点が異なる。

移動平均法とこの総平均法を合わせて平均原価法とも呼びます。

計算例

日付	内容	数量（個）	仕入単価（円）	金額（円）	払出（個）	残高（個）
期首残高		50	100	5,000		50
4月5日	仕入	40	80	3,200		90
4月10日	売上				20	70
4月14日	仕入	40	120	4,800		110
4月23日	売上				50	60
合計		130		13,000	70	60

在庫金額：13,000円÷130個＝@100円
60個×@100円＝6,000円
売上原価：70個×@100円＝7,000円

滞留在庫（たいりゅうざいこ）

売れ残り品のこと。営業循環過程から外れており、適正価格での販売が困難である。

ポイント

- 通常在庫の評価額とはなり得ないことから、正味売却価額まで評価額を切り下げることになる。
  この方法が困難な場合は、状況に応じて、次の収益性の低下の事実を適切に反映する処理をする。
  - ・帳簿価額を処分見込額（ゼロ又は備忘価額を含む）まで切り下げる方法
  - ・一定の回転期間を超える場合、規則的に帳簿価額を切り下げる方法

棚卸計算法（たなおろしけいさんほう）

棚卸資産の数量把握方法の一つで、期中は棚卸資産の受払を記録せず、期末に棚卸資産の実地棚卸を行って、差引により期中払出量を求める方法。実務的に作業の簡便化が図られる。しかし、棚卸減耗等があった場合は、払出量に含まれてしまうので、棚卸資産管理には十分な方法とはいえない。

棚卸原票（たなおろしげんぴょう）

☞たな札（たなふだ）

棚卸減耗損（たなおろしげんもうそん）

継続記録法によった場合で、帳簿記録よりも実施棚卸の方が少なく、その原因がどうしてもつかめなかったときに、実地棚卸高に合わせて資産計上した場合の、その差額部分のこと。

仕訳例

- 期末に実地棚卸をした結果、帳簿残高1,600円に対し、実地棚卸高1,300円であった。

（棚卸減耗損）　300　（商　　品）　300

ポイント

- その発生の原因や原価性の有無によって表示区分が異なる。
- ・業務等の性質上経常的に発生するもの：売上原価若しくは製造原価の内訳項目又は販売費
- ・臨時に多額の差異が生じ、原価としての関連性が薄いもの：営業外費用又は特別損失

棚卸資産（たなおろししさん）

在庫の別称。商品、製品、半製品、原材料、仕掛品等の資産であり、企業がその営業目的を達成するために所有し、かつ、売却を予定する資産のほか、売却を予定しない資産であっても、販売活動及び一般管理活動において短期間に消費される事務用消耗品等も含む。

棚卸資産の評価基準（たなおろししさんのひょうかきじゅん）

期末時点の在庫金額を算出する尺度のこと。原価法と低価法がある。

棚卸資産の評価方法（たなおろししさんのひょうかほうほう）

単価の決定方法のこと。在庫の取得単価が複数ある場合、仮定計算に基づき払出単価や期末在庫単価を決定する。この仮定計算には複数の選択肢がある。主なものに、個別法、先入先出法、移動平均法等がある。

企業が合理的と思われる方法を事業の種類、棚卸資産の種類、その性質及びその使用方法等を考慮した区分ごとに選択し、継続して適用しなければならない。

棚卸資産評価損（たなおろししさんひょうかそん）

期末在庫の評価において、時価が取得価額を下回った場合に計上される損失のこと。

仕訳例

- 商品の取得価額は2,400円であったが、期末時点の時価は2,000円であった。

（棚卸資産評価損）	400	（商　　品）	400

ポイント

- 会計上は次の区分に応じて表示区分が異なる。
- ・通常の販売目的で保有する棚卸資産：売上原価又は製造原価
  但し、臨時の事象に起因し、かつ、多額である場合は「特別損失」
- ・トレーディング目的で保有する棚卸資産：原則、純額で売上高

たな札（たなふだ）

実地棚卸に際して倉庫担当者があらかじめその棚卸時に在庫品ごとに添付する付票（棚卸原票）のこと。たな札には品名、単位、数量などを記載す

る。

ポイント

- 記入にあたっては、担当者による数量管理の不正を防止する等のために、次の点に留意する。
  ①ボールペンを使用すること。
  ②記入を間違えた場合、修正せず当該たな札は×印を書き、たな札管理表にその旨記入する。

貯蔵品（ちょぞうひん）

直接販売するものではなく、販売活動や製造活動の過程で使用されるもの。主なものに、切手、収入印紙、梱包用品などがある。

低価法（ていかほう）

期末棚卸資産を実際購入原価又は実際製造原価と時価のいずれか低い方の価格で評価する方法。

ポイント

- 低価法には、翌期首において評価損に相当する金額の戻入れ益を計上する「洗替え低価法」と戻入れ益を計上しない「切放し低価法」がある。
  税務上は、平成23年4月1日以後開始する事業年度より、切放し低価法は廃止となっている。

トレーディング目的で保有する棚卸資産（トレーディングもくてきでほゆうするたなおろししさん）

当初から加工や販売の努力を行うことなく単に市場価格の変動により利益を得ることを目的として保有されている棚卸資産のこと。例えば、金地金が該当する。

トレーディング目的で保有する棚卸資産は、会計上、市場価格に基づく価額をもって在庫金額とし、帳簿価額との差額は、当期の損益として処理する。

売価還元法（ばいかかんげんほう）

在庫の評価方法の一つ。在庫を適当なグループにまとめ、グループに属する期末棚卸高の売価合計額に原価率を乗じて求めた金額を期末棚卸資産の価額とする方法。

売価還元法は、取扱品種のきわめて多いデパートのような小売業等の業種における棚卸資産の評価に適用される。

半製品（はんせいひん）

☞6. 原価管理

4　固定資産管理

圧縮記帳（あっしゅくきちょう）

国からの補助金等を受けて固定資産を取得したり、特定の資産の買い換え等をした場合に、補助金や買換資産の売却益等のうち一定額を、取得した固定資産の取得原価から控除し、又は積立金として計上する会計処理のこと。

圧縮記帳は、その補助金等や売却益等に対する法人税の課税を将来に繰り延べることを目的とする。

一括償却資産（いっかつしょうきゃくしさん）

法人税法上、取得価額が10万円以上20万円未満の減価償却資産については、損金経理を要件として、事業に供した事業年度から3年間で均等償却することができる。償却期間は資産の種類にかかわらず3年間（36カ月）である。一括償却資産とは、この特例の適用を受けられる減価償却資産のことをいう。

会計上のポイント

項　目	内　容
除却、滅失した場合の取扱い	・通常、有形固定資産が除却、滅失等した場合は、その時点の帳簿価額の全額につき除却損を計上し、以後は減価償却を行わない。 ・しかし、一括償却資産の特例の適用を受けた場合、税法上は、対象資産が除却、滅失等したとしても一切考慮せず、3年間償却を継続する必要がある。
償却資産税の課税	一括償却資産は償却資産税の課税対象から除外されている。
一括償却資産の貸借対照表の表示	帳簿上、「一括償却資産」という科目で記帳した固定資産について、貸借対照表上は、どのような科目名で表示すべきか。一括償却資産という科目名を使用しているケースも見受けられるが、これは資産の内容を示した科目名称ではないので、貸借対照表上は「器具及び備品」のように、本来のその資産の内容を表す科目名を用いて表示すべきである。

固定資産として資産計上する基準を「使用可能期間が1年以上で金額が20万円以上の資産」としている会社も多い。これは一括償却資産の特例の適用を受けることを考慮したものであると

考えられる。

このような資産計上基準の会社の場合、10万円以上20万円未満の減価償却資産は、その会社の経理規程上、固定資産には該当しないので、支出額の全額を消耗品費等の科目で費用計上し、その上で、税務上申告調整を行うことになる。

一般に、10万円以上20万円未満の減価償却資産の会計処理方法には、次の3つがある。なお、以下に挙げるもののほか、中小企業者等に該当する場合は、中小企業者等の少額減価償却資産の特例の適用を受ける方法がある。

10万円以上20万円未満の一括償却資産の3つの会計・税務の処理方法

会社の資産計上の基準	10万円以上20万円未満の資産の経理方法	税務調整
①20万円以上	消耗品費等として費用計上	あり
②10万円以上	固定資産として計上し、3年で均等償却	なし
③10万円以上	固定資産として計上し、通常の減価償却	なし

オペレーティング・リース取引（オペレーティング・リースとりひき）

ファイナンス・リース取引以外のリース取引をいう。

通常の賃貸借取引に準じた会計処理を行う。

回収可能価額（かいしゅうかのうかがく）

減損会計において減損損失の測定に用いられる概念の一つ。正味売却価額と使用価値のいずれか大きい方の金額をいう。

機械装置（きかいそうち）

営業目的のために使用する機械装置。機械装置の法定耐用年数はその機械を使用する業種ごとに定められている。

機能的減価（きのうてきげんか）

物質的にいまだ使用に耐えるが、外的事情により固定資産が陳腐化し、あるいは不適応化したことを原因とする固定資産の減価をいう。

級数法（きゅうすうほう）

減価償却方法の一つ。固定資産の耐用年数にわたって、毎期一定の額を算術級数的に逓減した減価償却費を計上していく方法である。

旧定額法（きゅうていがくほう）

平成19年3月31日以前に取得された減価償却資産に適用される法定償却方法のこと。残存価額を10%として毎期の減価償却費を計算する。旧定額法では取得原価の95%に到達するまで償却をすることができ、それ以後は1円の備忘価額まで5年間で均等償却を行う。

グルーピング（Grouping）

固定資産の減損処理の手順の一つ。固定資産の減損処理にあたっては、まず、資産を他の資産又は資産グループのキャッシュ・フローから概ね独立したキャッシュ・フローを生み出す最小の単位で資産をグルーピングする。この資産グループは減損の兆候の判定、減損損失の認識、測定等の単位となるものである。

グルーピングは、管理会計上の区分や投資の意思決定を行う単位等を考慮して決定し、継続して適用する必要がある。

減価償却累計額（げんかしょうきゃくるいけいがく）

減価償却の記帳方式には直接法と間接法がある。直接法は減価償却費を固定資産から直接減少させる方法であり、間接法は減価償却費を累計して記帳する方法である。間接法を用いる場合に、減価償却費を累計するために使用する減価償却費の相手科目が減価償却累計額である。

間接法の場合、固定資産の帳簿価額を取得原価とすることができるというメリットがある。

建設仮勘定（けんせつかりかんじょう）

建設仮勘定は、建設中の建物や製作中の機械装置など、建設途上にある有形固定資産に係る支出を計上しておくための仮勘定科目である。建物の場合は物件の引き渡しを受けた時点で、また、機械装置の場合は検収を完了して運転を開始することが可能となった時点で建物や機械装置などの本来の科目に振り替える。

消費税については、建設仮勘定に計上されている金額であっても、原則として物の引渡しや役務の提供があった日の課税期間において課税仕入れに対する税額の控除を行うことになる。このため、その設計料に係る役務の提供や資材の購入等の課税仕入れについては、その課税仕入れを行った日の属する課税期間において仕入税額控除を行うことになる。

ただし、建設仮勘定として経理した課税仕入れについて、物の引渡しや役務の提供又は一部が完成したことにより引渡しを受けた部分をその都度課税仕入れとしないで、工事の目的物のすべての引渡しを受けた日の課税期間における課税仕入れとして処理する方法も認められている。

仕訳例

●本社ビルを建設するにあたって、契約時（着手金支払い）、施工中（中間金支払い）、竣工時（残金支払い）に工事代金を建設業者にそれぞれ1,080円（消費税込）ずつ支払う。

●契約時（着手金支払い）

（建設仮勘定）	1,080	（現 金 預 金）	1,080

●施工中（中間金支払い）

（建設仮勘定）	1,080	（現 金 預 金）	1,080

●竣工時（残金支払い）

（建設仮勘定）	1,080	（現 金 預 金）	1,080

●建物の検収・引渡し完了時

（建　　物）	3,000	（建設仮勘定）	3,240
（仮払消費税等）	240		

減損（げんそん）

減損とは、土地、建物、機械装置、器具備品等、事業に使用している固定資産について、収益性の低下により投資額の回収を見込めなくなった状態になること。

減損処理（げんそんしょり）

減損処理とは、固定資産に減損が生じている場合に、一定の条件の下でその資産の回収可能性を反映させるように帳簿価額を減額する手続きをいう。

減損損失（げんそんそんしつ）

収益性が低下し、当初見込んだ投資額の回収が見込めなくなった固定資産について、損失を認識して帳簿価額を切り下げる会計処理のこと。

税務上は、減損損失の額は損金算入することは認められないため、償却超過額として申告調整をすることになる。

減損処理後の減価償却費は、引き下げられた後の帳簿価額をもとに計算を行う。

固定資産の減損処理の手順

手　順	内　容
①資産のグルーピング	独立したキャッシュ・フローを生み出す最小の単位で資産をグルーピングする。
②減損の兆候の把握	資産又は資産グループに減損が生じている可能性を示す事象が生じているかどうかを判定する。
③減損損失の認識の判定	割引前将来キャッシュ・フローの総額と帳簿価額を比較する。前者が後者を下回る場合には、減損損失の認識をすべきであると判定される。
④減損損失の測定	帳簿価額を回収可能価額まで減額し、減額した額を当期の減損損失として計上する。

減損損失の認識（げんそんそんしつのにんしき）

固定資産の減損処理手続きの一つ。資産又は資産グループに減損の兆候がある場合に、減損損失の認識の要否を判定するもの。

具体的には割引前将来キャッシュ・フローの総額と帳簿価額とを比較し、前者が後者を下回る場合には、減損損失を認識すべきであると判定される。

減損損失の測定（げんそんそんしつのそくてい）

固定資産の減損処理手続きの一つ。減損損失を認識すべきであると判定された資産又は資産グループについて、減損損失として計上すべき金額を決定すること。回収可能価額と帳簿価額との差額を減損損失として計上し、帳簿価額をその額だけ減額する。回収可能価額は、使用価値（使用を継続した場合の将来キャッシュ・フローの現在価値）と固定資産を売却した場合の正味売却価額のいずれか大きい方をいう。

減損の兆候（げんそんのちょうこう）

固定資産の減損処理の手続きの一つ。資産又は資産グループに減損が生じている可能性を示す事象のこと。実務上の負担を考慮して、減損処理手続きは減損の兆候がある場合に限定することとしたもの。

具体的には、次のような減損の兆候があるかどうかを判定する。

減損の兆候

・営業活動から生ずる損益又はキャッシュ・フローの継続したマイナス
・回収可能価額を著しく低下させるような、使用範囲又は方法の変化
・経営環境の著しい悪化
・市場価格の著しい下落

工具・器具及び備品（こうぐ・きぐおよびびひん）

工具とは、工場等で使用される作業用の道具。器具備品とは、事務所等で使用される事務機器等をいう。いずれも耐用年数が１年以上のもので、通常は金額が10万円（金額は会社の規定による。会社によっては20万円の場合も多い。）以上のものがこれにあたる。

10万円（又は20万円）未満の減価償却資産は、消耗品費等として資産計上せずに、購入時に費用として処理する。

構築物（こうちくぶつ）

構築物とは、建物と建物附属設備以外の土地に定着する土木設備、工作物等をいう。たとえば、煙突、軌道、広告塔、橋、擁壁、舗装等がある。

固定資産（こていしさん）

固定資産とは、正常な営業循環内に費用化しない資産又は１年を超えて使用する目的で保有する資産。販売目的の資産は除かれる。

固定資産は、有形固定資産、無形固定資産及び投資その他の資産に区分される。

固定資産除却損（こていしさんじょきゃくそん）

建物、機械装置等の固定資産の除却により生じる損失のこと。

固定資産除却損は、その固定資産の除却時の帳簿価額に除却に要した費用を加えた金額を、原則として特別損失に計上する。

固定資産税（こていしさんぜい）

固定資産税は、土地、建物及び事業用の償却資産に対して市町村から課税される税金のこと。税率は、固定資産税評価額の1.4%（標準税率）で、都市計画地域にある土地及び建物については、固定資産税とあわせて都市計画税0.3%（制限税率）が課税される。

固定資産税の納付は、地方税法では4月、7月、12月、2月に分割して納付することとされている。ただし、東京都(23区）の場合は6月、9月、12月、2月である。

固定資産台帳（こていしさんだいちょう）

固定資産を現物管理するために作成する台帳。固定資産の物件ごとに、取得年月日、所在場所、移動情報、担保提供情報、保険付保、修繕等の管理情報、除却・売却年月日その他の情報が記録される。

減価償却費や帳簿価額等の財務情報も記録する場合は、会計帳簿の帳簿価額との一致を定期的に照合する必要がある。

固定資産売却益／固定資産売却損（こていしさんばいきゃくえき／こていしさんばいきゃくそん）

土地、建物等の固定資産を売却した場合に生じる利益又は損失。固定資産の売却は経常的な取引ではないことから、固定資産売却損益は原則として特別利益又は特別損失に計上する。

固定資産売却損益は、固定資産売却のために要した譲渡費用を売却収入から控除して計算する。

残存価額（ざんそんかがく）

残存価額とは、固定資産の耐用年数到来時において予想される当該資産の売却価格又は利用価格のことをいう。この場合、解体、撤去、処分等のために費用を要するときには、これを売却価格又は利用価格から控除した額を残存価額とする。固定資産の取得原価から残存価額を控除した額が、耐用年数にわたって配分される減価償却の総額である。

資産除去債務（しさんじょきょさいむ）

資産除去債務とは、有形固定資産の除去に関して法令又は契約で要求される法律上の義務及びそれに準ずるものをいう。

有形固定資産の取得時に資産除去債務を合理的に見積もることができる場合は、その見積額を資産除去債務として負債に計上し、毎期の負担に属する金額を費用計上する。

仕訳例

● 建物を賃借し、保証金1,000円を支払った。契約上、退去時には原状回復義務が生じる。退去を10年後と見込み、10年後の原状回復費用を100円とする。

（差入保証金）	1,000	（預　　金）	1,000
（差入保証金償却）	10	（差入保証金）	10

※ 毎期の差入保証金償却額
　＝100÷10年＝10

資本的支出（しほんてきししゅつ）

固定資産の使用可能期間の延長又は価値の増加をもたらす等の積極的な支出のこと。

固定資産を修繕したことにより、その資産の使用可能期間が延長したり、資産の価値が増加したりする場合がある。この場合、その修繕に係る支出は資産計上して固定資産の取得価額に加える必要がある。資本的支出は修繕費として一時の費用とせずに、減価償却によって費用配分される。

借地権（しゃくちけん）

建物の所有を目的とする土地の地上権又は賃借権をいう。

税務上は、借地権は非減価償却資産である。

車輌運搬具（しゃりょううんぱんぐ）

乗用車、トラック、オートバイ等の陸上用の車両をいう。

収益的支出（しゅうえきてきししゅつ）

固定資産の通常の維持管理及び原状回復のため等の消極的な支出のこと。支出時の費用として処理される。

修繕費（しゅうぜんひ）

有形固定資産の維持補修に要する費用のこと。資本的支出か収益的支出の判定が会計上困難なケースがある。

このような場合は、実務上、「判断が困難な場合の形式基準フローチャート」によって判断する。

● 判断が困難な場合の判定フロー図

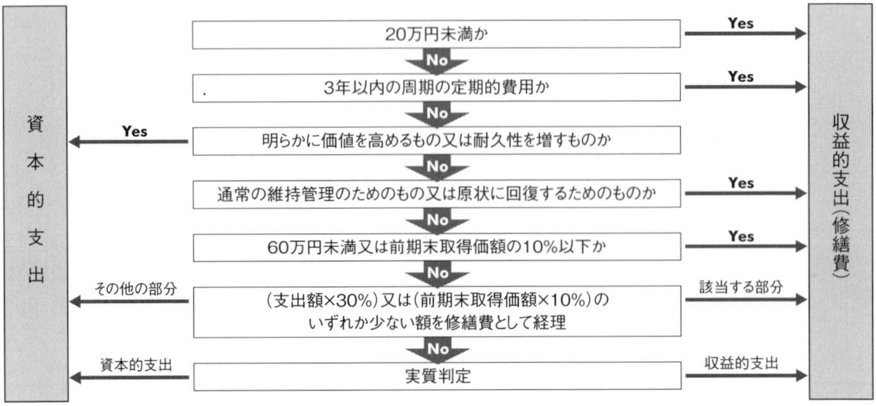

取得原価（しゅとくげんか）

固定資産の取得原価は、固定資産の取得時の帳簿価額である。固定資産を購入により取得した場合は、固定資産の購入代価とその資産を事業の用に供するために直接要した費用の額の合計である。

固定資産の取得原価は、減価償却を通じ、その耐用年数にわたって各事業年度に費用として配分される。

少額減価償却資産（しょうがくげんかしょうきゃくしさん）

法人税法上、以下の①及び②のような減価償却資産については、損金経理を要件として、減価償却せずに事業の用に供した年度で一時に全額を損金算入することが認められている。この適用を受けられる減価償却資産を少額減価償却資産という。

少額減価償却資産に該当する場合は、消耗品費等の科目で支出額の全額を費用計上する。

実務上、少額減価償却資産の規定の適用を考慮して、固定資産として資産計上する場合の要件を「使用可能期間が1年以上で金額が10万円以上の資産」としている会社が多い。

①使用可能期間が１年未満の減価償却資産

同業種で一般的に消耗品とされているもので、平均的な使用状態で１年もつかどうかを判定する。

②取得価額が10万円未満の減価償却資産

通常取引される一単位ごとに、10万円未満かどうかを判定する。

たとえば、応接セットの場合は、

通常、テーブルと椅子が1組で取引されるものなので、1組で10万円未満になるかどうかを判定する。カーテンの場合であれば、1枚で機能するものではなく、一つの部屋で数枚が組み合わされて機能するものなので、部屋ごとにその合計額が10万円未満になるかどうかを判定する。また、間仕切り用のパネルについても、通常パネル一枚で独立した機能を有するものではなく、数枚が組み合わされて機能するものなので、間仕切りとして設置した状態で10万円未満になるかどうかを判定する。

使用価値（しようかち）

減損会計において減損損失の測定に用いられる概念の一つ。減損損失を認識すべきと判定された資産又は資産グループを使用することによる投資回収額をいう。使用を継続した場合における将来キャッシュ・フローの現在価値である。

償却限度額（しょうきゃくげんどがく）

税法の規定により損金算入が認められる減価償却費の限度額のこと。

償却超過額（しょうきゃくちょうかがく）

償却超過額は、損金不算入となるが、翌期以降に繰り越して、翌期以降に償却不足額が生じた場合に不足額相当額を損金算入することができる。

償却不足額（しょうきゃくふそくがく）

会計上、費用計上した減価償却費が税務上認められる償却限度額よりも小さい場合のその不足額のこと。

償却不足額は当期の損金には算入されず、翌期の償却限度額に繰り越して上乗せすることも認められない。

商標権（しょうひょうけん）

商標を特許庁に登録することによって、その商標を独占的に使用できる権利である。法定耐用年数は10年で、法律上の存続期間も設定の登録の日から10年間である。

正味売却価額（しょうみばいきゃくかがく）

減損会計において減損損失の測定に用いられる概念の一つ。減損損失を認識すべきと判定された資産又は資産グループを売却することによる投資回収額をいい、時価から処分費用を控除して計算する。

所有権移転外ファイナンス・リース取引（しょゆうけんいてんがいファイナンス・リースとりひき）

ファイナンス・リース取引のうち、所有権移転ファイナンス・リース取引以外のものをいう。

所有権移転外ファイナンス・リース取引は、通常の売買取引に準じた会計処理を行い、リース期間を耐用年数とし、残存価額ゼロで償却（リース期間定額法）を行う。なお、所有権移転外ファイナンス・リースであっても、次のような少額リース資産及び短期のリース取引に関しては、簡便的な取扱いとして、オペレーティング・リース取引に準じて賃貸借処理を行うことができる。

賃貸借処理が認められる少額リース資産・短期のリース取引

①重要性が乏しい減価償却資産について購入時に費用処理する方法が採用されている場合で、リース料総額がその基準額以下である場合のリース取引
②リース期間が1年以内のリース取引
③企業の事業内容に照らして重要性に乏しいリース取引で、リース契約1件当たりのリース料総額が300万円以下のリース取引

所有権移転ファイナンス・リース取引（しょゆうけんいてんファイナンス・リースとりひき）

ファイナンス・リース取引のうち、契約によりリース物件の所有権が借主に移転すると認められるものをいう。

所有権移転ファイナンス・リース取引は、通常の売買取引に準じた会計処理を行い、自己の資産と同様に減価償却費を計上する。

正規の減価償却（せいきのげんかしょうきゃく）

適正な損益計算のため、毎期計画的・規則的に行われる減価償却のこと。

減価償却は固定資産の適正な原価配分を行うことにより、適正な損益計算を行うことを主たる目的とする。このため減価償却は、合理的に決定された一定の方式に従い、毎期計画的、規則的に実施しなければならないこととされる。

生産高比例法（せいさんだかひれいほう）

減価償却方法の一つ。毎期その資産の生産・使用の度合いに比例した減価償却費を計上する方法である。固定資産の総利用可能量を合理的に算定することができ、固定資産の減価が主とし

て使用に比例して発生する場合に合理的な方法である。

ソフトウェア（Software）

☞5. ソフトウェア管理

ソフトウェア仮勘定（ソフトウェアかりかんじょう）

☞5. ソフトウェア管理

耐用年数（たいようねんすう）

減価償却資産を使用できる年数のこと。使用できる年数とは通常の維持補修を加えた場合に経済的に利用に耐える年数をいう。

建物（たてもの）

土地の上に定着する建築物。建物本体だけでなく、照明や空調設備等の建物附属設備を含む。

法人税法では、平成10年4月1日以後に取得した建物の減価償却方法は定額法又は旧定額法に限るものとされている。

建物附属設備（たてものふぞくせつび）

建物に附属する設備のこと。たとえば電気設備、給排水設備、空調設備等がある。

法人税法では、建物附属設備の減価償却方法は建物とは別に行うことができ、減価償却方法についても、定率法又は旧定率法を選択することができる。

定額法（ていがくほう）

減価償却方法の一つ。固定資産の耐用年数にわたって、毎期均等額の減価償却費を計上する方法である。

算式

定額法による減価償却費＝
（取得原価－残存価額）×（耐用年数に応じた定額法償却率）

定率法（ていりつほう）

減価償却方法の一つ。固定資産の耐用年数にわたって、毎期期首の未償却残高に一定の率を乗じて減価償却費を計算する方法である。

算式

定率法による減価償却費＝
（取得原価－減価償却累計額）×（耐用年数に応じた定率法償却率）

定率法は、初期に多額の減価償却費が計上されるという特徴があり、早期に投下資本の回収を図ることができる。

電話加入権（でんわかにゅうけん）

電話加入契約の締結によって、電話回線を引くことができる権利。電話加入権は減価償却を行わない非減価償却資産である。

投資その他の資産（とうしそのたのしさん）

固定資産のうち、有形固定資産及び無形固定資産以外のものをいう。投資その他の資産には、投資有価証券、関係会社株式、長期貸付金、長期前払費用、繰延資産等がある。

特別償却（とくべつしょうきゃく）

税法上、ある政策目的を達成するため、一定の法人が特定の資産を取得等して事業の用に供したときには、その資産の取得価額に一定割合を乗じた金額を償却限度額とすることができる特例が設けられることがある。

この特例のことを特別償却という。割増償却との違いは、償却限度額の計算方法の違いにある。

土地（とち）

工場、事務所の建物の敷地など、会社が営業目的のために所有する土地をいう。

土地は減価償却を行わない非減価償却資産である。

特許権（とっきょけん）

特許権とは、特許権者が特許庁に出願し、登録を受けた権利のこと。自然法則を利用した高度な発明を独占的に使用できる権利である。法定耐用年数は8年。ただし、法律上の存続期間は出願日から20年である。

取替法（とりかえほう）

取替えに要した支出額を費用計上し、既存の固定資産の取得価額を据え置く方法。

鉄道業における枕木やレール等、同種の物品が多数集まって、一つの全体を構成し、老朽品の部分的取替を繰り返すことにより全体が維持されるような固定資産に対して適用される。

のれん

のれんとは、企業や事業の取得をした場合において、取得した企業や事業の取得原価が、取得した資産及び負債に配分された純額との間に差額が生じる場合があり、この差額をのれんという。

のれんは無形固定資産に計上され、20年以内のその効果の及ぶ期間にわたって定額法その他の合理的な方法により規則的に償却する。なお、負ののれんは原則として特別利益として表示する。

非減価償却資産（ひげんかしょうきゃくしさん）

固定資産のうち、利用ないし時の経過によって価値が減少しないため減価償却できない資産のこと。非減価償却資産には、土地、土地の上に存する権利（借地権、地上権等）、電話加入権等がある。

ファイナンス・リース取引（ファイナンス・リースとりひき）

リース期間の中途においてそのリース契約を解除することができないリース取引又はこれに準ずる取引（ノンキャンセラブル）で、借主がそのリース物件からもたらされる経済的利益を実質的に享受し、かつリース物件の使用に伴って生じるコストを実質的に負担する（フルペイアウト）ことになるリース取引をいう。

付随費用（ふずいひよう）

購入により取得した減価償却資産の取得価額は、原則として、その資産の購入代価とその資産を事業の用に供するために直接要した費用の合計である。この資産を事業の用に供するために直接要した費用のことを付随費用といい、引取運賃、荷役費、運送保険料、購入手数料、関税などがある。

ただし、法人税法上、取得価額に含めないことができる付随費用があり、実務上はこれに従うことが多い。

取得価額に含めないことができる付随費用

1　次のような租税公課等
（1）不動産取得税又は自動車取得税
（2）登録免許税その他登記や登録のために要する費用
2　建物の建設等のために行った調査、測量、設計、基礎工事等でその建設計画を変更したことにより不要となったものに係る費用
3　いったん結んだ減価償却資産の取得に関する契約を解除して、他の減価償却資産を取得することにした場合に支出する違約金
4　減価償却資産を取得するための借入金の利子（使用を開始するまでの期間に係る部分）

普通償却（ふつうしょうきゃく）

税法上の用語で、特別償却や割増償却等の特殊な償却の対立概念である。法人税法の特例を受けずに法人税法の規定に従って計算した償却限度額のこと。

物質的減価（ぶっしつてきげんか）

利用ないし時の経過による固定資産の磨滅損耗を原因とする固定資産の減価をいう。

法定償却方法（ほうていしょうきゃくほうほう）

法人税法の規定により、納税者が選択を行わなかった場合に適用される減価償却方法である。

法定償却方法

区分		選択可能な方法	法定償却方法
建物	H10.4.1以前取得	旧定率法 旧定額法	旧定率法
	H10.4.1～H19.3.31取得	旧定額法	旧定額法
	H19.4.1以後取得	定額法	定額法
建物以外	H19.3.31以前取得	旧定率法 旧定額法	旧定率法
	H19.4.1～H24.3.31取得	定率法（250%定率法） 定額法	定率法（250%定率法）
	H24.4.1以後取得	定率法（200%定率法） 定額法	定率法（200%定率法）

※250%定率法と200%定率法の違いは償却率の違い（同じ耐用年数でも200%定率法のほうが約20%小さい）であり、計算方法は変わらない。

法定耐用年数（ほうていたいようねんすう）

「減価償却資産の耐用年数等に関する省令」によって画一的に定められた耐用年数のこと。法人税法の規定による償却限度額の計算に用いられる耐用年数である。この年数によらないで、企業が自己の固定資産につき独自の耐用年数を決定した場合の年数を個別的耐用年数という。

実務上は、法定耐用年数と異なる年数を用いて減価償却した場合、法人税の申告調整が煩雑になることから、これを避けるため法定耐用年数を用いることが多い。

なお、納税地の所轄国税局長に耐用年数の短縮を申請し、承認を受けた場合には、税務上、その承認を受けた耐用年数を用いて減価償却費を計算することができる。

簿外資産（ぼがいしさん）

実際には存在しているが、帳簿上は計上されていない資産のこと。少額減価償却資産や一括償却資産等の減価償却資産については、減価償却を完了した時にまだ使用を継続している場合は、簿外資産にならないよう、備忘価額を付す必要がある。

無形固定資産（むけいこていしさん）

無形固定資産とは、企業が収益獲得のために取得し、長期にわたって使用する法律上の権利、超過収益力等をいう。無形固定資産には、特許権、商標権、借地権、地上権、鉱業権、ソフトウェア、のれん等がある。

有形固定資産（ゆうけいこていしさん）

有形固定資産とは、固定資産のうち有形のものをいう。有形固定資産には、建物、構築物、機械装置、船舶、車輌運搬具、工具・器具及び備品、土地、建設仮勘定等がある。

有姿除却（ゆうしじょきゃく）

税務上、固定資産除却損を損金算入するためには、除却する固定資産の現物について、実際に解体、撤去等を行うのが原則である。

しかし、これらの実施には多額の費用がかかることも多いことから、帳簿上の除却だけで済ませることもある。このような場合も、次に該当する場合には税務上、損金算入することができる。

税務上損金算入できる有姿除却

①その使用を廃止し、今後通常の方法により事業の用に使う可能性がないもの
②特定の製品の生産のために使われていた金型等で、生産を中止したことで、将来、使用される可能性がほとんどないことがその後の状況からはっきりしているもの

有税償却（ゆうぜいしょうきゃく）

企業が、税法の普通・特別償却の限度額を超過して減価償却を行うこと。この場合、限度額の超過分を損金算入することができずに、税金が課税されるのでこのように呼ばれる。不良債権の償却などの場合に用いることも多い。

企業は、利益が多い場合などに償却限度額を超えてでも減価償却を行い、固定資産を身軽な状態にしておくことを望む場合がある。ある資産の耐用年数を法定耐用年数より短く設定して償却する場合も、毎年の償却費は償却可能限度額を上回ることになるから、償却可能限度額を超える部分は有税償却となる。

割増償却（わりまししょうきゃく）

税法上、ある政策目的を達成するため、一定の法人が特定の資産を取得等して事業の用に供したときには、その資産の普通償却限度額に一定割合を乗じた金額を普通償却限度額に加えることができる特例が設けられることがある。

この特例のことを割増償却という。特別償却との違いは、償却限度額の計算方法の違いにある。

5 ソフトウェア管理

コンテンツ（Contents）

映像ソフトのための画像データ、音楽ソフトのための音楽データ、データベースソフトが処理するデータ等、ソフトウェアの処理対象となる電子データをいう。

これに対して、ソフトウェアとはコンピュータに一定の仕事を行わせるプログラム等をいう。

コンテンツとソフトウェアとは、会計上、原則として別個のものとして扱われる。

自社利用のソフトウェア（じしゃりようのソフトウェア）

将来の収益獲得又は費用削減が確実であると認められるソフトウェアで、自社で利用することを目的とするものをいう。自社利用のソフトウェアは、将来の収益との対応等の観点から、その取得に要した費用をソフトウェア等の科目で無形固定資産として計上し、その利用期間にわたり償却を行う。

自社利用のソフトウェアの減価償却費は、一般的に、見込利用可能期間（合理的な根拠がある場合を除き、原則として5年）にわたって定額法により計算する。

仕訳例

● 自社利用目的の財務会計ソフトを1,080円（消費税込み）で購入し、当期首から使用開始した。購入により経理部員の作業量が減少し、費用削減が確実に見込まれる。

（ソフトウェア）	1,000	（現　預　金）	1,080
（仮払消費税等）	80		

● 上記のソフトウェアにつき、見込利用可能期間（5年）に基づく定額法による減価償却を行う。

（減価償却費）	200	（ソフトウェア）	200

自社で利用することを目的とするソフトウェアであっても、将来の収益獲得又は費用削減が確実であると認められない場合や確実であるかどうか不明な場合には費用処理することとされている。

「将来の収益獲得又は費用削減が確実」とは、例えば次の表に掲げる場合である。

将来の収益獲得又は費用削減が確実な場合の例

区分	例示
ソフトウェアにより収益獲得が実現	● 通信ソフトウェアの機能を第三者である利用者に提供することによって、当該利用者から収入を得る場合

費用削減効果によって、ネット・キャッシュインフローの増加が確実	●顧客からの受注に基づく在庫の手配及び発送指示作業を手作業により行っているために、物流部門の能力には余裕があるのに、毎日の取扱高が限定されているという業務遂行上の問題点を抱えている会社において、その業務をコンピュータ処理に置き換えることにより、取扱高の増加が可能になる場合 ●遠隔保守のシステムの構築により、実際に現場に派遣する保守要員が減少することにより人件費の削減効果が確実に見込まれる場合

市場販売目的のソフトウェア（しじょうはんばいもくてきのソフトウェア）

不特定多数のユーザーに販売することを目的として制作されたソフトウェアをいう。市場販売目的のソフトウェアは、不特定多数のユーザーに販売する製品の複写元である。

製品マスターの制作費は、最初に製品化された製品マスターの完成までの費用、製品マスター又は購入したソフトウェアに対する著しい改良に要した費用は研究開発費とし、それ以外の部分は資産計上する。

市場販売目的のソフトウェアの減価償却費は、見込販売収益（見込販売数量）に基づく償却額と残存有効期間（原則として3年以内）に基づく均等償却額とのいずれか大きい金額を売上原価として計上する。

設例

●当期首より市場販売目的のソフトウェア（簿価30,000円）の販売を開始した。

見込販売数量は3,000個、当期実績は500個、当期末における見直し後の見込販売数量は2,000個である。

【見込販売数量に基づく償却額】

$$30{,}000円 \times \left(\frac{500個}{500個+2{,}000個} \right) = 6{,}000円$$

【残存有効期間に基づく償却額】

$$\frac{30{,}000円}{3年} = 10{,}000円$$

見込販売数量に基づく償却額＜残存有効期間に基づく償却額

∴残存有効期間に基づく償却額を減価償却費として計上する。

（減価償却費）10,000　（ソフトウェア）10,000

受注制作のソフトウェア（じゅちゅうせいさくのソフトウェア）

特定のユーザー向けに制作し、提供するソフトウェアをいう。受注制作のソフトウェアの制作費は、請負工事の会計処理に準じて処理し、制作の途中であっても、進捗部分について成果の確実性が認められる場合には工事進行基準を適用して収益及び原価を計上する。確実性が認められない場合は工事完成基準を適用し、完成前の費用については仕掛品に計上し、完成し目的物の引き渡しを行った時点で、収益及び原価を損益計算書に計上することとされている。

将来の収益獲得又は費用削減が確実であること（しょうらいのしゅうえきかくとくまたはひようさくげんがかくじつであること）

自社利用のソフトウェアを資産計上するための要件の一つ。将来の収益獲得又は費用削減が確実である自社利用のソフトウェアは、将来の収益との対応等の観点から、その取得に要した費用を資産として計上し、その利用期間にわたり償却を行うこととされている。

「将来の収益獲得が確実である」とは、たとえば、通信ソフトウェアの機能を第三者である利用者に提供することによって、当該利用者から収入を得るような場合である。

また、「費用削減が確実である」とは、自社利用ソフトウェアの場合で、その利用により費用削減効果があり、ネット・キャッシュインフローの増加が確実となる場合である。たとえば、遠隔保守のシステムの構築により、実際に現場に派遣する保守要員が減少する場合で、利用する前に比べて人件費の削減効果が確実に見込まれ、将来の費用削減が確実であると認められる場合などである。

製品マスター（せいひんマスター）

市場販売目的のソフトウェアにおいて、製品番号を付すことなどにより販売の意思が明らかにされた製品マスターのこと。最初に製品化された製品マスターの完成時点までの制作活動は研究開発と考え、ここまでに発生した費用を研究開発費として費用処理し、それ以降の費用は無形固定資産として資産計上する。

ソフトウェア（Software）

コンピュータを機能させるように指令を組み合わせて表現したプログラム等のこと。又はそれを会計処理する勘定科目のことをいう。

ソフトウェアの制作費は、研究開発に該当する部分や少額のため費用処理するものを除き、無形固定資産の部に計上する。ソフトウェアには、システム仕様書、フローチャート等の関連文書を含み、音楽や映像等のコンテンツは原則として含まれない。

制作目的によって、受注制作のソフトウェア、市場販売目的のソフトウェア、自社利用のソフトウェアに分けられ、それぞれ異なる会計処理を行う。

将来の収益獲得又は費用削減が確実な場合の例

区分	例示
購入したソフトウェアの設定費用・導入費用の会計処理	●購入したソフトウェアの導入時の設定作業や仕様変更のための作業の費用は、購入したソフトウェアの取得価額に含める。ただし、会計上は重要性が乏しい場合は、費用処理することができる。 ●ソフトウェアの操作のためのトレーニング費用やデータコンバートに要する費用は、原則として発生した時の費用に計上する。
購入したソフトウェアのカスタマイズ費用の会計処理	●購入したパッケージソフト等を自社仕様とするため大幅にカスタマイズした場合の費用は、それによる将来の収益又は費用削減が確実であると認められる場合を除き、購入したソフトウェアの価額を含め、研究開発費として発生時に費用処理する。将来の収益又は費用削減が確実であると認められる場合はソフトウェアとして資産計上する。
機器組込みソフトウェア（購入側）の会計処理	●機械又は器具備品等に組み込まれているソフトウェア（自社利用）を購入により取得した場合は、原則としてソフトウェアを機械等と区分しないで、購入原価を当該機械等の取得原価に算入し、「機械及び装置」等の科目を用いて処理する。これは、機器組込みソフトウェアは、両者が別個では何ら機能せず、一体としてはじめて機能するものであるため、経済的耐用年数も両者に相互関連性が高いと考えられることによる。
自社ホームページの作成費用の会計処理	●ホームページの内容に応じて、自社利用のソフトウェアに該当する部分とコンテンツに該当する部分とに区分して会計処理を行う。 ●自社利用のソフトウェアに該当する部分は、将来の収益獲得又は費用削減が確実であると認められる場合は資産計上し、コンテンツ部分は内容に応じ費用計上又は資産計上を行う。

ソフトウェア仮勘定（ソフトウェアかりかんじょう）

制作途中の市場販売目的又は自社利用のソフトウェアの制作費を処理する

勘定科目をいう。

制作に要した支出をいったんソフトウェア仮勘定に集計し、そのソフトウェアが完成して事業の用に供した時にソフトウェア仮勘定からソフトウェアに勘定科目を振り替える。

ソフトウェア仮勘定は、ソフトウェアと同様、無形固定資産の部に計上される。

他方、ソフトウェアと異なり、事業供用前のソフトウェアに係る支出を処理する勘定科目なので、減価償却は行わない。

仕訳例

● 自社利用目的の財務会計ソフトの開発をシステム開発会社に10,800円（消費税込み）で発注した。1年間で制作し、契約時に請負金額の半額を支払い、完成・引渡時に残金の全額を支払う条件である。消費税はソフトウェアが完成し、引き渡しを受けた時に課税仕入れとして処理する。

【契約時】

（ソフトウェア仮勘定）	5,400	（現　預　金）	5,400

【完成・引渡時】

（ソフトウェア）	10,000	（現　預　金）	5,400
（仮払消費税等）	800	（ソフトウェア仮勘定）	5,400

ソフトウェアの著しい改良（ソフトウェアのいちじるしいかいりょう）

製品マスター又は購入したソフトウェアの機能の改良・強化を行うための費用は原則として資産に計上するが、その改良が著しいと認められる場合は研究開発費として処理することとされている。

ここでいう「著しい改良」とは、研究・開発の定義に該当する改良、すなわち「既存の製品等を著しく改良するための計画若しくは設計として、研究の成果その他の知識を具体化する」ものをいう。具体的には、機能の改良・強化を行うために主要なプログラムの過半部分を再制作する場合、ソフトウェアが動作する環境（オペレーションシステム、言語、プラットフォームなど）を変更・追加するために大幅な修正が必要になる場合などが挙げられる。

6 原価管理

移動平均法（いどうへいきんほう）

☞3.在庫管理

外注加工費（がいちゅうかこうひ）

他の加工業者に材料等を供給して加工させた場合に発生する経費のこと。

材料等を無償支給する場合と有償支給する場合とがある。無償支給した場合は、勘定処理を必要としないときでも現物管理をする必要がある。

間接経費（かんせつけいひ）

多数の製品に対して共通的に発生し、特定の製品のために発生されたことを直接に認識することが不可能又は不要な経費のこと。減価償却費、水道光熱費、賃借料などが該当する。

間接材料費（かんせつざいりょうひ）

多数の製品に対して共通的に消費され、特定の製品のために消費されたことを直接に認識することが不可能又は不要な材料費のこと。

具体的な例として、
- 補助材料費
- 工場消耗品費
- 消耗工具器具備品費

などがある。

間接費（かんせつひ）

多数の製品に対して共通的に消費され、特定の製品のために消費されたことを直接に認識することが不可能又は不要な原価のこと。

間接労務費（かんせつろうむひ）

多数の製品に対して共通的に発生し、特定の製品のために発生されたことを直接に認識することが不可能又は不要な労務費のこと。部門別計算を通じて、製品に間接的に配賦計算される。

具体的な例として、
- 間接作業賃金
- 間接工賃金
- 手待賃金

などがある。

基準操業度（きじゅんそうぎょうど）

生産設備を一定とした場合におけるその利用度をいう。直接労務費、数量、作業時間、機械運転時間などが用いられる。

継続記録法（けいぞくきろくほう）

☞3.在庫管理

経費（けいひ）

経費とは、材料費、労務費以外の費用のこと。多くの経費は外部用役の消費によって発生する。

原価計算上は、直接経費と間接経費に分類される。

原価計算（げんかけいさん）

財務諸表作成目的や管理会計目的などのために、ある製品を作るためにかかった費用を計算する仕組みのこと。

総合原価計算、個別原価計算、実際原価計算、標準原価計算、直接原価計算などがある。

原価計算は、①費目別原価計算、②部門別原価計算、③製品別原価計算の順に計算がなされる。

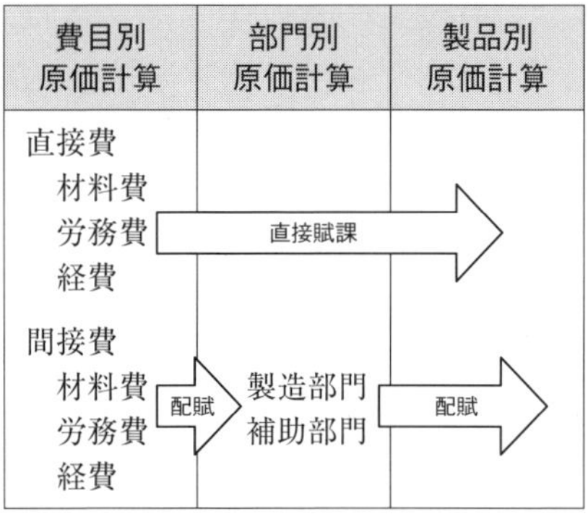

費目別原価計算
部門別原価計算
製品別原価計算
直接費
材料費
労務費
経費
直接賦課
間接費
材料費
労務費
経費
配賦
製造部門
補助部門
配賦

原価差異分析（げんかさいぶんせき）

標準原価や予定原価を設定した場合、実際原価との差額内容を分析すること。原価低減に役立てる。材料費差異分析、労務費差異分析などがある。

原価差額（げんかさがく）

予定原価や標準原価など予め定められた指標と実際原価との差額をいう。会計上は原価差異ともいう。

・標準原価200、実際原価100の場合
原価差額＝標準原価200－実際原価100
＝100（有利差異）

・標準原価200、実際原価300の場合
原価差額＝標準原価200－実際原価300
＝△100（不利差異）

不利差異の場合は、特に、どこで、なぜ発生したか、責任部門、責任者は誰かなどを把握し、その改善策を講じる必要がある。

固定費（こていひ）

操業度にかかわらず、一定に発生する費用のこと。賃金の基本給や減価償却費が該当する。

個別原価計算（こべつげんかけいさん）

種類、規格、仕様等の異なる製品を受注し、注文別に生産する形態に適用される原価計算で、特定製造指図書を原価の集計単位とし、個別的に原価計算を行う方法のこと。

個別法（こべつほう）

１つ１つの原材料の単価を個別にそのまま把握する方法。

材料費（ざいりょうひ）

製品の製造に使用される原料や材料のこと。（消費数量）×（消費価格）で求められる。

また、材料費は、使用形態により、①主要材料費、②補助材料費等に分類される。

一方、原価計算上は、直接材料費と間接材料費に分類される。

仕訳例

●材料1,000円を掛けで購入した。

（材　料　費）	1,000	（買　掛　金）	1,080
（仮払消費税）	80		

材料費差異分析（ざいりょうひさいぶんせき）

材料費に関して、標準値や予定値を用いた場合、実績値との間に生じた差額のこと。

差異を下表のポイントのように２つに分解して、分析すると有効である。

ポイント

数量差異	数量差異とは、材料の標準消費量や予定消費量と実際消費量との差分によって生じる差異のこと。 数量差異 ＝（標準消費量 － 実際消費量）× 標準単価
価格差異	価格差異とは、材料の標準価格や予定価格と実際価格との差額によって生ずる差異のこと。 価格差異 ＝（標準単価 － 実際単価）× 実際消費量

● 差異のイメージ

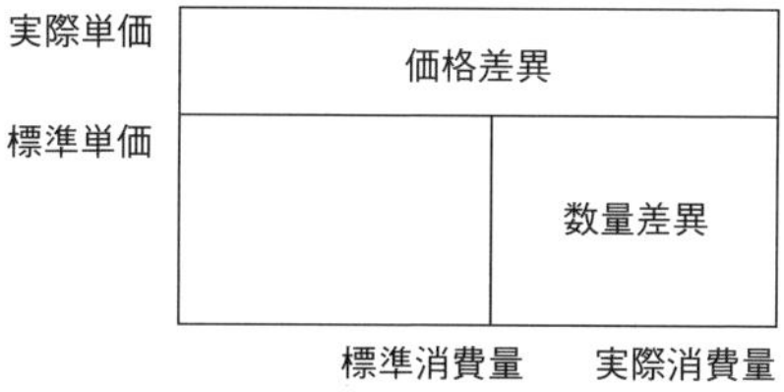

先入先出法（さきいれさきだしほう）

☞3.　在庫管理

仕掛品（しかかりひん）

製造の中途にある中間品で、そのままの状態ではまだ売れる状態にはないもの。

仕訳例

●購入した材料1,000円を製品製造に投入した。

（仕　掛　品）	1,000	（材　料　費）	1,000

実際原価（じっさいげんか）

実際消費量をもって計算した原価のこと。実際価格だけでなく、予定価格を用いても実際原価となる。

実際原価計算（じっさいげんかけいさん）

製品の製造活動、販売活動などのために消費した実際原価を計算する方法のこと。

実際原価は原則として実際発生額だが、原価を構成する原価要素の消費量が実際消費量である限り、予定単価を用いていても実際原価として取り扱われる。

主要材料費（しゅようざいりょうひ）

製造工程を経る過程で直接消費され、製品の基本的実体を構成する原材料の消費額のこと。

消費数量（しょうひすうりょう）

材料費を計算する際に用いられる数量のこと。消費数量の把握方法として、継続記録法と棚卸計算法がある。

消費単価（しょうひたんか）

材料費を計算する際に用いられる単価のこと。実際購入原価を使用する方法や予定単価を用いる方法などがある。どの方法を行うにしても継続適用が必要となる。

製造原価（せいぞうげんか）

製造部門でかかった原価のこと。製造費用とは意味が異なる。製品原価は仕掛品を絡めた金額となり、以下の算式で求める。

算式

製造原価＝期首仕掛品＋製造費用－期末仕掛品

製造原価明細書（せいぞうげんかめいさいしょ）

当期中に製造した製品の製造原価を表示した明細のこと。損益計算書の補助的性格がある。

製造原価明細書
（自　平成○年○月○日
至　平成○年○月○日）

Ⅰ材料費
Ⅱ労務費
Ⅲ経費
　当期総製造費用
　期首仕掛品棚卸高
　　　合計
　期末仕掛品棚卸高
　他勘定振替高
　当期製品製造原価

製造費用（せいぞうひよう）

製品を製造するための費用のこと。材料費、労務費、経費の合計が製造費用となる。製造原価とは意味が異なる。

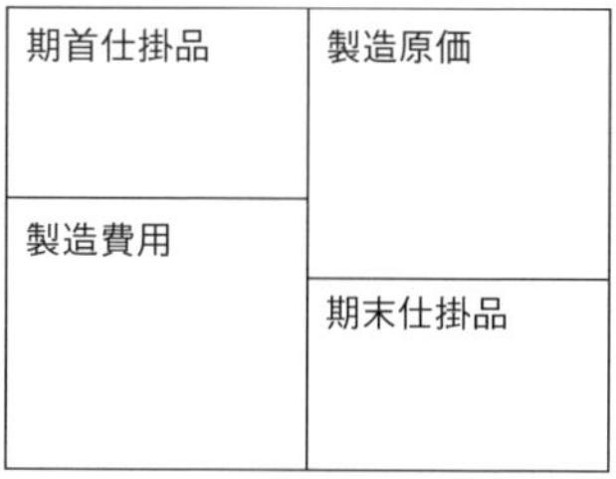

製造部門（せいぞうぶもん）

直接製品製造が行われる部門のこと。

製品（せいひん）

製造した完成品のこと。

仕訳例

● 材料費1,000円、労務費1,200円、経費300円をかけて製品が完成した。

（製　　品）	2,500	（仕 掛 品）	2,500

製品別原価計算（せいひんべつげんかけいさん）

部門別に計算された原価を製品別に集計し、各製品あたりの製品原価を計算すること。

総合原価計算（そうごうげんかけいさん）

同一種又は異種の製品を連続的に反復生産する大量生産形態に適用され、一定期間における生産量とその生産に要した製造原価から原価単位製品を算定する原価計算方法のこと。

総平均法（そうへいきんほう）

☞3. 在庫管理

他勘定振替高（たかんじょうふりかえだか）

材料費や仕掛品などの棚卸資産が製品原価以外への払出しが行われときに用いられる勘定科目。

仕訳例

● 製品500円が火災により焼失した。

（火 災 損 失）	500	（他勘定振替高）	500

棚卸計算法（たなおろしけいさんほう）

☞3. 在庫管理

棚卸減耗損（たなおろしげんもうそん）

☞3. 在庫管理

直接経費（ちょくせつけいひ）

製品の生成に関して直接的に認識され、特定の製品に直接負担させることができる経費のこと。主に、外注加工費が該当する。

直接原価計算（ちょくせつげんかけいさん）

製造原価、販売費及び一般管理費を変動費と固定費とに区分し、売上高から変動費を控除して限界利益を計算し、さらに固定費を控除して営業利益を計算する方法のこと。

直接材料費（ちょくせつざいりょうひ）

製品の生成に関して直接的に認識され、特定の製品に直接負担させることができる材料費のこと。

具体的な例として、
・主要材料費
・買入部品費
などがある。

直接費（ちょくせつひ）

製品の生成に関して直接的に認識され、特定の製品に直接負担させることができる原価のこと。

直接賦課（ちょくせつふか）

製品原価に直接発生した費用を集計すること。

直接労務費（ちょくせつろうむひ）

製品の生成に関して直接的に認識され、特定の製品に直接負担させることができる労務費のこと。直接作業時間、段取時間についての賃金がこれに該当する。

直課（ちょっか）

☞直接賦課（ちょくせつふか）

配賦基準（はいふきじゅん）

配賦計算を行う際に用いられる費用の配分ルールのこと。配賦基準としては、生産量、作業時間、床面積などがある。

配賦計算（はいふけいさん）

製造間接費を何らかの基準によって部門又は製品に負担させること。この何らかの基準を「配賦基準」という。

半製品（はんせいひん）

製造の中途にある中間品で、販売できる状態のもの。

仕訳例

●半製品800円が完成した。

（半　製　品）	800	（仕　掛　品）	800

費目別原価計算（ひもくべつげんかけいさん）

材料費、労務費、経費といった費目別に分類して、原価を計算する方法のこと。

標準原価（ひょうじゅんげんか）

統計的、科学的調査に基づいて達成されるべき原価の目標のこと。製造原価の能率の尺度として決めた原価となる。

標準原価計算（ひょうじゅんげんかけいさん）

各原価要素別に原価標準を設定し、

計算される原価計算方法のこと。

部門共通費（ぶもんきょうつうひ）

二部門以上に共通的に発生する費目のこと。工場長の給料や工場建物の減価償却費、賃借料からなる。

部門個別費（ぶもんこべつひ）

特定の部門で発生したことを直接に認識できる費目のこと。特定部門の消耗品費や職長の賃金、特定部門に属する機械の減価償却費からなる。

部門別原価計算（ぶもんべつげんかけいさん）

原価を部門別、すなわち原価の発生場所別に計算すること。これにより原価を機能別、責任区分別に管理することが可能となる。

変動費（へんどうひ）

操業度に応じて変動する費用のこと。例えば、売上高が増加すると、これに比例して増加する費用のことで材料費や運賃などが該当する。

補助材料費（ほじょざいりょうひ）

製品の生産に補助的に役立つものであって、その費消分をいう。

補助部門（ほじょぶもん）

製造部門に対して補助的関係にある部門をいう。補助経営部門（自部門の製品等を製造部門に提供する部門。動力部、運搬部など）と工場管理部門（工場の全般的な管理や事務を行う部門。企画部、工場事務部など）に分かれる。

労務費（ろうむひ）

製造及び販売に関与した労務用役の消費によって発生する費用のこと。材料費と異なり、発生した賃金、給料等の大部分はその期間の労務費になる。

原価計算上は、直接労務費と間接労務費に分類される。

労務費差異分析（ろうむひさいぶんせき）

労務費に関して、標準値や予定値を用いた場合、実績値との間に生じた差額のこと。

差異を下表のポイントのように2つに分解して、分析すると有効である。

ポイント

作業時間差異（出来高を用いた場合は、数量差異）	作業時間差異とは、直接工の標準作業時間や予定作業時間と実際作業時間との差分によって生じる差異のこと。 作業時間差異 ＝（標準作業時間 － 実際作業時間）× 標準賃率 （出来高を用いた場合は、作業時間ではなく消費量となる）
賃率差異	賃率差異とは、直接工の標準賃率や予定賃率と実際賃率との差額によって生ずる差異のこと。 賃率差異 ＝（標準賃率 － 実際賃率）× 実際作業時間

● 差異のイメージ

7　経費管理

会議費（かいぎひ）

会議のために要した支出を処理する科目である。会議に際して供される茶菓子や弁当類も含まれる。

仕訳例

●喫茶店で仕入先の打ち合わせを行い、コーヒー代216円を支払った。

（会議費）	200	（現金預金）	216
（仮払消費税）	16		

ポイント

●交際費との科目区分があいまいになりやすいため、処理に留意する。
　詳細は☞交際費

会費（かいひ）

同業者団体、町内会等に対して支払う年会費や組合費等を処理する科目である。

貸倒損失（かしだおれそんしつ）

☞1．売掛債権管理

貸倒引当金繰入額（かしだおれひきあてきんくりいれがく）

☞1．売掛債権管理

寄附金（きふきん）

会社が事業上の取引関係が全くないか希薄な者に対して無償の供与をすること。

会計上は費用となる。税務上は、国等への寄附金などは全額損金になるが、それ以外の寄附金は一定の限度額を超える部分は損金として認められない。

仕訳例

●神社に初穂料として100円を支払った。

（寄附金）	100	（現金預金）	100

ポイント

●税務上の損金算入の取扱い
・損金算入限度額の対象にならないもの
　①国や地方公共団体への寄附金
　②指定寄附金（公共法人等に対する寄附で財務大臣が指定したもの）
・損金算入限度計算の対象になるもの
　③特定公益増進法人及び認定ＮＰＯ法人への寄附金
　④上記①から③以外の一般の寄附金

●子会社等に対する寄附金
・グループ法人税制の適用対象となる法人に対する寄附金は、寄附する法人では損金不算入となり、寄附を受ける法人では益金不算入となる。

給料（きゅうりょう）

雇用契約に基づく労働の対価で、従

業員に支払われるものをいう。基本給のほかにさまざまな手当も含まれる。手当には、役職手当、家族手当、時間外手当などがある。

仕訳例

●従業員に給料を800円支払った。

(給　　料)	800	(現 金 預 金)	750
		(預 り 金)	50

(※) 源泉所得税、住民税、社会保険料などの項目を「預り金」として処理する。

ポイント

●給料の締日によっては「未払費用」を計上する必要がある。
　例えば、20日締め25日払いの場合は、月末(30日とする)までの日割り給料10日分について未払費用を計上する。

経済的利益(けいざいてきりえき)

会社が役員又は従業員に与える金銭以外の便益で、主に次のようなものがある。

- 物品その他の資産を無償又は低い価額により譲渡したことによる経済的利益
- 土地、家屋、金銭その他の資産を無償又は低い対価により貸し付けたことによる経済的利益
- 福利厚生施設の利用など上記以外の用役を無償又は低い対価により提供したことによる経済的利益
- 個人的債務を免除又は負担したことによる経済的利益

これらの経済的利益を一般的に現物給与といっている。

減価償却費(げんかしょうきゃくひ)

☞4. 固定資産管理

研究開発費(けんきゅうかいはつひ)

新製品や新技術の発明や改良等を実施した際に処理する費用科目である。研究開発活動に関連して支出するものは原則、費用処理となる。ソフトウェアの制作に関しても、研究開発に係る部分は費用処理となる。

仕訳例

●外部の研究機関に新商品開発のため、3,240円支払った。

(研究開発費)	3,000	(現 金 預 金)	3,240
(仮払消費税)	240		

ポイント

●損益計算書の表示
　費用処理する場合、一般管理費と当期製造費用に計上する方法とがある。研究開発費は一般的に原価性がないと考えられるため、通常は一般管理費に計上される。

●注記
　一般管理費と当期製造費用に計上された金額の総額を有価証券報告書上、損益計算書に関する注記として開示する。

現物給与(げんぶつきゅうよ)

会社が支給するもので、食事の現物

支給や商品の値引き販売などのように金銭以外の形で支給するものをいう。現物給与とみなされるのは、源泉所得税の対象となる。

広告宣伝費（こうこくせんでんひ）

企業が商品やサービスを広く一般に知らしめるために支出する費用のこと。

仕訳例

●折り込みチラシ1,000枚を作成し、代金2,160円を支払った。作成後速やかにすべてを配布した。

(広告宣伝費)	2,000	(現金預金)	2,160
(仮払消費税)	160		

●折り込みチラシ1,000枚を作成し、代金2,160円を支払った。作成後500枚は配布したが、残り500枚は期末日現在未配布である。

(広告宣伝費)	1,000	(現金預金)	2,160
(貯蔵品)	1,000		
(仮払消費税)	160		

(※) 決算日までに未配布のものがあれば、貯蔵品勘定に振替える必要がある。

ポイント

●交際費との科目区分があいまいになりやすいため、処理に留意する。
　詳細は☞交際費

交際費（こうさいひ）

得意先や取引先に対する接待や交際のために支払った費用をいう。法人税法では交際費等は原則として損金にならない。但し、中小企業に対しては一定限度額を設けて、それを超える部分を損金不算入としている。

仕訳例

●得意先へ手土産（540円）を購入し、持参した。

(交際費)	500	(現金預金)	540
(仮払消費税)	40		

●得意先の会長がお亡くなりになり、香典1,000円を支出した。

(交際費)	1,000	(現金預金)	1,000

ポイント

●交際費等の損金不算入額
・資本金が1億円以下の法人（資本金5億円以上の100％子法人は除く）：次のいずれかの金額となる。
　①接待飲食費（専らその法人の役員、従業員等に対するものは除く）の50％相当額を超える部分
　②800万円 を超える部分の金額（1年に満たない事業年度の場合は、該当事業年度の月数を乗じ、これを12で割った金額）
・資本金が1億円超の法人：接待飲食費（専らその法人の役員、従業員等に対するものは除く）の50％相当額を超える部分

●交際費と他の科目との区分
①広告宣伝費との区分
・カレンダー、手帳等の景品を提供した場合：広告宣伝費
・多額のものを特定の顧客に提供した場合：交際費
②福利厚生費との区分
・全員参加の忘年会：福利厚生費
・特定の役員や従業員を対象とした2次会：交際費
③会議費との区分
・会議で供される昼食程度の飲食代：会議費
・宴会費用：交際費

５千円基準（ごせんえんきじゅん）

飲食に係る交際費に関して、１人当たり5,000円以下の支出額の場合、税務上の交際費から除かれるときの基準額のこと。

ポイント

- 次の事項を記載した書類を保存することが要件となっている。
  ①飲食等の年月日
  ②飲食等に参加した相手先の氏名及び関係
  ③飲食等に参加した者の数
  ④その費用の金額、飲食店等の名称、所在地

雑給（ざっきゅう）

アルバイトやパートタイマーなどに支払われるものをいう。正社員との雇用形態の違いから、雑給として処理することが多い。

事前確定届出給与（じぜんかくていとどけいできゅうよ）

所定の時期に確定額を支給する旨の定めに基づいて支給する役員給与をいう。税務上、役員給与を損金算入するための要件の一つである。あらかじめ役員に支払う賞与の額が決まっているのであれば、事前に届出をすることにより損金算入することができる。

ポイント

- 事前確定届出給与の届出は、次のうち一番早い日までに行う必要がある。
  ①役員給与の決議をする株主総会等の日から1カ月を経過する日
  ②職務執行を開始する日から1カ月を経過する日
  ③事業年度（会計期間）開始の日から4カ月を経過する日

使途秘匿金（しとひとくきん）

法人が支出した金銭の支出のうち、相当の理由がなく、その相手方の氏名等がその法人の帳簿に記載していないものいう。

ポイント

- （使途秘匿金の額）×（40%）が法人税額に加算される。

上場企業においては金額の多寡にかかわらずこのような不明朗な支出はコーポレートガバナンス上許容できるものではないことに留意する必要がある。

資本的支出（しほんてきししゅつ）

固定資産の使用可能期間の延長又は価値の増加をもたらす等の積極的な支出のこと。固定資産として処理される。

収益的支出（しゅうえきてきししゅつ）

固定資産の通常の維持管理及び原状回復のため等の消極的な支出のこと。

支出時の費用として処理される。

修繕費（しゅうぜんひ）

有形固定資産の維持補修に要する費用のこと。資本的支出か収益的支出の判定が会計上困難なケースがある。会計上は、税務の判定をもとに計上するケースが多い（税務の判定について☞4．固定資産管理）。

出向者の給与（しゅっこうしゃのきゅうよ）

自社の役員又は従業員を出向させた場合に、当該出向者の給料をいう。

出向先において、出向者が役員か従業員かで税務上の損金算入の扱いが異なる。

ポイント

- 出向先において「役員」となっている場合
  定期同額給与又は事前確定届出給与の要件を満たし、かつ下記の要件をいずれも満たせば、出向先が支出する給与負担金は出向先での役員給与として損金算入できる。
  ①当該役員に係る給与負担金につき、出向先法人の株主総会等の決議がされていること
  ②出向契約等において出向期間及び給与負担金の額があらかじめ定められていること

- 出向先において「従業員」となっている場合
  給与の支払者と負担者とが出向元か出向先かにより、次のように取扱いが異なる。

支払者	負担者	手続	税務の取扱い
出向先	出向先	出向先が支給し、かつ負担	出向先の給与となる
出向元	出向先	出向元が支給し、出向先が出向元に給与負担金を支払い	出向先が出向元に支払った給与負担金は、出向先法人における出向者に対する給与として取り扱われる
出向元	出向元	出向元が支給し、かつ負担	出向先が負担すべき費用を出向元が負担しているため、出向元からの寄附金とみなされる
出向先	出向元	出向先が支給し、出向元に請求	同上

消耗品費（しょうもうひんひ）

使用することで消耗や摩耗する事務消耗品や消耗器具備品などを処理する科目である。

耐用年数が1年未満のもの又は相当額以下（税法は10万円未満）のため、特に固定資産として計上する必要のないものが計上される。

賞与（しょうよ）

毎月従業員に支払う給料とは別に支払う臨時的なものをいう。夏、冬の年2回支給されるケースが多い。決算賞与として年度末に支払う企業もある。

一般的に従業員の業績に応じて支給額が決定される。

仕訳例

●従業員に賞与を1,200円支払った。

（賞　　与）	1,200	（現金預金）	1,100
		（預り金）	100

（※）源泉所得税、住民税、社会保険料などの項目を「預り金」として処理する。

賞与引当金（しょうよひきあてきん）

従業員に対して翌期に支払うであろう賞与に備えて、当期に発生した部分を企業が見積り計上したものをいう。

仕訳例

●翌期の夏のボーナスの支給見込額は、2,400円である。当社は3月決算で、夏のボーナスの支給対象期間は、1月～6月である。

（賞与引当金繰入額）	1,200	（賞与引当金）	1,200

（※）2,400円×３カ月（1月～3月）÷６カ月＝1,200円

●夏のボーナスの実際支給額は、2,500円であった。

（賞与引当金）	1,200	（現金預金）	2,500
（賞　　与）	1,300		

賞与引当金繰入額（しょうよひきあてきんくりいれがく）

賞与引当金を費用計上するための科目である。

【仕訳例】

☞賞与引当金（しょうよひきあてきん）

新聞図書費（しんぶんとしょひ）

新聞代、書籍代等を購入した際に処理する科目である。

水道光熱費（すいどうこうねつひ）

水道料、電気代、ガス代等を処理する科目である。

租税公課（そぜいこうか）

税金及び税金以外の罰金や賦課金等の公課を計上する科目である。

但し、法人税や住民税、一部の事業税は「租税公課」に計上せずに、「法人税、住民税及び事業税」として処理する。

ポイント

事業税について、所得割部分は「法人税、住民税及び事業税」に計上し、外形標準課税適用会社の付加価値割、資本割については「租税公課」に計上する。

損金経理（そんきんけいり）

☞16. 法人税申告業務

退職給付引当金（たいしょくきゅうふひきあてきん）

将来、従業員が退職するときに支払

われる額のうち、当期に負担すべき金額を見積り計上したものをいう。

仕訳例

●決算処理において、退職給付の当期負担額1,000円を計上した。

(退職給付費用)	1,000	(退職給付引当金)	1,000

●年金資産へ掛け金200円を拠出した。

(退職給付引当金)	200	(現 金 預 金)	200

●退職一時金として300円を支払った。

(退職給付引当金)	300	(現 金 預 金)	300

退職給付費用（たいしょくきゅうふひよう）

退職給付引当金を計上する際に、当期に帰属する部分を費用計上するための科目である。

退職給付引当金を原則法に基づいて計算している場合、次の算式となる。

算式

退職給付費用＝勤務費用＋利息費用－期待運用収益＋遅延認識項目

【仕訳例】

☞退職給付引当金（たいしょくきゅうふひきあてきん）

退職金（たいしょくきん）

従業員が退職に伴い企業から受取る手当てのこと。

賃借料（ちんしゃくりょう）

土地や建物といった不動産や機械や備品などの動産を借りるための支出を処理する科目である。

通信費（つうしんひ）

電話代、郵便料金など通信に要した費用を処理する科目である。

手当（てあて）

給料等の基本給とは分けて従業員等に支給されるもの。主なものに、通勤手当、役職手当、住居手当、資格手当などがある。

定期同額給与（ていきどうがくきゅうよ）

役員への毎月の支給額が同額であるものをいい、会計期間開始の日から3ヶ月以内に改定された場合は、改定前の支給額が同額で、かつ改定後の支給額が同額であるものをいう。税務上、役員給与を損金算入するための要件の一つである。

同族会社（どうぞくがいしゃ）

☞16. 法人税申告業務

福利厚生費（ふくりこうせいひ）

従業員の職場内外の環境の向上や人間関係の緊密化、慶弔関係に伴って支出したものをいう。

仕訳例

●忘年会費用500円を支払った。

(福利厚生費)	500	(現 金 預 金)	500

ポイント

●交際費との科目区分があいまいになりやすいため、処理に留意する。
詳細は☞交際費

法定福利費（ほうていふくりひ）

従業員の福利厚生のために支出する費用のうち、法律に基づいて支払われる費用のこと。健康保険料、厚生年金保険料、労働保険料などが該当する。会社負担分と従業員個人負担分があり、前者が「法定福利費」、後者は給与から天引きされた分が「預り金」となる。

仕訳例

●従業員より預かった社会保険料300円と会社負担分300円とを納付した。

(預 り 金)	300	(現 金 預 金)	600
(法定福利費)	300		

保険料（ほけんりょう）

掛け捨てとなる保険料を支払った際に処理する科目である。

ポイント

●決算日をまたがる保険期間の場合は、当期に属する費用は「保険料」として処理し、翌期以降に属する費用は「前払費用」又は「長期前払費用」として処理する。

役員給与（やくいんきゅうよ）

税務上、役員報酬及び役員賞与を合わせて「役員給与」とよんでいる。

役員給与として税務上損金算入できるものは、次の要件を満たしたものである。

①定期同額給与

②事前確定届出給与

③利益連動給与

なお、役員給与のうち、不相当に高額な部分の金額は、過大役員給与として損金の額に算入されない。

（右頁図参照）

役員賞与（やくいんしょうよ）

役員に対する臨時的な報酬のうち、退職金以外のものをいう。

役員賞与引当金（やくいんしょうよひきあてきん）

役員に対して翌期に支払うであろう賞与の見込額を計上したもの。

税務上は、役員賞与引当金を計上した事業年度では損金に算入できない。事前確定届出給与の要件を満たし、か

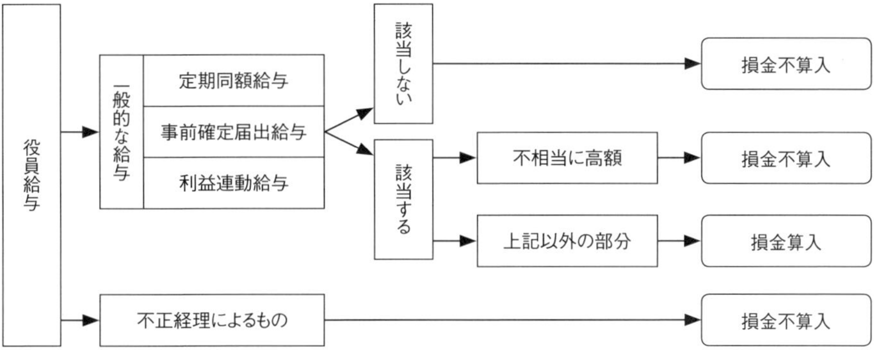

つ株主総会での決議があった事業年度で損金算入することができる。

役員退職慰労引当金（やくいんたいしょくいろうひきあてきん）

役員に対して将来支給する退職慰労金のうち、当期に負担すべき金額を見積り計上したもの。

仕訳例

●役員退職慰労金を内規に基づいて計算した結果、当期に負担すべき額は300円であった。

(役員退職慰労引当金繰入額)	300	(役員退職慰労引当金)	300

役員退職慰労引当金繰入額（やくいんたいしょくいろうひきあてきんくりいれがく）

役員退職慰労引当金を費用計上するための科目である。

【仕訳例】

☞役員退職慰労引当金（やくいんたいしょくいろうひきあてきん）

役員報酬（やくいんほうしゅう）

委任契約に基づく役員に対してあらかじめ定められた支給基準に基づいて規則的に支給される報酬のこと。雇用契約に基づく従業員の給与と区別して当該科目を使用する。

仕訳例

●役員に報酬を1,000円支払った。

(役員報酬)	1,000	(現金預金)	900
		(預り金)	100

(※) 源泉所得税、住民税、社会保険料などの項目を「預り金」として処理する。

利益連動給与（りえきれんどうきゅうよ）

税務上、役員給与を損金算入するた

めの要件の一つで、同族会社に該当しない法人が業務執行役員に対して支給する利益に関する指標を基礎として算定される役員給与で、次の要件をすべて満たすものをいう。

（1）その算定方法が有価証券報告書に記載される利益指標を基礎とした客観的なもので、次の要件を満たしていること ①確定額を限度として、他の業務執行役員と同様の算出方法であること ②会計期間開始の日から３カ月を経過する日までに、株主総会等の決議による決定があること ③その内容が有価証券報告書等に記載されていること （2）有価証券報告書に記載される利益指標の数値が確定した後１カ月以内に支払われる又は支払われる見込みであること （3）損金経理をしていること

旅費交通費（りょひこうつうひ）

役員や従業員が会社の業務遂行のために支払う電車代、バス代、タクシー代等の交通費や国内及び海外の出張、転勤等の旅費を処理する科目である。

仕訳例

●タクシー代1,080円を精算した。

（旅費交通費）	1,000	（現金預金）	1,080
（仮払消費税）	80		

8 月次業績管理

月次業績報告（げつじぎょうせきほうこく）

月次決算によって行われる経営者への業績報告のこと。月次業績報告は、月次貸借対照表、月次損益計算書のほか、会社の重視する内部管理項目に応じて作成される報告書（たとえば月次資金繰り表、製商品別月次販売実績報告書、店舗別損益計算書、月次製造原価報告書等）によって行われる。

月次報告は経営管理を目的とするものであるから、経営者が重視する経営指標を示すデータが報告の対象となる。

月次決算（げつじけっさん）

月次決算とは、主として経営管理の目的で、毎月の営業成績や財政状態を明らかにするために月々行われる決算をいう。

年次決算が会社法、金融商品取引法、法人税法等といった法令に基づいて実施されるのに対して、月次決算は法律の要請に基づいて行われるものではない。あくまでも経営管理に役立つ情報を経営者に提供する目的で任意に行われるものである。したがって、月次決算では予算・計画との対比（達成度）・月次予算実績差異分析など、経営者の意思決定に必要な情報を提供することが重要であり、また、正確性よりも迅速性・速報性が重視される。

これに対し、年次決算（年度決算）は一事業年度を通じて行われる決算をいう。年次決算は、会社法、法人税法、金融商品取引法等の法令にしたがうことが求められ、その主な目的は会社のステークホルダーへの業績報告にある。年次決算では正確性が求められる。

月次決算は正確性よりも迅速性が求められることから、その決算手続きは年次決算と比較して簡便な方法で行うのが一般的である。

月次決算と年次決算

	月次決算	年次決算
目的	内部管理（経営管理）	外部報告（ステークホルダーへの報告）
法令準拠	なし（会社が任意で実施）	会社法、金融商品取引法、法人税法
重視されるもの	迅速性・速報性	正確性
決算手続	簡便な方法で実施	厳密な方法で実施

月次決算整理（げつじけっさんせいり）

月次決算で行う決算整理のことをいう。

月次決算整理では、売掛金・買掛金の計上、仮払金、仮受金の本来の勘定科目への振り替え、未払費用、前払費用等の経過勘定項目の計上、減価償却費や各種引当金の月割り計上等の処理を行う。月次決算は迅速性・速報性が重視されることから、月次決算整理項目は、売上、仕入のような最も基本的な取引以外は、重要性の高いものに限定して行うことが多い。

月次棚卸（げつじたなおろし）

月次決算で使用する月末の在庫金額を確定させる手続のことをいう。月次決算では実地棚卸を行わずに、帳簿棚卸のみによる場合が多い。

月次損益計算書（げつじそんえきけいさんしょ）

月次で作成される損益計算書のことをいう。

月次貸借対照表（げつじたいしゃくたいしょうひょう）

月次で作成される貸借対照表のことをいう。

月次予算（げつじよさん）

年度予算・年度計画を月次に展開した予算をいう。月次予算は、季節変動、新商品の販売開始時期、新店舗の稼働開始時期等も考慮して作成し、月次予算実績差異分析を適切に行えるようにする必要がある。

月次予算実績差異分析（げつじよさんじっせきさいぶんせき）

月次予算と月次の実績とを比較し、予算を達成度合、金額の差異等に注目してその原因分析を行うこと。

月次予算実績差異分析を行うことにより、解決策を早期に検討・実施することが可能となる。たとえば、販売の落ち込んだ商品がある場合、その原因を分析することにより、販売政策の修正を検討することも可能となる。そのほか、月次予算実績差異分析により、年次決算（年度決算）を控えて、早期にその決算数値の見込みをたてることも可能となる。

（月次予算実績対比表の例は右頁の表を参照）

年度予算（ねんどよさん）

事業計画を前提とした年度の数値計画である。年度予算は月単位に展開して月次予算とし、月次決算との対比による分析を行う。

● 月次予算実績対比表

（百万円）

事業部	製品	売上高			利益		
		予算	実績	予算比	予算	実績	予算比
A事業部	A-1製品	50	51	1	8	8	0
	A-2製品	100	104	4	20	16	△4
	合計	150	155	5	28	24	△4
B事業部	B-1製品	30	28	△2	5	4	△1
	B-2製品	50	47	△3	8	7	△1
	合計	80	75	△5	13	11	△2
C事業部	C-1製品	20	22	2	3	2	△1
	C-2製品	30	31	1	4	3	△1
	C-3製品	40	28	△12	5	4	△1
	C-4製品	50	36	△14	6	5	△1
	合計	140	117	△23	18	14	△4
合計		370	347	△23	59	49	△10

9 単体決算業務

赤字決算（あかじけっさん）

税引後の当期純利益がマイナスになる決算のこと。

一年基準（いちねんきじゅん）

資産・負債を貸借対照表上の流動区分又は固定区分のいずれに表示するかの基準の一つ。ワンイヤー・ルール（One year rule）ともいう。

一年基準は、決算日の翌日から起算して一年以内に入金又は支払の期限が到来するものは短期（流動資産又は流動負債）に分類し、入金又は支払の期限が一年をこえて到来するものは長期（投資その他の資産又は固定負債）に属するものとする基準である。

押し込み販売（おしこみはんばい）

取引の実態がないのに、取引先に、翌期に入ってからの返品を前提とした、期末間際の形式的な発注をさせることによる粉飾の手法。

あるいは、売上高を大きく見せるため、決算間際に取引先に商品を強引に販売すること。

会計監査人（かいけいかんさにん）

☞11.ディスクロージャー

会計監査人設置会社（かいけいかんさにんせっちがいしゃ）

会計監査人（☞11.ディスクロージャー）は会社の機関の一つである。会計監査人を設置する会社のことを会計監査人設置会社という。会計監査人設置会社である旨は登記される。

外形標準課税（がいけいひょうじゅんかぜい）

☞16.法人税申告業務

架空売り上げ（かくううりあげ）

売上の実態がないのに架空の伝票を作成する等して売上を水増しすること。粉飾決算の手法の一つである。

株主資本等変動計算書（かぶぬししほんとうへんどうけいさんしょ）

計算書類の一つ。当期における純資産の変動を明らかにする書類である。

（右頁ひな形参照）

仮受金（かりうけきん）

金銭を受け取ったものの、最終的に使用する勘定科目が確定していなかったり、概算払いのため金額が確定していなかったりする場合に、一時的に使

株主資本等変動計算書
（自平成○年○月○日　至平成○年○月○日）

（単位：百万円）

	株主資本									
		資本剰余金			利益剰余金					
						その他利益剰余金				
	資本金	資本準備金	その他資本剰余金	資本剰余金合計	利益準備金	○○積立金	繰越利益剰余金	利益剰余金合計	自己株式	株主資本合計
平成○年○月○日残高	×××	×××	×××	×××	×××	×××	×××	×××	△×××	×××
事業年度中の変動額										
新株の発行	×××	×××		×××						×××
剰余金の配当					×××		△×××	△×××		△×××
当期純利益							×××	×××		×××
自己株式の処分										
○○○○○										
株主資本以外の項目の事業年度中の変動額（純額）										
事業年度中の変動額合計	×××	×××	—	×××	×××	—	×××	×××	×××	×××
平成○年○月○日残高	×××	×××	×××	×××	×××	×××	×××	×××	△×××	×××

	評価・換算差額等				新株予約権	純資産合計
	その他有価証券評価差額金	繰延ヘッジ損益	土地再評価差額金	評価・換算差額等合計		
平成○年○月○日残高	× × ×	× × ×	× × ×	× × ×	× × ×	× × ×
事業年度中の変動額						
新株の発行						× × ×
剰余金の配当						△× × ×
当期純利益						× × ×
自己株式の処分						× × ×
○○○○○						
株主資本以外の項目の事業年度中の変動額（純額）	× × ×	× × ×	× × ×	× × ×	× × ×	× × ×
事業年度中の変動額合計	× × ×	× × ×	× × ×	× × ×	× × ×	× × ×
平成○年○月○日残高	× × ×	× × ×	× × ×	× × ×	× × ×	× × ×

（日本経済団体連合会「会社法施行規則及び会社計算規則による株式会社の各種書類のひな型」より）

用する勘定科目。

仮勘定（かりかんじょう）

仮払金、仮受金、立替金、建設仮勘定等、帳簿に記録すべき取引は発生したが、最終的に使用すべき勘定科目、金額等が確定していない等の理由により、一時的に使用する勘定科目の総称。

仮決算（かりけっさん）

本決算と対になる用語。年度決算以外の決算が任意に行われる場合に、概括的に損益などを把握するために、ある程度簡便な処理方法によって行われる決算。

仮払金（かりばらいきん）

最終的に使用する勘定科目がまだ確定していなかったり、概算払いのため金額が確定していなかったりする場合に、一時的に使用する勘定科目

監査役（かんさやく）

株式会社の機関の一つ。取締役や取締役会からは独立して取締役の職務の執行を監査する株式会社の機関。

監査役は株主総会で選任され、任期は4年。監査役は取締役と異なり、使用人を兼務できない。監査役を置くかどうかは定款の定めによるが、取締役会設置会社や会計監査人設置会社等は監査役を設置しなければならないこととされる。

監査には、業務監査（取締役の職務の執行が法令・定款を遵守して行われているかどうかの監査）と会計監査とがあり、会計監査人非設置会社・監査役会非設置会社は、定款により監査役の業務を会計監査に限定することができる。

監査役会（かんさやくかい）

監査役の合議機関。会社法においては、原則として株式会社には監査役会を設置する必要はないが、大会社である公開会社（☞11.ディスクロージャー）は、監査役会を設置しなければならない（委員会設置会社を除く）とされる。

監査役設置会社（かんさやくせっちがいしゃ）

監査役を設置している会社のこと。監査役の設置は定款に定められ、登記される。

間接費（かんせつひ）

☞6.原価管理

勘定科目内訳表（かんじょうかもくうちわけひょう）

法人税の申告書に添付する科目の内訳明細書のこと。国税庁所定の様式が用意されており、貸借対照表の各科目の内訳明細、役員給与の個人別明細などを記載する。

貸倒引当金（かしだおれひきあてきん）

☞1.売掛債権管理

監査（かんさ）

法令・定款の適法性、会計の適正性、業務の効率性等を検証すること。会社の監査は会計監査人、監査役、内部監査部門等が行う。

監査報告書（かんさほうこくしょ）

監査人が実施した監査の結果について意見の表明を行う報告書のこと。

監査人が表明する監査意見には次の表に掲げるものがある。

無限定適正意見	一般に公正妥当と認められる企業会計の基準にしたがって、会社の財務状況を「すべての重要な点において適正に表示している」旨を監査報告書に記載するもの。
限定付適正意見	一部に不適切な事項はあるが、それが財務諸表等全体に対してそれほど重要性がないと考えられる場合に、その不適切な事項を記載して、会社の財務状況は「その事項を除き、すべての重要な点において適正に表示している」と監査報告書に記載するもの。
不適正意見	監査人が表明すべき監査意見の一つ。不適切な事項が発見され、それが財務諸表等全体に重要な影響を与える場合に、不適正である理由を記載して、会社の財務状況を「適正に表示していない」と監査報告書に記載するもの。
意見不表明	重要な監査手続が実施できず、結果として十分な監査証拠が入手できない場合で、その影響が財務諸表等に対する意見表明ができないほどに重要と判断した場合に、会社の財務状況を「適正に表示しているかどうかについての意見を表明しない」旨及びその理由を監査報告書に記載するもの。

確定申告書（かくていしんこくしょ）

☞16.法人税申告業務

還付税額（かんぷぜいがく）

☞16.法人税申告業務

共通費の配賦基準（きょうつうひのはいふきじゅん）

共通費とは、部門別に損益を把握するため、部門管理会計を採用している場合に、各部門が共通で利用する設備等にかかる費用等、複数の部門に共通する費用をいう。

共通費の配賦基準とは、共通費をどのような基準で各部門に割り当てるかの基準のこと。たとえば、各部門の従業員の数で按分するなどである。

黒字決算（くろじけっさん）

税引後の当期純利益がプラスになる決算のこと。

経過勘定（けいかかんじょう）

前払費用、未払費用、前受収益及び未収収益の総称。経過勘定は一定の契約に従い、継続して役務の提供を受けたり、提供したりする場合に、未提供の役務提供にかかる金額であり、適正な損益計算の見地から行うものである。このような一定の契約に従って継続的に行われる役務の提供に基づくものでない場合は、前払金、未払金、前受金及び未収入金という科目を使用する。

計算書類（けいさんしょるい）

☞11.ディスクロージャー

計算書類の備置き（けいさんしょるいのそなえおき）

会社は計算書類、監査報告等を、定時株主総会の１週間前（取締役会設置会社の場合は２週間前）から本店に５年間、支店に３年間備え置かなければならない。

また、会計帳簿は10年間保存することが必要である。

決算（けっさん）

決算とは、一事業年度の会計を整理し、その期間に発生した損益を計算し、翌期に繰り越すべき勘定科目を整理する手続きのこと。総勘定元帳の各勘定残高を締め切り、会社の経営成績と財政状態を明らかにするため、損益計算書及び貸借対照表を作成する手続きである。

決算公告（けっさんこうこく）

☞11.ディスクロージャー

決算書（けっさんしょ）

法定の用語ではないが、一般に決算の結果作成された計算書類（貸借対照表、損益計算書、株主資本等変動計算書、個別注記表）のことをいう。

決算手続き（けっさんてつづき）

決算を実施するための手続きのこ

と。現金実査、実地棚卸の実施、未経過勘定の整理、減価償却の実施等の一連の手続きを経て、最終的には損益計算書、貸借対照表等の計算書類の作成を行う。

決算取締役会（けっさんとりしまりやくかい）

会社法では、計算書類及び事業報告並びにこれらの附属明細書は取締役会の承認を受けなければならないこととされている。決算取締役会とは、この規定に基づき計算書類等の承認を行う取締役会のことを指す俗称。

決算取締役会は、監査役の監査報告を受けた後、定時株主総会の招集までのタイミングで行われる。

決算の承認（けっさんのしょうにん）

会社法上、決算の結果作成された計算書類（貸借対照表、損益計算書、株主資本等変動計算書、個別注記表）及びその附属明細書は取締役会の承認を、さらに計算書類は定時株主総会の承認も受ける必要がある。これを決算の承認と呼ぶことがある。

なお、会計監査人設置会社の場合、会計監査人が会社の決算案を適正と認め、一定の条件を満たす場合には、定時株主総会の承認を省略することができる。

決算発表（けっさんはっぴょう）

上場会社が，会社の決算取締役会における決算の承認後，証券取引所の記者クラブで決算の概要を発表すること。

決算日（けっさんび）

会計年度の末日のこと。会計期間が4月1日から翌年3月31日までの場合は、3月31日が決算日である。

決算報告（けっさんほうこく）

決算の結果を経営陣や外部の株主や債権者等のステークホルダーなどに報告すること。

決算方針（けっさんほうしん）

会社が年度決算に際して採用する経理・財務の処理の方向付けのこと。たとえば、不良債権の処理方針、不良在庫の処理方針、有価証券の減損、固定資産の減損、引当金の計上方針、配当方針等がある。

月次決算（げつじけっさん）

☞8. 月次業績管理

検収基準（けんしゅうきじゅん）

☞1. 売掛債権管理

工事完成基準（こうじかんせいきじゅん）

☞1.売掛債権管理

工事進行基準（こうじしんこうきじゅん）

☞1.売掛債権管理

後発事象（こうはつじしょう）

後発事象とは、決算日後に発生した会社の財政状態及び経営成績及びキャッシュ・フローの状況に影響を及ぼす会計事象のことをいう。

後発事象は、財務諸表を修正すべき修正後発事象（実質的な原因が決算日現在において既に発生している場合）と財務諸表に注記すべき開示後発事象（当期の財務諸表には影響しないが翌期に影響を及ぼす場合）の２つがある。

ポイント

	修正後発事象	開示後発事象
内容	実質的な原因が決算日現在において既に発生している場合	当期の財務諸表には影響しないが翌期に影響を及ぼす場合
例示	貸倒引当金の積み増しが必要となるような重要な取引先の倒産など	重要な事業の譲受、譲渡、重要な合併、会社分割、重要な事業からの撤退など

個別注記表（こべつちゅうきひょう）

会社法で記載が義務づけられる注記を記載する表のこと。

事業税（じぎょうぜい）

☞16.法人税申告業務

事業報告（じぎょうほうこく）

☞11.ディスクロージャー

資産の評価基準（しさんのひょうかきじゅん）

重要な会計方針の一つ。会社の計算書類から会社の状況を判断するにあたっては、会社が複数の会計処理方法の中から選択をすることができるような場合、どの方法を選択して計算書類を作成したか知る必要があることから、個別注記表等に記載することが義務づけられている。

有価証券の評価基準やたな卸資産の評価基準等がある。

個別注記表の記載例

●資産の評価基準及び評価方法
（たな卸資産の評価基準及び評価方法）
・原材料　移動平均法による原価法
・製品　先入先出法による原価法

実地棚卸（じっちたなおろし）

☞3.在庫管理

四半期決算（しはんきけっさん）

３カ月に１回行う決算のこと。金融商品取引法により、上場会社等は、四半期毎に各四半期の経過後45日以内に四半期報告書を提出することが義務づけられている。会社法上は四半期決算は義務づけられていない。

四半期報告書は、原則として連結ベースで作成される。また、年度決算と同様の会計処理の原則及び手続きによって作成されるのが原則であるが、財務諸表利用者の判断を誤らせない範囲で、簡便な会計処理によることができる。また、税金費用の計算等においては四半期特有の会計処理も認められる。

資本割（しほんわり）

☞16.法人税申告業務

出荷基準（しゅっかきじゅん）

☞1.売掛債権管理

証憑（しょうひょう）

会計処理をした取引についての裏付けとなる書類のこと。エビデンス（evidence）ともいう。代表的なものは請求書や領収書である。

領収書と請求書の記載内容のチェック

区分	記載の有無を確認すべき要チェック項目
領収書	・取引の内容（但書等を含む） ・金額 ・年月日 ・領収者名（領収書の発行者） ・宛先
請求書	・請求の内容（品名・数量・単価・請求額） ・請求書の発行年月日 ・納品のあった年月日、検収の年月日 ・請求者名（請求書の発行者） ・請求先

剰余金の処分（じょうよきんのしょぶん）

次のような剰余金に関する異動のこと。

・剰余金の資本組入れ、剰余金の準備金への組入れ
・剰余金の配当
・損失の処理、任意積立金の積立て、取崩し等の剰余金内部での振替による異動

「剰余金の配当」は「剰余金の処分」に含まれる概念である。

剰余金の配当等（じょうよきんのはいとうとう）

剰余金の配当に加えて自己株式の有償取得を含む。会社財産が株主に払い

戻される行為のとして、ひとくくりにされ、同じ財源規制を受ける。

仕訳例

- 定時株主総会で繰越利益剰余金を原資として10,000円の配当を決議した。なお、利益準備金を10%積み立てる。

(繰越利益剰余金)	11,000	(未払配当金)	10,000
		(利益準備金)	1,000

- 定時総会の翌日、上記の配当を支払った。支払いにあたっては、配当金に係る所得税等(20.42%)を源泉徴収する。

(未払配当金)	10,000	(預　　金)	7,958
		(預 り 金)	2,042

賞与引当金(しょうよひきあてきん)

☞7.経費管理

申告期限(しんこくきげん)

☞16.法人税申告業務

正常営業循環基準(せいじょうえいぎょうじゅんかんきじゅん)

資産・負債を貸借対照表上の流動区分又は固定区分のいずれに表示するかの基準の一つ。単に営業循環基準ということもある。

正常営業循環基準は、正常な営業循環(営業サイクル)の中で現金化あるいは収益・費用化される資産・負債を短期(流動資産又は流動負債)と分類する基準である。

営業活動で発生する棚卸資産や売掛金・買掛金は営業循環にある資産・負債であるから、たとえ1年超の精算であっても流動資産(負債)に分類される。

損益計算書(そんえきけいさんしょ)

P/L(ピーエル:Profit and Loss statement)ともいう。会社の経営成績を明らかにするため、会計期間における損益を明らかにした表。

(右頁ひな形参照)

大会社(だいがいしゃ)

会社法上、大会社とは、最終事業年度の貸借対照表で、資本金が5億円以上又は負債の合計額が200億円以上のいずれかに該当する株式会社のことをいう。

なお、以前は商法特例法に基づき、小会社という区分(資本金が1億円以下で負債が200億円未満の株式会社)があり、商法規制が緩和されていたが、平成18年の会社法の制定後は、小会社の区分はない。

貸借対照表(たいしゃくたいしょうひょう)

B/S(ビーエス)、バランス・シート(Balance Sheet)ともいう。会社の財政状態を明らかにするため、決算日における会社のすべての資産、負債

損益計算書
（自平成○年○月○日　至平成○年○月○日）

（単位：百万円）

科目	金額	
売上高		×××
売上原価		×××
売上総利益		×××
販売費及び一般管理費		×××
営業利益		×××
営業外収益		
受取利息及び配当金	×××	
その他	×××	×××
営業外費用		
支払利息	×××	
その他	×××	×××
経常利益		×××
特別利益		
固定資産売却益	×××	
その他	×××	×××
特別損失		
固定資産売却損	×××	
減損損失	×××	
その他	×××	×××
税引前当期純利益		×××
法人税、住民税及び事業税	×××	
法人税等調整額	×××	×××
当期純利益		×××

（日本経済団体連合会「会社法施行規則及び会社計算規則による株式会社の各種書類のひな型」より）

及び純資産を記載した表。

（次頁ひな形を参照）

退職給付引当金（たいしょくきゅうふひきあてきん）

☞7.経費管理

代表取締役（だいひょうとりしまりやく）

対外的に会社を代表し、業務執行をする会社の機関のこと。代表取締役は取締役会によって取締役の中から選ばれ、取締役会による指揮・監督を受ける。

タックス・クッション

☞16.法人税申告業務

中間決算（ちゅうかんけっさん）

期首から６カ月後に行われる決算のこと。半期が経過した時点における損益の状況を把握するために行われる。

会社法上は中間決算は義務づけられていないが、法人税及び消費税の中間

貸借対照表
（平成○年○月○日現在）

（単位：百万円）

科目	金額	科目	金額
（資産の部）		（負債の部）	
流動資産	×××	流動負債	×××
現金及び預金	×××	支払手形	×××
受取手形	×××	買掛金	×××
売掛金	×××	短期借入金	×××
有価証券	×××	リース債務	×××
商品及び製品	×××	未払金	×××
仕掛品	×××	未払費用	×××
原材料及び貯蔵品	×××	未払法人税等	×××
前払費用	×××	前受金	×××
繰延税金資産	×××	預り金	×××
その他	×××	前受収益	×××
貸倒引当金	△×××	○○引当金	×××
固定資産	×××	その他	×××
有形固定資産	×××	固定負債	×××
建物	×××	社債	×××
構築物	×××	長期借入金	×××
機械装置	×××	リース債務	×××
車両運搬具	×××	○○引当金	×××
工具器具備品	×××	その他	×××
土地	×××	負債合計	×××
リース資産	×××	（純資産の部）	
建設仮勘定	×××	株主資本	×××
その他	×××	資本金	×××
無形固定資産	×××	資本剰余金	×××
ソフトウェア	×××	資本準備金	×××
リース資産	×××	その他資本剰余金	×××
のれん	×××	利益剰余金	×××
その他	×××	利益準備金	×××
投資その他の資産	×××	その他利益剰余金	×××
投資有価証券	×××	○○積立金	×××
関係会社株式	×××	繰越利益剰余金	×××
長期貸付金	×××	自己株式	△×××
繰延税金資産	×××	評価・換算差額等	×××
その他	×××	その他有価証券評価差額金	×××
貸倒引当金	△×××	繰延ヘッジ損益	×××
繰延資産	×××	土地再評価差額金	×××
社債発行費	×××	新株予約権	×××
		純資産合計	×××
資産合計	×××	負債・純資産合計	×××

（日本経済団体連合会「会社法施行規則及び会社計算規則による株式会社の各種書類のひな型」より）

申告を、予定申告（前年度実績による年税額の２分の１を納付する方法。☞16.法人税申告業務）ではなく、仮決算による中間申告（☞16.法人税申告業務）の方法で行う場合には中間決算を行う必要がある。

追徴税額（ついちょうぜいがく）

☞16.法人税申告業務

取締役（とりしまりやく）

株式会社の機関の一つ。株式会社において業務を執行するための機関であり、少なくとも１人以上の設置が必要である。

取締役の中から、会社を代表する代表取締役を選定しなければならない。

取締役会（とりしまりやくかい）

株式会社の機関の一つ。取締役により構成され、定款の定めにより設置される。

会社の業務執行の意思決定を行うとともに、取締役の業務執行の監督を行う。公開会社（☞11.ディスクロージャー）、監査役会設置会社、委員会設置会社では取締役会の設置が必須。

年度決算（ねんどけっさん）

年に一度、毎会計期間の末日に行われる決算のこと。すべての会社が会社法により義務づけられている決算である。単に「決算」という場合は、通常、年度決算のことをいう。

配当（はいとう）

金銭による利益剰余金の配当のことをいうことが多い。配当は株主総会の決議によりいつでも行うことができる。

期末配当の額をいくらにするかは、取締役会で原案が決定され、最終的には定時株主総会で決定される。

配当方針（はいとうほうしん）

株主に対し、配当をどれだけ支払うかについての会社の基本的な考え方・理念。

配当基準日（はいとうきじゅんび）

ある一定の日を定めて、剰余金の配当は、その日において株主名簿に記載された株主というふうに定めるのが一般的。この日のことを配当基準日という。

通常、3月決算の会社の場合は3月31日を基準日とすることが多い。

引当金の計上基準（ひきあてきんのけいじょうきじゅん）

将来の特定の支出や損失に備えるために、貸借対照表の負債の部又は資産の部の評価勘定に引き当てておく金額のこと。賞与引当金、退職給付引当金、役員退職慰労引当金、製品保証等引当金、返品調整引当金、貸倒引当金その他さまざまな引当金がある。

仕訳 賞与引当金の場合

［当期／賞与支給の前年度の仕訳］

(賞与引当金繰入額) 400　　(賞与引当金) 400

当期の費用　　将来の支出

3月決算で6月の賞与支給見込額が600（支給日6/20）、6月賞与の対象期間（計算期間）が12月～5月の6カ月間とすると、当期の費用として計上すべき額は、計算期間6カ月のうち4カ月分（12月～期末3月）の400である（600×4/6）。残りの200（＝600－400）は実際に支給した年度の費用になる。

［翌期／賞与を支給した6/20の仕訳］

(賞与引当金)	400	(現金預金)	600
(賞　　与)	200		

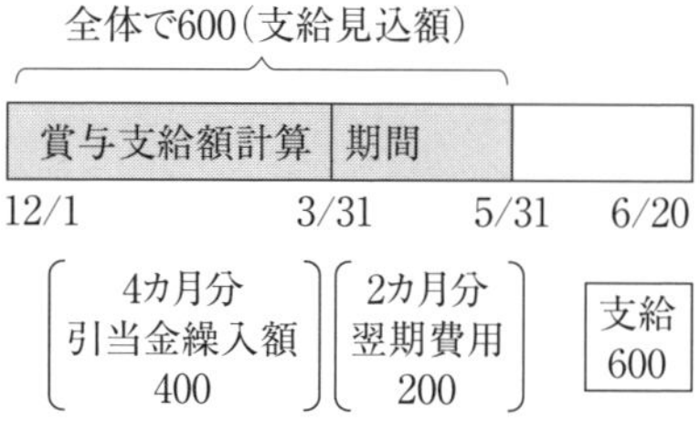

引当金の計上要件は次の４つである。

①将来の特定の費用又は損失であること。
②その発生が当期以前の事象に起因すること。
③発生の可能性が高いこと。
④その金額を合理的に見積ることができること。

引渡基準（ひきわたしきじゅん）

☞1.売掛債権管理

付加価値割（ふかかちわり）

☞16.法人税申告業務

附属明細書（ふぞくめいさいしょ）

☞11.ディスクロージャー

粉飾決算（ふんしょくけっさん）

一般に公正妥当と認められる会計処理の基準にしたがわないで、利益等を過大に表示した決算のこと。たとえば、売上高を水増ししたり、費用を圧縮したりすることにより、利益を過大に計上することが行われる。

会社の対外的な信用を維持するために行われることが多いが、会社の健全性をいっそう損なうことになる。

粉飾決算とは反対に、利益を過小に表示する決算を逆粉飾決算という。

分配可能額（ぶんぱいかのうがく）

剰余金の分配の上限額のこと。分配可能額は、最終事業年度の末日の剰余金の額に、分配時点までの剰余金の変動を加減し、さらに自己株式の帳簿価額、期中の自己株式の処分価額等の調整を加えて算定する。

通常、期末配当の場合の分配可能額は、資本剰余金と利益剰余金の合計額から資本準備金と利益準備金をマイナスした金額である。

法人税、住民税及び事業税（ほうじんぜい、じゅうみんぜいおよびじぎょうぜい）

☞16.法人税申告業務

法人税と税効果の計算（ほうじんぜいとぜいこうかのけいさん）

実務上、決算手続きにおける法人税等の計算は、所得が異動しないように終盤に行う。税効果会計は法人税の計算を行ってから、別表５に記載すべき金額を中心に整理して繰延税金資産等の計算を行う。

所得計算にかかる金額に多少の異動があっても、確定申告で納付する税額が未払法人税等の金額を超えないように、未払法人税等の金額は、少し丸めた数字で概算計上する。

なお、外形標準課税の適用を受ける会社の場合、事業税の付加価値割と資本割の金額は利益の金額を課税標準とする税金ではないことから、これらの税金を営業費用（販売費及び一般管理費）に振り替える（計上する）処理を行う。

補助簿（ほじょぼ）

総勘定元帳に記入できない内容を補う帳簿。必要に応じて作成する。

補助簿には、現金の出入りを記録する現金出納帳、当座預金の入出金を記録する当座預金出納帳、売掛金や買掛金の相手先の元帳である売掛金元帳や買掛金元帳、固定資産の管理のための固定資産台帳など、さまざまなものがある。

本決算（ほんけっさん）

本来の決算手続きにより行われる決算。仮決算と対になる用語。

前受収益（まえうけしゅうえき）

経過勘定の一つ。一定の契約に従い、継続して役務の提供を行う場合に、まだ提供していない役務に対して支払いを受けた対価をいう。

次期以後の収益に計上するべきものであるので、貸借対照表の負債の部に計上する。

前払費用（まえばらいひよう）

経過勘定の一つ。一定の契約に従い、継続して役務の提供を受ける場合に、まだ提供を受けていない役務に対してすでに支払われた対価をいう。具体的には前払利息、前払家賃、前払保険料など。次期以後の費用とすべきものであり、貸借対照表上、１年を超える部分は長期前払費用として固定資産に、それ以外は流動資産に計上される。

期中に費用を現金主義で経理している場合は、期末に前払費用に振り替える決算整理を行う。

重要性が乏しいものについては、前払費用に振り替えないで、費用として計上することができる。この場合、税務上も、継続適用を条件に、支払った日から１年以内に提供を受ける役務にかかるものについては短期前払費用として、損金算入が認められる。

仕訳例

● 当社は保険料を期中に1,000円支払った。このうち、当期に対応する費用は600円である。期中は現金主義により経理している。決算で翌期対応分の400円を前払費用に振替える。

［支払時］

（保　険　料）	1,000	（現　預　金）	1,000

［決算時］

（前 払 費 用）	400	（保　険　料）	400

※この仕訳により、保険料勘定の期末残高は1,000－400＝600となる。

未収収益（みしゅうしゅうえき）

経過勘定の一つ。一定の契約に従い、継続して役務の提供を行う場合に、すでに提供した役務に対して、いまだその対価の支払いを受けていないものをいう。未収利息、未収家賃、未収手数料などがある。当期の収益に計上するべきものであるので、当期の損益に収益計上するとともに、貸借対照表の資産の部に計上する。

未払費用（みばらいひよう）

経過勘定の一つ。一定の契約に従い、継続して役務の提供を受ける場合に、すでに提供された役務に対して、まだその対価の支払いが終わっていないものをいう。未払給与、未払賞与、未払利息、未払賃借料などがある。

当期の費用に計上するべきものであるので、当期の損益に費用計上するとともに、貸借対照表の負債の部に計上する。

未払法人税等（みばらいほうじんぜいとう）

☞16.法人税申告業務

役員賞与（やくいんしょうよ）

☞7.経費管理

役員賞与引当金（やくいんしょうよひきあてきん）

☞7.経費管理

10 連結決算管理

IFRS（アイファース：International Financial Reporting Standards）

国際財務報告基準という。国際会計基準審議会（IASB）が会計基準の国際的統一を目指して作成されたものである。

日本では任意に採用でき、IFRSに基づく連結財務諸表の開示が可能となっている。

「イファース」、「アイエフアールエス」とも読む。

営業活動によるキャッシュ・フロー（えいぎょうかつどうによるキャッシュ・フロー）

☞28. 資金管理

影響力基準（えいきょうりょくきじゅん）

持分法適用会社になるかどうかの判定基準。すなわち、議決権が20%以上50%以下の会社だけでなく、議決権が20%未満でも財務、営業、事業の方針の決定に対して重要な影響を与えることができるかどうかで判定する基準のこと。

親会社（おやがいしゃ）

他の会社の財務及び営業又は事業の方針を決定する機関を支配している会社をいう。

会計処理の統一（かいけいしょりのとういつ）

連結上、同一環境下で行われた同一性質の取引等について、親会社及び子会社が採用する会計処理の原則及び手続きは、原則として統一しなければならないこと。

ポイント

- 合理的な理由があれば、重要性がない場合を除いて、統一しないこともあり得る。
  例えば、固定資産の減価償却において、実務上の取扱いとして容認されている事業上単位での償却方法について、親会社と異なる処理が認められる。
- 在外子会社の会計処理についても、原則として統一する。当面の取扱いとして、国際財務報告基準（IFRS）及び米国会計基準に準拠して作成されている場合には、のれんの償却などの会計処理を修正し、それらを連結決算上利用することができる。
- 持分法においても同じ考え方が採用される。

開始仕訳（かいししわけ）

連結決算を開始するにあたり、過年度の連結仕訳を引き継ぐために行われる仕訳のこと。基本的には、期首の利益剰余金を前期末の利益剰余金に一致させるための仕訳となる。

開始仕訳には、次の仕訳が含まれる。

> ①前年度以前の子会社の支配獲得時に行われた投資と資本の消去
> ②前年度以前に行われた剰余金に影響を与える連結調整仕訳

関係会社（かんけいがいしゃ）

親会社、子会社、関連会社、その他の関係会社（他の会社等の関連会社である場合における当該他の会社等）をいう。

間接支配（かんせつしはい）

親会社が他の子会社を通じて、別の会社を支配していること。具体的には、次のような状態をいう。

> ①親会社と子会社が一体となって他の会社を支配している場合
> ②子会社単独で他の会社を支配している場合
> ③複数の子会社が一体となって支配している場合

● 具体例

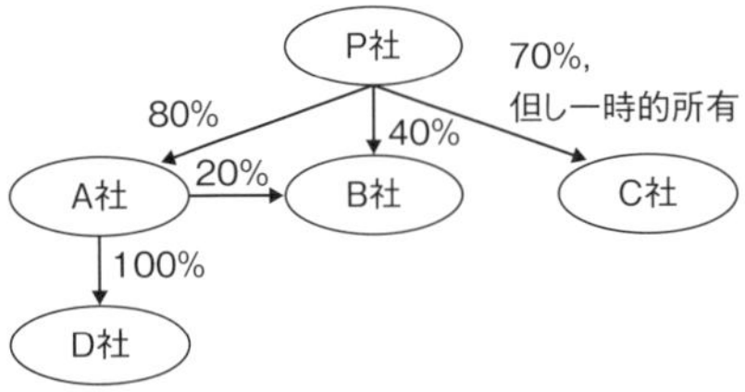

A社	連結子会社	P社は議決権の過半数を所有
B社	連結子会社	P社とA社合わせて議決権の過半数を所有
C社	非連結子会社	P社は一時的な所有であるため除外
D社	連結子会社	P社はA社を通じて議決権の過半数を所有

関連会社（かんれんがいしゃ）

会社が子会社以外の他の会社等の財務及び営業の方針決定に対して重要な影響を与えることができる場合における当該他の会社等をいう。

関連会社の範囲（かんれんがいしゃのはんい）

持分法の対象となる会社の範囲のこと。

関連会社の範囲は、影響力基準に基づいて、議決権が20％以上50％以下の会社だけでなく、議決権が20％未満でも財務、営業、事業の方針の決定に対して重要な影響を与えることができる会社については関連会社になる。

原則	非連結子会社及び関連会社については持分法を適用しなければならない。
例外	以下の場合は、持分法適用会社の範囲に含めない。 ①財務、営業、事業の方針の決定に関する影響が一時的であると認められる非連結子会社及び関連会社 ②利害関係人の判断を著しく誤らせるおそれがあると認められる非連結子会社及び関連会社
容認	重要性の乏しい非連結子会社及び関連会社は持分法の範囲から除くことができる。但し、この規定は重要性の乏しい非連結子会社及び関連会社を積極的に除外することを意図したものではない。

緊密な者（きんみつなもの）

自己と出資、人事、資金、技術、取引等において緊密な関係があることにより、自己の意思と同一の内容の議決権を行使すると認められる者をいう。

決算日の統一（けっさんびのとういつ）

親会社の会計期間に基づき、年１回一定の日をもって連結決算日とするが、子会社の決算日が連結決算日と異なる場合について、原則、統一する必要があることをいう。

具体的には次のように統一する。

原則	連結決算日に正規の決算に準ずる合理的な手続により決算を行う。
容認	決算日の差異が3ヶ月を超えない場合、子会社の正規の決算を基礎として連結決算を行うことができる。但し、重要な不一致について必要な調整を行う。

ポイント

● 持分法の適用にあたっては、非連結子会社及び関連会社の直近の財務諸表を使用する。期ズレは考慮しない。但し、差異の期間内に重要な取引、事象が発生しているときは、必要な修正又は注記を行う。

現金同等物（げんきんどうとうぶつ）

☞28. 資金管理

子会社（こがいしゃ）

他の会社等に意思決定機関を支配され、支配従属関係にある会社等をいう。

国際財務報告基準（こくさいざいむほうこくきじゅん）

☞IFRS（アイファース）

在外子会社（ざいがいこがいしゃ）

親会社の所在地国と異なる国にある子会社をいう。在外子会社の作成する財務諸表は、円貨とは限らず、現地通貨で作成されることがあるため、連結上、円換算を行う必要がある。

在外子会社の財務諸表の円換算（ざいがいこがいしゃのざいむしょひょうのえんかんざん）

在外子会社の財務諸表は、現地通貨で表示されているため、円換算する必要があることをいう。

具体的には次のように行う。

項目		為替レート
資産・負債		決算時レート
純資産	親会社による株式取得時における純資産に属する項目	株式取得時レート
純資産	親会社による株式取得後における純資産に属する項目	発生時レート
収益・費用	親会社との取引により生じた収益・費用（内部取引）	親会社が換算に用いるレート
収益・費用	上記以外	原則：期中平均レート 容認：決算時レート

ポイント

- 貸借対照表は各々異なる為替レートを用いて換算するので、円貨ベースでは貸借が一致しない。この換算差額は「為替換算調整勘定」（純資産の部）に計上する。
- 在外子会社の決算日が親会社と異なる場合は、原則として、在外子会社の決算日のレートで換算する。
- 収益・費用の換算レートは、四半期決算等での作業の効率性や一貫性を考慮すれば、期中平均レートを用いるのが望ましい。

債権・債務の消去（さいけんさいむのしょうきょ）

売掛金や買掛金など連結会社間の期末日現在の債権債務残高を消去すること。グループからみれば内部取引にあたるため、連結決算上、相殺消去します。

仕訳例

- 親会社から100％子会社へ商品500円を掛にて販売し、期末日現在、債権債務残高がある。

（買　掛　金）　500　（売　掛　金）　500

- 親会社から100％子会社へ2,000円の融資を行い、期末日現在、同額の債権債務残高がある。

（短期借入金）　2,000　（短期貸付金）　2,000

財務活動によるキャッシュ・フロー（ざいむかつどうによるキャッシュ・フロー）

☞28. 資金管理

支配力基準（しはいりょくきじゅん）

連結子会社になるかどうかの判定基準。すなわち、議決権の過半数を所有していることかどうかだけでなく、意思決定機関を支配し、支配従属関係があるかどうかで判定する基準のこと。

資本連結（しほんれんけつ）

親会社の子会社に対する投資と子会社の資本を相殺消去すること。

投資差額や非支配株主持分があれば、あわせて計上する手続きを行う。持分法適用会社については、持分の計算をして仕訳を計上する。

仕訳例

● 100%子会社への投資額1,000円と子会社の資本金1,000円を相殺消去する。

（資 本 金）	1,000	（子会社株式）	1,000

● 100%子会社への投資額1,200円と子会社の資本金1,000円を相殺消去する。

（資 本 金）	1,000	（子会社株式）	1,200
（の れ ん）	200		

● 80%子会社への投資額800と子会社の資本金1,000円を相殺消去する。

（資 本 金）	1,000	（子会社株式）	800
		（非支配株主持分）	200

ポイント

● 子会社に欠損が生じた場合は、非支配株主が負担すべき金額まで欠損を負担させ、それを超える欠損額については親会社が負担することになる。その後、当該子会社に利益が計上されたときは、親会社が負担した欠損が回収されるまで、その利益の金額を親会社の持分に加算することになる。

少数株主持分（しょうすうかぶぬしもちぶん）

子会社の資本のうち親会社に帰属しない部分をいう。

平成27年4月1日以後開始する連結会計年度から「非支配株主持分」に名称変更となった。

セグメント情報（セグメントじょうほう）

企業の売上や利益などについて、事業別や地域別などの区分ごとに開示された情報のこと。財務諸表利用者により有用な情報を提供することができる。セグメント情報の開示には、マネジメント・アプローチが導入されている。

全面時価評価法（ぜんめんじかひょうかほう）

子会社の資産・負債のすべてを支配獲得日の時価により評価する方法のこと。評価差額に重要性が乏しい場合は除く。評価差額は、子会社の資本に計上する。

また、時価評価による簿価修正額が税効果の一時差異に該当する場合は、繰延税金資産又は繰延税金負債を計上する。

直接支配（ちょくせつしはい）

親会社が自ら別の会社を支配していること。

同意している者（どうしているもの）

自己の意思と同一の内容の議決権を行使することに同意していると認められる者をいう。

投資活動によるキャッシュ・フロー（とうしかつどうによるキャッシュ・フロー）

☞28. 資金管理

投資と資本の消去（とうしとしほんのしょうきょ）

☞資本連結（しほんれんけつ）

取引高の消去（とりひきだかのしょうきょ）

売上高や仕入高など連結会社間の取引高を消去すること。グループからみれば内部取引にあたるため、連結決算上、相殺消去する。

仕訳例

● 親会社から100％子会社へ商品500円を販売した。

（売　上　高）	500	（売 上 原 価）	500

ポイント

● 取引高を消去する際、両社の取引高が一致しているとは限らない。仕入側に未達取引が発生している場合や異なる会計方針を採用している場合（販売側は出荷基準で、仕入側は検収基準の場合）、処理ミスなどが原因で不一致となる。この場合は、差異内容を調査し、必要に応じて修正等を行う必要がある。

内部取引消去（ないぶとりひきしょうきょ）

グループ会社間の債権・債務や取引高を消去すること。連結上、グループ会社間の取引は内部での取引にあたるため、相殺消去する必要がある。

ポイント

● 期ズレによる調整を確認し、すべての債権・債務、取引高が網羅されるよう注意する。
● 軽微な不一致額については、連結上、大きな問題にはならないが、このような場合は、親会社の金額をベースに消去する、又は、金額の大きい方で消去するなどの方針に基づいて処理することが大事である。

のれん

投資と資本を相殺消去した結果生じる差額のこと。貸方差額は、負ののれんとなる。のれんは、取得した会社から発生する将来の経済的便益として発生する。

無形固定資産に計上される。20年

以内のその効果の及ぶ期間にわたって、定額法等により規則的に償却を行う。当期償却額は、販売費及び一般管理費に計上する。

仕訳例

●投資額1,200円で子会社（資本金1,000円）を100％取得した。

（資　本　金）	1,000	（子会社株式）	1,200
（の　れ　ん）	200		

●のれんを定額法により、20年で償却する。

（のれん償却額）	10	（の　れ　ん）	10

（※）200÷20年＝10

非支配株主持分（ひしはいかぶぬしもちぶん）

子会社の資本のうち親会社に帰属しない部分をいう。

非連結子会社（ひれんけつこがいしゃ）

連結の範囲から除かれる子会社のこと。

負ののれん（ふののれん）

基本的には、子会社となる会社の資本を下回る金額で投資が行われた場合に発生する。すなわち、会計上の時価よりも割安で持分を取得できたというケースである。通常の経済活動では想定しにくい取引。負ののれんが生じた場合は、原則として、特別利益として発生事業年度の利益として処理する。

部分時価評価法（ぶぶんじかひょうかほう）

子会社の資産・負債のうち、親会社の持分に相当する部分について、株式の取得日の時価により評価する方法のこと。持分法適用関連会社については、部分時価評価法により原則として投資日ごとに時価による評価をする。

包括利益（ほうかつりえき）

純資産の変動額のうち当該企業の純資産に対する持分所有者との直接的な取引によらない部分をいう。ＩＦＲＳ（国際財務報告基準）及び米国会計基準といった国際的な会計基準とのコンバージェンスに向けた一環として導入されたものである。

マネジメント・アプローチ（Management Approach）

経営上の意思決定及び業績評価のために経営者が企業を事業の構成単位に分別した方法を基礎としてセグメント情報の開示を行う方法。

未実現利益消去（みじつげんりえきしょうきょ）

グループ会社間の取引において生じた未実現利益を消去すること。グループ会社から購入した在庫や固定資産が期末現在も残高としてある場合は、当該残高に販売側の利益が含まれている。連結上、当該利益は含まれないものであるため、未実現利益として消去する必要がある。

在庫に係る未実現利益は次の算式によって求める。

算式

未実現利益＝在庫金額×販売側の利益率

なお、固定資産に係る未実現利益の消去では、償却費の調整額を算定し仕訳を計上することになる。

仕訳例

● 親会社から100％子会社へ商品を販売し、棚卸資産に20円の未実現利益が含まれている。

（売上原価）	20	（棚卸資産）	20

● 親会社から100％子会社へ器具備品の売却が行われ、20円の利益が含まれている。（耐用年数5年の定額法を採用している）

（固定資産売却益）	20	（器具備品）	20
（減価償却累計額）	4	（減価償却費）	4

（※）20円÷5年＝4円
この減価償却費の消去仕訳は、当該固定資産がグループ外に売却されるまで又は耐用年数が到来するまで行う。

みなし取得日等（みなししゅとくびとう）

子会社の支配獲得日、株式の取得日又は売却日等が子会社の決算日以外の日である場合、当該日のいずれか近い決算日に持分の異動が行われたものとみなして処理した場合の当該日をいう。

原則、異動のあった日に合わせて連結相殺消去仕訳を行う。子会社の決算日以外の日に持分の異動があった場合には、仮決算を行って投資と資本の消去を行うことになる。実務上、期中に期末に準じた決算を行うのはとても煩雑で困難なため、みなし取得日等が認められている。

持分法（もちぶんぽう）

非連結子会社や関連会社の財務内容（＝純資産・損益）のうち、投資会社に帰属する部分の変動に応じて、その投資額を年度ごとに修正する手法。

連結の「完全連結」に対して、持分法は「一行連結」と言われる。ただし、連結法と持分法が、連結財務諸表上の当期損益及び純資産に与える影響は同じである。

仕訳例

● 持分法適用会社（持分比率40％）が50円の利益を計上した。

（投資有価証券）	20	（持分法投資損益）	20

連結会社（れんけつがいしゃ）

親会社及び連結される子会社をいう。

連結キャッシュ・フロー計算書（れんけつキャッシュ・フローけいさんしょ）

企業グループの一会計期間における資金（現金及び現金同等物）の増減（キャッシュ・フロー）の状況を報告するために作成される財務諸表のこと。

詳細については☞28. 資金管理

連結計算書類（れんけつけいさんしょるい）

☞11. ディスクロージャー

連結決算（れんけつけっさん）

親会社及び子会社等を含めたグループ会社全体の決算をいう。親会社のみの決算や子会社のみの決算は「単体決算」といい、対の概念である。

連結決算日（れんけつけっさんび）

連結財務諸表の作成の基準となる決算日のこと。親会社の決算日が連結決算日となる。

子会社の決算日が連結決算日と異なる場合の取扱いについては、「決算日の統一」を参照。

連結子会社（れんけつこがいしゃ）

連結の範囲に含められる子会社のこと。

連結子会社の範囲は、支配力基準に基づいて、意思決定機関を支配し、有効な支配従属関係があるかどうかで判定する。

連結財務諸表（れんけつざいむしょひょう）

親会社が企業集団の財政状態や経営成績、キャッシュ・フローの状況を報告する書類のこと。

連結精算表（れんけつせいさんひょう）

連結財務諸表を作成するためのワークシート。主に、個別財務諸表と連結修正消去仕訳を反映して連結財務諸表を作成する。

連結の範囲（れんけつのはんい）

連結法の対象となる子会社の範囲のこと。

連結の範囲に含められる子会社を「連結子会社」と呼び、連結の範囲から除かれる子会社を「非連結子会社」と呼ぶ。組合やSPCなど会社に準じる事業体についても連結の範囲に含まれる。

原則	全ての子会社を連結の範囲に含める。
例外	以下の場合は、連結の範囲に含めない。 ①支配が一時的であると認められる子会社 ②連結の範囲に含めることによって利害関係人の判断を著しく誤らせるおそれがあると認められる子会社
容認	重要性の乏しい子会社は連結の範囲から除くことができる。

連結パッケージ（れんけつパッケージ）

グループ各社の個別決算数値及び必要なデータを記載する報告資料の総称のこと。

必要なデータ例としては、グループ会社間の取引データ、内部利益明細などがある。

連結法（れんけつほう）

資本的及び実質的に支配従属関係にある法的に独立した複数の会社からなる企業グループを、経済的な観点から単一の組織体とみなして、財政状態、経営成績及びキャッシュ・フローの状況を把握するための手法。

子会社の財務諸表の各構成要素を合算し、内部取引を相殺消去して作成する。

連結包括利益計算書（れんけつほうかつりえきけいさんしょ）

包括利益を表示する計算書。当期純利益を表示する「損益計算書」と包括利益を表示する「包括利益計算書」からなる「２計算書方式」と当期純利益の表示と包括利益の表示をまとめて「損益及び包括利益計算書」で行う「１計算書方式」がある。当面の間、個別財務諸表には適用しないこととされている。

● 2計算書方式における連結包括利益計算書

当期純利益	×××
その他の包括利益：	
その他有価証券評価差額金	×××
繰延ヘッジ損益	×××
為替換算調整勘定	×××
退職給付に係る調整額	×××
持分法適用会社に対する持分相当額	×××
……	×××
その他の包括利益合計	×××
包括利益	×××
（内訳）	
親会社株主に係る包括利益	×××
非支配株主に係る包括利益	×××

連単倍率（れんたんばいりつ）

連結財務諸表の数値と親会社の単体財務諸表数値との比率を表したもの。これにより、企業グループにおける子会社の影響度を知ることができる。次に算式によって求める。

算式

● 売上高の連単倍率（倍） $= \frac{\text{連結売上高}}{\text{単体売上高}}$

● 当期純利益の連単倍率（倍） $= \frac{\text{連結当期純利益}}{\text{単体当期純利益}}$

11 ディスクロージャー

アニュアルレポート（Annual Report）

いわゆる年次報告書と呼ばれるもので、ステークホルダー向けに作成される報告書のこと。Business SectionとFinancial Sectionで構成されている。会社法に基づく計算書類や有価証券報告書をベースに、経営トップによるコーポレートメッセージを含み、見やすさ、分かりやすさを重視して作成される。同時に海外の投資家向けに英文の報告書も作成されるのが一般的である。

EDINET（エディネット）

「金融商品取引法に基づく有価証券報告書等の開示書類に関する電子開示システム」のことで、提出された開示書類について、インターネット上においても閲覧を可能とするもの。Electronic Disclosure for Investors' NETworkの略称。

親会社等状況報告書（おやがいしゃとうじょうきょうほうこくしょ）

親会社が有価証券報告書提出会社ではない場合に、当該親会社等の事業年度ごとに、親会社の情報を開示する報告書のこと。

会計監査人（かいけいかんさにん）

会社法で定められた株式会社における機関の一つ。公認会計士又は監査法人が就任し、計算書類、その附属明細書、連結計算書類、臨時計算書を監査する。資本金5億円以上又は負債200億円以上の会社法上の大会社は、会計監査人による監査が義務付けられている。任意に会計監査人を設置することもできる。

会計参与（かいけいさんよ）

取締役等と共同して計算書類等を作成する株式会社の機関をいう。定款で会計参与を設置する旨を定めることができる。資格者は、税理士、税理士法人、公認会計士、監査法人に限られている。会計監査人は会計参与にはなれないが、いわゆる顧問税理士は会計参与に就任できる。株主総会で選任され、登記簿に記載される。

職務内容は、他の役員とは独立した立場を維持しつつ、取締役と共同して計算関係書類を作成する。

社外取締役と同様、会社や第3者に対する損害賠償責任があり、株主代表訴訟の対象になる。

会社法監査（かいしゃほうかんさ）

会社法の規定に基づく監査役監査及び会計監査人監査をいう。一般的には、会計監査人監査を指していうことが多い。

取締役会設置会社は原則、監査役の監査が必要となる。資本金が５億円以上又は負債200億円以上の大会社は、このほかに会計監査人の監査を受けなければならない。主に株主や債権者保護のために、計算書類などが適法に作成されているかどうかについて意見表明がなされる。

会社法決算（かいしゃほうけっさん）

会社法に定められている決算を行うこと。会社法決算はすべての株式会社が行う業務である。その目的は株主保護や債権者保護目的等のために行われる。取締役会、監査役会の開催や会計監査人の監査などスケジュール管理に留意する必要がある。

確認書（かくにんしょ）

「有価証券報告書の記載内容の適正性に関する確認書」の略称で、有価証券報告書等の記載内容が金融商品取引法に基づき適正であることを代表者が確認した旨を記載した書面のこと。

経営者が宣誓することで、情報開示制度の信頼性を高める目的がある。対象書類は、「有価証券報告書」「四半期報告書」「半期報告書」である。提出が義務付けられるのは、有価証券報告書の提出会社のうち、金融商品取引所に上場されている有価証券の発行者等となる。

株主総会参考書類（かぶぬしそうかいさんこうしょるい）

招集通知に記載された議題や議案を判断するために、参考となる事項が記載されたものをいう。

株主総会に出席しない株主が書面によって議決権を行使することができると定めた場合に、株主総会の招集の通知に際して、取締役が議決権行使書面とともに交付しなければならないとされている。

その内容は、一般的な議案として次のようなものがあり、これらの議案に関する議決権行使についての参考となるべき事項が記載される。

- 剰余金の処分の件
- 定款一部変更の件
- 取締役、監査役選任の件
- 会計監査人選任の件
- 取締役及び監査役の報酬の件
- 退任取締役及び退任監査役に対する退職慰労金贈呈の件

計算書類（けいさんしょるい）

会社法で求められている株式会社が

作成する書類で、具体的には次のものをいう。

①貸借対照表 ②損益計算書 ③株主資本等変動計算書 ④個別注記表

決算公告（けっさんこうこく）

会社法に規定された財務情報の開示をいう。定時株主総会の終了後に遅滞なく行わなければならない。大会社においては、貸借対照表及び損益計算書を公告し、それ以外の会社は、貸借対照表のみに公告が求められている。

公告媒体としては、次のようなものがある。

①官報や日刊新聞紙等の紙媒体 この場合は、要旨のみの開示が認められている。 ②電子公告 定時株主総会終了の日から５年間継続公開すれば、定款に定める公告の方法が官報や新聞によるものであったとしても、通常の決算公告に代替することができる。貸借対照表等が掲載されるホームページのＵＲＬを登記する必要がある。なお、電子公告の場合は、紙媒体と異なり、その全文を記載する必要がある。 ③不要の場合 金融商品取引法に定める有価証券報告書の提出義務がある会社は、決算公告は不要となっている。

決算短信（けっさんたんしん）

上場会社が証券取引所のルールに従って公表する決算書類である。投資家保護のためタイムリーディスクロージャーが求められる。

公開会社（こうかいがいしゃ）

発行する全部又は一部の株式に関して、譲渡による当該株式の取得について、株式会社の承認を要する旨の定款の定めを設けていない株式会社のこと。上場会社はすべて公開会社となる。

公開会社は、取締役会の設置が義務づけられている。

公認会計士監査（こうにんかいけいしかんさ）

公認会計士又は監査法人が行う監査のこと。すなわち、公認会計士が企業等の財務情報を検証し、その正しさを保証する行為。

法律等で監査が義務づけられている企業の監査だけではなく、学校法人や労働組合、政党、独立行政法人などの監査もある。

金融商品取引法上、企業に対する監査等には次のようなものがある。

書類	種類	内容
有価証券報告書	監査	財務諸表が、一般に公正妥当と認められる企業会計の基準に準拠して、企業の財政状態、経営成績及びキャッシュ・フローの状況をすべての重要な点において適正に表示しているか否かについての意見を表明
四半期報告書	レビュー	四半期財務諸表について、一般に公正妥当と認められる四半期財務諸表の作成基準に準拠して、企業の財政状態、経営成績及びキャッシュ・フローの状況を適正に表示していないと信じさせる事項がすべての重要な点において認められなかったかどうかに関しての結論を表明
半期報告書	監査	中間財務諸表が、一般に公正妥当と認められる中間財務諸表の作成基準に準拠して、企業の財政状態、経営成績及びキャッシュ・フローの状況に関し、有用な情報を表示しているか否かについての意見を表明
内部統制報告書	監査	内部統制報告書が、一般に公正妥当と認められる財務報告に係る内部統制の評価の基準に準拠して、財務報告に係る内部統制の評価について、すべての重要な点において適正に表示しているか否かについての意見を表明

国際財務報告基準（こくさいざいむほうこくきじゅん）

☞10．連結決算管理

事業報告（じぎょうほうこく）

会社法で事業年度ごとに作成することが求められている書類で、基本、下記事項を記載する。

- 会社の状況に関する重要な事項
- 内部統制システムについての決定又は決議の内容（大会社以外は、「決定」した場合のみ）
- 株式会社の財務及び事業の方針の決定を支配する者の在り方に関する基本方針（買収防衛策など）を定めているときは、その概要等

「会社の状況に関する重要な事項」については、特段決まった記載事項はなく、会社法施行規則で、「株式会社の現況」、「株式」、「新株予約権等」、「会社役員」、「会計監査人」等を区分して規定しているので、これに沿った形で開示している企業が多い。

その他の記載事項については、公開会社、会計参与設置会社又は会計監査人設置会社のケースに応じて会社法施行規則に定めがある。

自己株式買付状況報告書（じこかぶしきかいつけじょうきょうほうこくしょ）

自己株式の取得を決議した場合に、決議された取得期間内は毎月作成する

報告書のこと。

四半期報告書（しはんきほうこくしょ）

四半期ごとの企業の事業内容や経理の状況を記載した報告書のこと。

招集通知（しょうしゅうつうち）

株主総会を開催するにあたり、株主に対して通知・発送する書類のこと。

招集通知には、株主総会の開催①日時、②場所、③目的事項などを記載する。目的事項とは、株主総会での報告事項、決議事項が記載される。

また、原則、株主総会の２週間前に、株主に対して招集通知を発送しなければならない。但し、定款によりこの期間を短縮することができる。株主全員の同意があれば、招集手続自体が不要とされている。

上場会社（じょうじょうがいしゃ）

金融商品取引所で株式が売買されている会社のこと。

ステークホルダー（Stakeholder）

会社の利害関係者のこと。具体的には、株主、従業員、顧客、債権者、地域住民、官公庁などをいう。

ディスクロージャー（Disclosure）

会社が投資家や債権者等に対して、事業内容や財政状態、経営成績など公表すること。

訂正報告書（ていせいほうこくしょ）

有価証券報告書や四半期報告書等に訂正事項があった場合に提出する報告書のこと。

適時開示制度（てきじかいじせいど）

投資判断に重要な影響を与える会社の業務、運営又は業績等に関する情報を金融商品取引所の規則に基づいて開示すること。具体的には次の事項が開示される。

①上場会社の情報
- 上場会社の決定事実（新株の発行、減資、自己株式の取得、合併、解散、公認会計士等の異動など）
- 上場会社の発生事実（災害に起因する損害、主要株主の異動など）
- 上場会社の決算情報（決算短信、四半期決算短信）
- 上場会社の業績予想、配当予想の修正等
- その他の情報

②子会社の情報
- 子会社の決定事実
- 子会社の発生事実
- 子会社の業績予想の修正等

内部統制報告書（ないぶとうせいほうこくしょ）

企業が事業内容の適正さを証明するために作成する報告書のこと。すなわ

ち、財務報告に係る内部統制の有効性に関して、経営者による評価範囲や手順、評価結果、付記事項等を記載する。

内部統制報告書に記載された内容は、原則として、監査法人又は公認会計士の監査の対象となる。

半期報告書（はんきほうこくしょ）

半期ごとの企業の事業内容や経理の状況を記載した報告書のこと。四半期報告書を提出しない有価証券報告書提出会社が対象となる。

非公開会社（ひこうかいがいしゃ）

発行するすべての株式について、譲渡制限を定款で定めている株式会社のこと。公開会社の対義語。

附属明細書（ふぞくめいさいしょ）

計算書類関係と事業報告関係の2種類ある。

計算書類関係の附属明細書は、計算書類の内容を補足するもので、①有形固定資産及び無形固定資産の明細、②引当金の明細、③販売費及び一般管理費の明細がある。該当項目のないものは作成を要しない。また、会社計算規則に規定されている附属明細書の記載項目は最小限度のものなので、株主等にとって有用であると判断した場合には、項目を適宜追加して記載することが望まれる。

一方、事業報告関係の附属明細書は、事業報告の内容を補足するもので、公開会社の場合は、「他の会社の業務執行取締役等を兼ねる会社役員の兼務状況の明細」を記載する旨が定められている。

附属明細書は、閲覧用に会社の本店、支店に備え置き、株主総会等に提出する必要はない。

目論見書（もくろみしょ）

有価証券の募集、売出しのために、公衆に提供する当該有価証券の発行者の事業に関する説明を記載した文書のこと。

有価証券通知書（ゆうかしょうけんつうちしょ）

有価証券届出書の提出を要しない一定規模以下（発行総額が１千万円超１億円未満）の有価証券の募集、売出し等に該当する場合に、有価証券の条件や企業の内容等を記載し、提出が義務付けられている書類のこと。

有価証券届出書（ゆうかしょうけんとどけいでしょ）

発行総額が１億円以上となる有価証券の募集、売出し等に該当する場合に、有価証券の条件や企業の事業内容、経理の状況などを記載し、提出が義務付けられている書類のこと。

有価証券報告書（ゆうかしょうけんほうこくしょ）

投資家保護を目的として金融商品取引法の要請に基づいて作成される決算の報告書である。企業の概況、事業の状況、経理の状況などを記載する。有価証券報告書は、監査法人又は公認会計士による外部監査を受けなければならない。内容は短信と似ているが、有価証券報告書はより詳細に記載される。

開示府令において、その様式や記載内容が定められている。概略は次の通りである。

Ⅰ.企業情報
1．企業の概況（主要な経営指標等の推移　等）
2．事業の状況（業績等の概要　等）
3．設備の状況（設備投資等の概要　等）
4．提出会社の状況（株式等の状況　等）
5．経理の状況（連結財務諸表　等）
6．提出会社の株式事務の概要
7．提出会社の参考情報
Ⅱ.提出会社の保証会社等の情報

有価証券報告書の記載内容の適正性に関する確認書（ゆうかしょうけんほうこくしょのきさいないようのてきせいせいにかんするかくにんしょ）

☞確認書（かくにんしょ）

臨時計算書類（りんじけいさんしょるい）

臨時決算日を設けて作成される計算書類のこと。貸借対照表と損益計算書のみが作成される。

臨時の決算を行って期中の損益を取り込むことにより、剰余金の分配や自社株の取得に利用する。作成は会社の任意である。但し、取締役会の承認が必要となる。また、監査役設置会社は監査役の監査、会計監査人設置会社は会計監査人の監査を受けなければならない。

臨時報告書（りんじほうこくしょ）

親会社又は特定子会社の異動、主要株主の異動、重要な災害の発生等企業の重要事項が決定又は発生した場合に作成する報告書のこと。投資家保護のために、企業内容等に関して臨時的に発生した重要な事実は、有価証券報告書又は四半期報告書の定期報告を待つことなく、事実が発生した都度、内容を開示するために設けられた。

主な開示項目として、災害による損

害、財政状態及び経営成績に著しい影響を与える事象などがある。なお、提出会社に係るものは提出会社の財務諸表に、連結子会社に係るものは連結財務諸表に及ぼす具体的な数値上の影響によって提出要否が決まる。

連結計算書類（れんけつけいさんしょるい）

大会社で、かつ、金融商品取引法による有価証券報告書作成会社について、会社法で作成が求められている書類のこと。また、それ以外の会社も任意で作成できる。具体的には次のものをいう。

①連結貸借対照表 ②連結損益計算書 ③連結株主資本等変動計算書 ④連結注記表

会社法では、連結キャッシュ・フロー計算書の作成は義務ではない。

連結包括利益計算書（れんけつほうかつりえきけいさんしょ）

☞10. 連結決算管理

連結配当規制会社（れんけつはいとうきせいがいしゃ）

連結配当規制を適用する会社のこと。

連結配当規制とは、分配可能額の算定に、連結剰余金の水準を勘案する旨を定めることをいう。連結配当規制は会社の任意選択である。連結配当規制は、定款で定める必要はなく、計算書類の作成に際して定めることとされており、注記を記載する必要がある。

12 中長期計画管理

アウトソーシング（Outsourcing）

内製化していた生産工程をより優れた生産能力を有する外部事業者に外注することをいう。一般的に以下のような効果が期待できる。

- 自社の全体的な生産能力の向上
- 自社の全体的な生産コストの削減など

ROI（アールオーアイ）

☞28.資金管理

ROE（アールオーイー）

☞21.有価証券管理

EVA（イーブイエー：Economic Value Add）

経済的付加価値をいう。企業がどれだけ経済的付加価値を生み出したかを示す指標。投資家の期待収益を超える利益を測る指標をいう。

算式

EVA＝税引後営業利益－（投下資本額×加重平均資本コスト）

ABC分析（エービーシーぶんせき）

アクティビティ分析ともいわれている。組織におけるアクティビティ（活動）を識別し記述をする。すなわち、ある部門でどのような活動が行われているか、そのような活動に何人の人が従事しているか、またどれぐらいの時間をかけているか、活動を実行するためにどのような資源が必要か、そして、活動は組織にとってどのような価値を持つかなどを、インタビュー、観察、記録の点検等によって確認していく。これらの分析を原価計算やマネジメントに役立てていくものである。

営業力分析（えいぎょうりょくぶんせき）

自社の売上高の推移を予測、販売施策を立案するために、自社の営業活動や広告・販売促進活動、顧客の分析を行うこと。具体的には次のような分析を行う。

名称	内容
営業活動分析	営業部員の営業能力が今後どの程度向上するのか、営業部門が売上高に対してどの程度のコストをかけているのかということを分析する。
広告・販売促進活動分析	自社の行っている広告・販売促進活動が期待した効果を発揮するためには、どのような広告・販売促進活動が効果的であるかを分析すること。

顧客の分析	自社製品の顧客数を増加させるために顧客の購買時の行動パターンを分析する。また、効果的な営業を行うために顧客別の販売実績を分析する。

外部環境分析（がいぶかんきょうぶんせき）

企業を取り巻く外部の環境に焦点をあてて、競争を優位に進めるための戦略分析を行うこと。

外部環境分析はさらに次の分析手法に分解できる。

・マクロ環境分析
・市場環境分析
・競合環境分析
　具体的な分析手法としてＳＷＯＴ分析がある。
・事業環境分析
　具体的な分析手法として５フォース分析がある。

技術力分析（ぎじゅつりょくぶんせき）

効果的、効率的な研究開発投資を検討することを目的として、自社の保有する技術の優位性と自社にとっての当該技術の重要度を分析し評価すること。

競合環境分析（きょうごうかんきょうぶんせき）

市場における競合他社と自社のポジションを調査、分析する手法のこと。競争を有利に進めるためには市場における競合他社に対する相対的なポジションを認識することが重要になる。

限界利益率（げんかいりえきりつ）

限界利益を売上高で除した比率のこと。限界利益とは、売上高から変動費を控除した金額のこと。固定費を回収し利益を生み出す貢献額を示す。

事業環境分析（じぎょうかんきょうぶんせき）

事業構造に着目し、利益の源泉や阻害要因を特定する分析手法のこと。利益をもたらしているものは何なのか、損失を拡大する原因は何なのかを経営戦略や生産設備、生産技術、広告戦略などを調査して、ビジネスモデルを分析する。

市場環境分析（しじょうかんきょうぶんせき）

市場に影響を与える要素を分析して、市場規模や変化を調査、分析する手法のこと。

SWOT分析（スウォットぶんせき）

競合他社に対する自社の優劣を軸に検討する方法のこと。SWOTとは次のアルファベットの頭文字をとっている。

・Strength（自社の強み）：目標達成に貢献する企業の特質
・Weakness（自社の弱み）：目標達成の障害となる企業の特質
・Opportunity（市場の機会）：目標達成に貢献する外部の特質
・Threat（脅威）目標達成の障害となる外部の特質

これらを調査し、各々の組合せで自社の採るべき戦略や施策を検討する。

区分	Strength	Weakness
Opportunity	〈積極攻勢〉機会を捉え、強みを活かすことにより、どのような事業展開を行うかを記載する。	〈段階的施策〉弱みが原因で機会を逃さないために、どのような施策を実行するかを記載する。
Threat	〈差別化戦略〉強みを活かし、どのように脅威を回避していくかを記載する。	〈防衛又は撤退〉弱みにより、脅威を回避できず最悪な状況に陥らないためにはどのような施策を実行するかを記載する。

生産力分析（せいさんりょくぶんせき）

自社の生産力の最適化に向けた施策を立案、実施するために、自社の生産能力や生産性、さらには自社の保有する技術力を分析することをいう。生産工程全体の視点から改革を行うためのデータを分析する。

製品分析（せいひんぶんせき）

自社製品の売上高や利益率を分析し、各製品の製品ライフサイクル上のポジションを把握するための分析手法のこと。

製品分析により、各製品の成長性や競争優位性を強化するための実施施策や製品構成の最適化を検討する。

製品ライフサイクル（せいひんらいふさいくる）

市場に製品を投入すると、次のステージを経ながら製品の売上が変化していくこと。

ステージ	状況
導入期	製品が市場に登場したばかりの段階。製品の知名度や売上高は低く、広告活動や研究開発のコストにより利益はマイナスの状態にある。
成長期	製品の知名度が高まり市場に浸透して売上高が急速に成長し、また、規模の経済性により製造コストが低下し利益も上昇する段階。
成熟期	需要が飽和状態に達して売上高が頭打ちになり、価格競争の激化などにより利益率が低下する段階。
衰退期	製品の需要が低下して売上高も利益も下降線をたどる段階。

ダイバーシティ・マネジメント（Diversity Management）

年齢や性別、国籍といった個人の属性の違いに関係なく、人材の多様性を競争力の源泉とする経営手法のこと。ダイバーシティとは多様性という意味である。

その具体的手段として、女性の登用や高齢者の活用、グローバル化の流れを踏まえて外国人の雇用などがある。

中長期計画（ちゅうちょうきけいかく）

３～10年程度の自社における目標的、指標的性格を持った戦略プログラムのこと。会社によっては、中期を３年ないし５年、長期を５年～10年ないし10年以上としているところもある。具体的な期間は明確には定められておらず、会社の戦略に応じて決定される。

企業の収益性、成長性、安定性を均衡させ、経営基盤の確立を期すことを目的とし、会社に即した経営目標の確立、経営の前提条件の検討、将来の需要予測等が必要となる。

内部環境分析（ないぶかんきょうぶんせき）

企業を取り巻く内部の環境に焦点をあてて、競争を優位に進めるための戦略分析を行うこと。

内部環境分析はさらに次の分析手法に分解できる。

- 製品分析
  具体的には、製品ライフサイクルを用いた分析や施策がある。
- 営業力分析
- 生産力分析
- 技術力分析
  具体的な分析手法としてベンチマーキングがある。

ＰＤＣＡサイクル（ピーディーシーエーサイクル）

企業が効率的な経営を行うための管理手法のこと。具体的には、次のステップを踏む。

経営計画を策定し（PLAN）、経営計画を周知して実行し（DO）、計画の進捗状況を管理し（CHECK）、計画と実績の差異を分析し解決策を見出す（ACTION）。そして、そこから、経営計画を修正し（PLAN）、実行していくというサイクルを繰り返すことで、継続的に業務を改善する。

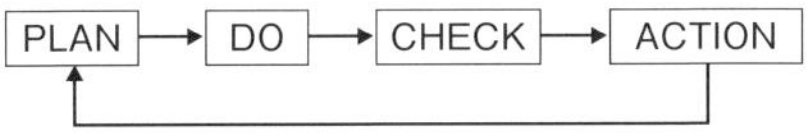

５フォース分析（ファイブフォースぶんせき）

事業の関係者、すなわち①競合他社②売り手③買い手④新規参入者⑤代替品の５者の影響力を分析し、事業の利益の源泉となる要因や逆に収益性を阻害する要因を抽出し、適切な施策を検討する手法のこと。マイケル・E・ポーターによって提唱された。

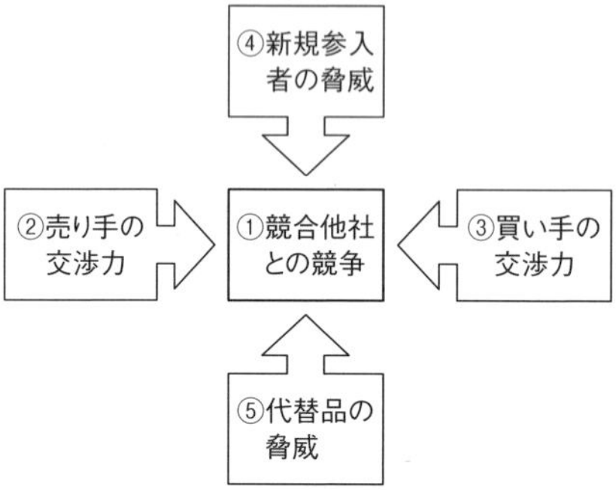

ベンチマーキング（Benchmarking）

同じような業務や作業について、自社内や競合他社の生産性や品質を比較し、どの程度改善すべきか、改善すべきポイントはどこかを把握するための分析手法である。

次の視点に留意して分析を行う。

全体最適の視点	各生産工程の品質、生産性、技術力を向上させることだけに目を奪われ、改革が部分最適に終わる恐れがあるので、そうした事態を避けるために、常に全体最適の視点で改革を推進する視点。
外部化の視点	外部に自社よりも優れた生産能力を持つ事業者が存在するのであれば、アウトソーシングすることを視野に入れて改革を検討する視点。

マクロ環境分析（マクロかんきょうぶんせき）

PEST分析ともいう。政治（Politics）、経済（Economics）、社会（society）、技術（Technology）といった分野について事業や市場に影響を与える情報やデータを調査、分析する手法のこと。

マネジメント方針（マネジメントほうしん）

会社の経営理念や経営方針をいう。自社を取り巻く経営環境や業界動向、同業他社の情報を把握したり、自社の過去の財務情報、同業他社の財務情報といった定量情報も確認して策定する。

13 年次予算管理

固定長期適合比率（こていちょうきてきごうひりつ）

☞28.資金管理

自己資本比率（じこしほんひりつ）

☞21.有価証券管理

操業度（そうぎょうど）

生産設備能力の利用度ないしは稼働の程度をいう。機械設備の稼働時間や直接作業時間、生産量等が一般的に用いられる。

年次予算（ねんじよさん）

年度の予算のこと。年度の決算との比較や作成頻度、手間を考慮して1年にしているところが多い。最近は、予算管理制度の普及やＩＴの発達により、半期予算、四半期予算、月次予算を定めているところもある。

部門別予算（ぶもんべつよさん）

部門ごとに作成された予算のこと。主な項目には、売上予算、製造原価予算、設備投資予算、資金予算等がある。項目が部門をまたぐこともあるので、関係部門との調整が必要となる。

マネジメント方針（マネジメントほうしん）

☞12.　中長期計画管理

予算（よさん）

通常1年間における企業の具体的な目標を、数値を中心に表現したもの。企業の経営理念等に基づいて作成された中長期計画をより短期に、かつ各業務に落とし込んで作成される。

一般的な予算の体系は次の通りとなっている。　　　　（次頁図参照）

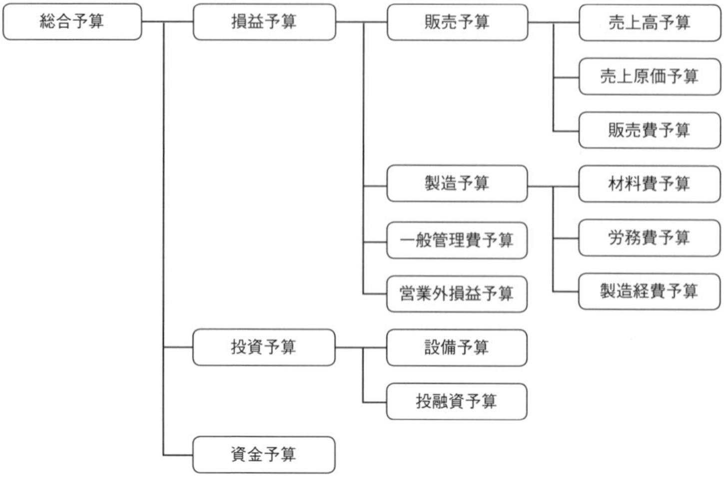

予算管理（よさんかんり）

設定した予算達成に向けて、企業の業務や活動を統制する管理手法のこと。

企業が成長、発展するための第1歩として予算管理は行われる。この予算管理も中長期計画と同様に、下記のステップを踏む。

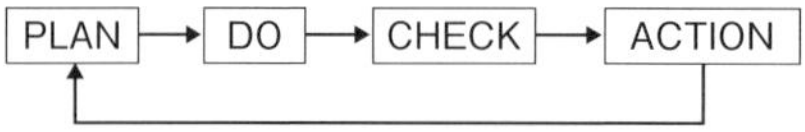

予算を策定し（PLAN）、業務を実施し（DO）、管理を行い（CHECK）、予算と実績の差異を分析、解決する（ACTION）。また、状況の変化に合わせて、適時修正を行い、さらに翌期の予算へとフィードバックする、というサイクルで行われる。

予算と実績の差異分析（よさんとじっせきのさいぶんせき）

策定した予算と実績値とを比較し、差額について原因を分析すること。もって、経営の改善に役立てる。

差異には有利に働いた場合と不利に働いた場合があり、いずれにおいてもその差異理由を把握する必要がある。

差異分析には、会社の業務改善だけに役立つだけでなく、管理者の業績評価にも役立つ。

予算の見直し（よさんのみなおし）

予算設定の前提条件に変化等があった場合、当初設定した予算から修正すること。

予算を設定したら絶対的にこの予算に沿って実施しなければならないとい

うものではなく、弾力的に運用することが大事である。

流動比率（りゅうどうひりつ）

☞23.貸付金管理

ローリング・フォーキャスト (Rolling Forecast)

年次予算に縛られず、定期的に業績予測（フォーキャスト）の精度をあげて、これを予算の代わりにコントロールしていく考え方のこと。

予算は1年に1回、膨大な時間を費やして策定されるが、近年のように経営環境が激変する世の中では、苦労して策定した予算もすぐに陳腐化してしまうため、外資系企業を中心にローリング・フォーキャストを採用している。

主に四半期ごとにフォーキャストを行い、より実態に応じた情報を反映させていく。

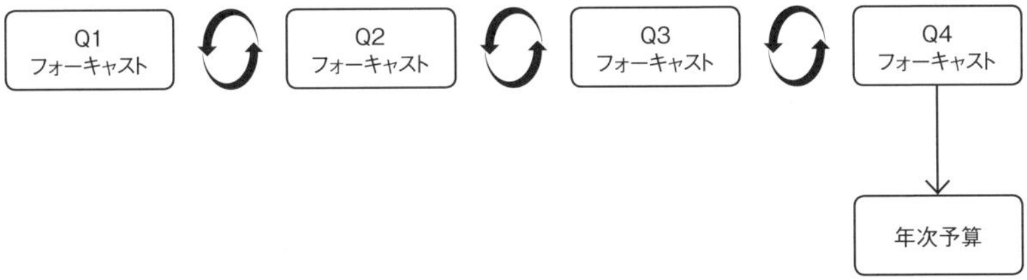

14 税効果計算業務

一時差異（いちじさい）

貸借対照表に計上されている資産及び負債の金額と課税所得計算上の資産及び負債の金額との差額をいう。法人税申告書との関係でいうと、別表５（一）の利益積立金として転記される申告調整項目、別表５（一）・５（二）に記載される期末納税充当金のうち事業税の未払額と別表７（一）の繰越欠損金等である。

申告書と一時差異の関係

項目	関係する法人税の別表
減価償却超過額 資産除去債務 固定資産の減損額 売上計上漏れ 賞与引当金 その他有価証券の評価差額 その他	別表５（一）
未払事業税 未払地方法人特別税	地方税第６号様式
繰越欠損金	別表７（一）
繰越外国税額控除	別表６（三）

一時差異にはその一時差異が解消するときにその期の課税所得を減額する効果を持つものとその期の課税所得を増額する効果を持つものとがあり、前者を将来減算一時差異、後者を将来加算一時差異という。

将来の課税所得と相殺可能な繰越欠損金については、一時差異と同様に取り扱われ、一時差異と税務上の繰越欠損金等を総称して「一時差異等」と呼ばれる。

一時差異は次のような場合に生じる。

①収益及び費用の帰属年度が相違する場合。たとえば当期確定分の事業税は、当期の法人税等に含めて未払法人税等に計上されるが、課税所得計算上は翌期の確定申告書の提出時に損金算入されるから、一時差異に該当する。
②資産の評価替えにより生じた評価差額が直接資本の部に計上され、かつ課税所得の計算に含まれていない場合。たとえば、投資有価証券の評価差額をその他有価証券評価差額金として計上する場合である。

永久差異（えいきゅうさい）

会計上は費用・収益として計上されるが、法人税の課税所得計算上は永久に損金・益金に計上されない項目をいう。永久差異は、将来の課税所得を増額させたり、減額させたりする効果を有しないことから、税効果会計の対象とならない。

法人税申告書との関係でいうと、別表４で加減算される項目のうち、社外流出項目として記載されているものがこれに該当する。具体的には、交際費の損金算入限度超過額、役員賞与の額や受取配当金の益金不算入額などがある。

法人税申告書と永久差異の関係

項目	関係する法人税の別表
交際費の損金算入限度超過額	別表4（③社外流出）
寄附金の損金算入限度超過額	
役員給与の損金不算入額（役員賞与）	
損金算入附帯税等（延滞税、加算税等）	

益金（えききん）

☞16.法人税申告業務

回収可能性（かいしゅうかのうせい）

繰延税金資産は一種の前払税金であるから、将来の会計期間で、税金の軽減が見込まれてはじめて資産性が認められ、貸借対照表に計上することができるものである。

すなわち、繰延税金資産は将来減算一時差異が解消されるときに課税所得を減少させ、税金負担額を減少させることができると認められる範囲内で計上し、将来の会計期間において回収又は支払が見込まれない税金の額は控除して計上しなければならない。

税金負担額を減少させるには、将来減算一時差異が解消する期において、十分な課税所得が発生する必要がある。そもそも税額が生じないのでは、それを減少させることはできないからである。

繰延税金資産の回収可能性は、以下の①から③に係る検討に基づいて、将来の税金負担額を軽減する効果を有するかどうかを判断する。

①収益力に基づく課税所得
②タックスプランニングに基づく課税所得
③将来加算一時差異の解消

将来の収益力に基づく課税所得の判断は、過去の業績の状況をもとに会社を5つに分類し、区分ごとに設けられた基準によって行うこととされている。

課税所得（かぜいしょとく）

法人税の税額計算の基礎となる所得金額。株主総会の承認を受けて確定した当期純利益をもとに、法人税法の規定に基づいて調整を加えて算定される。

均等割（きんとうわり）

☞16.法人税申告業務

繰延税金資産（くりのべぜいきんしさん）

将来減算一時差異に対して計上される資産をいう。将来の会計期間において損金に算入される費用を当期において有税で計上したために生じる、一種の前払税金と考えると分かりやすい。

繰延税金資産は、将来における回収可能性が認められる範囲内で計上することが認められるものである。

繰延税金資産は将来の回収の見込みについて毎期見直しを行わなければならない。

仕訳例

● 当期の決算（3月）において、翌期の6月に支払われる従業員賞与に係る賞与引当金繰入額1,000円を計上した。この賞与引当金繰入額は当期の法人税の計算においては損金不算入であるが、翌期において損金算入される。法定実効税率は35%とする。

（賞与引当金繰入額）	1,000	（賞与引当金）	1,000
（繰延税金資産）	350	（法人税等調整額）	350

● 当期の決算（3月）において、未払法人税等を1,000円計上した。このうち100円は事業税及び地方法人特別税の未払額である。未払法人税等1,000円は納税充当金として当期の法人税の計算においては損金不算入となるが、このうち事業税・地方法人特別税の未払額に相当する100円は、翌期において損金算入される。法定実効税率は35%とする。

（法人税、住民税及び事業税）	1,000	（未払法人税等）	1,000
（繰延税金資産）	35	（法人税等調整額）	35

※100（未払事業税等）×35%＝35

繰延税金資産・繰延税金負債の表示（くりのべぜいきんしさん・ふさいのひょうじ）

発生の原因となった一時差異の資産・負債の分類に基づいて、繰延税金資産は流動資産又は固定資産の投資その他の資産として計上し、繰延税金負債は流動負債又は固定負債として計上する。

流動区分どうしの繰延税金資産と繰延税金負債、固定区分どうしの繰延税金資産と繰延税金負債は相殺して表示する。

繰延税金負債（くりのべぜいきんふさい）

将来加算一時差異に対して計上される負債をいう。一種の未払税金としての性格を有するものである。

仕訳例

● 当期の決算（3月）において、土地の買い換えに係る税法上の圧縮積立金1,000円を計上した。法定実効税率は35%とする。

（未処分利益）	1,000	（圧縮積立金）	1,000
（法人税等調整額）	350	（繰延税金負債）	350

将来加算一時差異（しょうらいかさんいちじさい）

一時差異のうち、将来、その一時差異が解消するときにその期の課税所得を増額する効果を持つものをいう。積立金方式による圧縮記帳額等がこれにあたる。

将来減算一時差異（しょうらいげんさんいちじさい）

一時差異のうち、将来、その一時差異が解消するときにその期の課税所得を減額する効果を持つものをいう。たとえば、貸倒引当金の繰入限度超過額、減価償却費の限度超過額、賞与引当金繰入額、有税による資産の減損、未払事業税、未払地方法人特別税等がある。

スケジューリング（Scheduling）

一時差異の解消時期を計画することをいう。

スケジューリング不能な一時差異（スケジューリングふのうないちじさい）

スケジューリング不能な一時差異とは、次のいずれかに該当する、税務上の益金又は損金算入時期が明確でない一時差異をいう。

① 一時差異のうち、将来の一定の事実が発生することによって、税務上の益金又は損金算入の要件を充足することが見込まれるもので、期末に将来の一定の事実の発生を見込めないことにより、税務上の益金又は損金算入の要件を充足することが見込まれないもの

② 一時差異のうち、企業による将来の一定の行為の実施についての意思決定又は実施計画等の存在により、税務上の益金又は損金算入の要件を充足することが見込まれるもので、期末に一定の行為の実施についての意思決定又は実施計画等が存在していないことにより、税務上の益金又は損金算入の要件を充足することが見込まれないもの

税金費用（ぜいきんひよう）

当期の利益を課税標準とする税金の費用をいう。

具体的には、法人税、住民税及び事業税に法人税等調整額を加減算したもの。法人税等追徴額（☞16.法人税申告業務）又は法人税等還付額（☞16.法人税申告業務）がある場合にはこれを加減算する。

税効果会計（ぜいこうかかいけい）

法人税等（法人税、住民税及び事業税）の金額を調整するという意味の「法人税等調整額」を計上することにより、税引前当期純利益と税金費用（＝法人税等＋法人税等調整額）とが合理的に対応するようにする会計上の手法をいう。

税効果会計とB/S（ぜいこうかかいけいとびーえす）

☞「税効果会計とP/L」の設例参照

法人税等調整額を計上する際の相手

科目は、繰延税金資産又は繰延税金負債である。繰延税金資産はいわば前払税金（税金を前払いし、将来の税金を減らす性格の資産科目）、繰延税金負債はいわば未払税金（実際にはまだ税金の負担は発生していないが、将来の税金を増やす性格の負債科目）の性格を有する。

上記の例では、税効果会計を適用した場合、繰延税金資産350円を計上することになる。

仕訳例

●繰延税金資産350円を計上する。

（繰延税金資産）	350	（法人税等調整額）	350

繰延税金資産350は、当期における損金不算入額に係る税額に相当するものである。本例における損金不算入額1,000は、翌期に認容されて損金算入されれば、翌期の税金を減らす効果が見込まれる。つまり、当期に多く払った税金を回収できると見込まれる。すなわち、将来の収益獲得能力を有すると考えられることから、この繰延税金資産は資産性を有しているということができ、ゆえに資産として計上することが認められている。

もし仮に、会社に多額の青色欠損金がある等の理由で、翌期以降に課税所得が発生せず、税金の回収をすることが見込めない場合には、資産性があるとはいえないから、繰延税金資産を計上することはできず、法人税等調整額も計上することはできない。

繰延税金資産は、将来の収益力を基礎とした課税所得に基づいて回収可能性があると判断できる金額を計上する必要がある。

税効果会計とP/L（ぜいこうかかいけいとぴーえる）

次の設例のように、税効果会計の適用がない場合とある場合とでは税金負担割合に違いが生じる（税効果会計を適用しない場合は70%、適用する場合は法定実効税率の35%）。

設例

当期の費用に、税務上は翌期の損金に算入（当期は損金不算入）される費用が1,000円含まれているものとする。法定実効税率は35%とする。

●税効果会計を適用していない場合

収益	3,000
費用	2,000
税引前当期純利益	1,000
法人税、住民税及び事業税	700※
当期純利益	300

※税金負担割合　70%

●税効果会計を適用する場合

収益	3,000
費用	2,000
税引前当期純利益	1,000①
法人税、住民税及び事業税	700
法人税等調整額	△350
(税金費用計)	350②
当期純利益(①－②)	650
繰延税金資産	350

この例では、当期の法人税等の金額は、当期の費用の中に、税務上、当期の損金に算入されないものが1,000円含まれているため、2,000円(税引前当期純利益1,000円＋損金不算入額1,000円)×35%(法定実効税率)＝700円となる。

これに対し、税効果会計を適用すると、この損金不算入額に係る税金350円(損金不算入額1,000円×法定実効税率35%)を法人税等調整額という科目で法人税等の金額からマイナス調整し、税金費用を350円(法人税等700円－法人税等調整額350円)とすることになる。

すなわち、税効果会計を適用しないと税金費用(法人税等)の負担割合は70%であるのに対し、適用すると税金費用(法人税等＋法人税等調整額)の割合は35%となる。

また、この結果、税効果会計を適用しない場合は当期純利益が300であるのに対し、適用すると650となり、両者には大きな差異が生じることになる。税効果会計を適用している場合の方が、法人税等の額を適切に期間配分することによって、税引前当期純利益の額と税金費用の額とを合理的に対応させているといえる。

税効果会計の注記(ぜいこうかかいけいのちゅうき)

上場会社等は、税効果会計を適用した場合は、原則として次の事項を注記することとされている(財務諸表規則)。

①繰延税金資産及び繰延税金負債の発生の主な原因別の内訳
②法定実効税率と税効果会計の適用後の法人税等の負担率との間に差異があるときは、当該差異の原因となった主な項目別の内訳
③法人税等の税率の変更により繰延税金資産及び繰延税金負債の金額が修正されたときは、その旨及び修正額
④決算日後に法人税等の税率の変更があった場合には、その内容及び影響額

損金(そんきん)

☞16.法人税申告業務

タックスプランニング(Tax Planning)

タックスプランニングとは、将来の

課税所得につき、金額及び発生時期を計画することをいう。たとえば、繰延税金資産の回収可能性の判断に際し、保有する不動産、有価証券等の資産売却による課税所得の発生により、将来減算一時差異の解消を見込むことができる場合は、タックスプランニングによって、その売却時期、売却額等について明らかにする必要がある。タックスプランニングは売却額が妥当なものである等、実現可能なものであることが必要であり、また、取締役会等で機関決定された事業計画等により明確になっていることが必要である。

法人税等調整額（ほうじんぜいとうちょうせいがく）

税効果会計を適用した場合に、法人税等の金額を税引前当期純利益の額に合理的に対応するよう、法人税等に加減算の調整を加えるために計上する科目。

法人税割（ほうじんぜいわり）

☞16.法人税申告業務

法定実効税率（ほうていじっこうぜいりつ）

利益に関連する金額を課税標準とする税金（法人税、地方法人税、住民税の法人税割、事業税の所得割、地方法人特別税）の実質的な負担割合をいう。繰延税金資産・繰延税金負債の金額は、一時差異の金額に、その一時差異が解消されると見込まれる期の法定実効税率を乗じて計算する。

法定実効税率は、その会社が適用を受ける税率により、法人税、地方法人税、住民税・法人税割、事業税・所得割、地方法人特別税の表面税率を合計し、さらに事業税及び地方法人特別税の損金算入を考慮して次のように算定する。

算式

$$法定実効税率 = \frac{表面税率（※）}{1 + 事業税率 + 事業税の標準税率 \times 地方法人特別税率}$$

※表面税率

$$= 法人税率 \times \left(1+地方法人税率+住民税率\right) + 事業税の標準税率 \times 地方法人特別税率 + 事業税率$$

【法定実効税率の計算】

（東京都・外形標準課税適用・平成28.4.1以後開始事業年度の場合）

●表面税率

法人税	23.9%
地方法人税	4.4%
住民税法人税割	16.3%
事業税所得割（超過税率）	2.14%
地方法人特別税 1.9%（＊）	×152.6%
合　計	33.8867%

（＊）事業税所得割の標準税率

●法定実効税率

$$\frac{33.8867\%\text{（表面税率）}}{1+2.14\%+1.9\%\times152.6\%}$$

※各税率は平成27.10.1現在のものである。

（東京都・非外形標準課税・平成27.4.1以後開始事業年度の場合）

●表面税率

法人税	23.9%
地方法人税	4.4%
住民税法人税割	16.3%
事業税所得割（超過税率）	7.18%
地方法人特別税 6.7%（＊）	×　43.2%
合　計	38.9217%

（＊）事業税所得割の標準税率

●法定実効税率

$$\frac{38.9217\%\text{（表面税率）}}{1+7.18\%+6.7\%\times43.2\%}$$

※各税率は平成27.10.1現在のものである。

見積実効税率（みつもりじっこうぜいりつ）

見積実効税率とは、四半期決算の税金費用の計算に用いるために、当四半期を含む年度の税引前当期純利益に対する税効果会計適用後の税金費用の負担率を合理的に見積もったものをいう。

四半期決算における税金費用の会計処理は、原則として年度決算と同様の方法によるが、四半期特有の方法として、税引前四半期純利益に見積実効税率を乗じて計算することが認められる。

未払事業所税（みばらいじぎょうしょぜい）

未払金として計上した事業所税の申告予定額は将来減算一時差異として、税効果会計の対象となる。

未払事業税（みばらいじぎょうぜい）

未払法人税等として計上した事業税の確定納付額（未払計上額）は将来減算一時差異として税効果会計の対象となる。事業税の確定税額は、債務確定主義により、申告書を提出した日の属する年度の損金に算入される。このため、当期に未払計上した事業税は、当期は損金不算入となるため課税所得の計算上加算され、確定申告書を提出した翌期において損金算入される。

この結果、将来減算一時差異として税効果会計の対象となる。

事業税に係る会計と税務の取扱い

区分		会計	税務	税効果
当期	中間納付時 (X1年11月)	法人税等として計上	損金算入	一時差異でない。
	未払事業税の計上時 (X2年3月)	法人税等(P/L)、未払法人税等(B/S)に計上	損金不算入	一時差異である。
翌期	確定申告時 (X2年5月)	未払法人税等(B/S)の戻入	損金算入	一時差異の解消

※( )内は3月決算の会社の場合の例

未払地方法人特別税(みばらいちほうほうじんとくべつぜい)

未払法人税等として計上した地方法人特別税の確定納付額(未払計上額)は将来減算一時差異として、税効果会計の対象となる。未払事業税と同様。

15 消費税申告業務

一括比例配分方式（いっかつひれいはいぶんほうしき）

課税売上割合が95%未満である事業者又は課税売上割合が95%以上であってもその課税期間における課税売上高が5億円を超える事業者は、仕入控除税額の計算にあたって選択できる2つの計算方法（個別対応方式と一括比例配分方式）のうちの一つ。

一括比例配分方式は、個別対応方式を適用しない場合に適用される方式である。つまり、課税仕入れ等の用途区分が明らかにされていない場合か、又は用途区分が明らかにされている場合であっても事業者が選択した場合のいずれかに適用される。

一括比例配分方式を適用する場合の仕入控除税額の計算方法は次のとおりである。

一括比例配分方式による計算方法

仕入控除税額 ＝ （その課税期間中の課税仕入れ等に係る消費税額の合計額）×（課税売上割合）

個別対応方式を適用するか一括比例配分方式を適用するかの判断は、各事業者の選択に委ねられているが、一括比例配分方式を適用した場合には、一括比例配分方式を適用した課税期間の初日から同日以後2年を経過する日までの間に開始する各課税期間につき継続して適用することが要件とされている。

売上げに係る対価の返還等に係る消費税額（うりあげにかかるたいかのへんかんとうにかかるしょうひぜいがく）

商品販売をした事業者がその取引を行った後に、売上値引きをしたり、売上割戻金や販売奨励金を支払ったり、売り上げた商品について返品を受けたりしたことにより売掛金の減額等を行った場合、これらの金額に対応する消費税額のことを売上げに係る対価の返還等に係る消費税額という。売上げに係る対価の返還等に係る消費税額は、消費税額を計算する際に、対価の返還等を行った課税期間において、課税標準額に対する消費税額から控除することとされている。

売上げに係る対価の返還等に係る消費税額は、売上げに係る対価の返還等の金額（税込み）に108分の6.3を乗じた金額である。

役務の提供（えきむのていきょう）

役務の提供とは、例えば、土木工事、修繕、運送、保管、印刷、広告、仲介、興行、宿泊、飲食、情報の提供、出演などのサービスを提供することをいう。

外国貨物（がいこくかもつ）

外国貨物とは輸出の許可を受けた貨物と輸入貨物で輸入許可前のものをいう。外国貨物は、通関手続きをした後にはじめて国内への搬入をすることができる。

外国貨物をその通関手続き前に譲渡、貸付け等した場合は、輸出免税の規定が適用される。

貸倒れに係る消費税額（かしだおれにかかるしょうひぜいがく）

売掛金その他の金銭債権が貸倒れとなった場合における貸倒れとなった金額に対応する消費税額のこと。貸倒れに係る消費税額は、貸倒れの発生した課税期間の売上げに対する消費税額から控除することができる。

貸倒れに係る消費税額は、貸倒れの金額の合計額（税込み）に108分の6.3を乗じて計算した金額である。

課税売上げ（かぜいうりあげ）

課税売上げとは、事業者が事業として行う、消費税が課税される資産の譲渡、貸付け、サービスの提供をいう。

土地の売却や貸付けなどの非課税取引は課税売上げに含まれない。

「課税売上高」は課税売上げに係る金額を意味し、単に「課税売上げ」という場合には取引行為を意味する。なお、消費税法の規定により「課税売上」ではなく「課税売上げ」と送り仮名がふられる。

課税売上高（かぜいうりあげだか）

消費税が課税される取引の売上金額と輸出取引等の免税売上金額の合計額をいう。この課税売上高は、消費税・地方消費税抜きの金額である。ただし、免税事業者の場合は、その売上の中に消費税が含まれているわけではないので、基準期間における課税売上高を税抜額にすることはできない。

課税売上高は、棚卸資産の販売代金や請負工事代金、サービス料のほか、資産の譲渡代金（機械、建物等の事業用資産の売却代金）や住宅以外の賃貸収入等も含む。また、売上返品、売上値引や売上割戻し等に係る金額がある場合には、これらの合計額を控除した残額である。

課税売上割合（かぜいうりあげわりあい）

課税売上割合とは、次の算式により計算した割合をいう。課税売上割合は、仕入税額控除額を計算する場合に用いられる。

算式

課税売上割合＝

$$\frac{\text{課税期間中の課税売上高（税抜き）}}{\text{課税期間中の総売上高（税抜き）}}$$

（注）
・総売上高＝国内における資産の譲渡等の対価の額の合計額
・課税売上高＝国内における課税資産の譲渡等の対価の額の合計額
・総売上高と課税売上高とも、輸出免税売上高及び貸倒れになった売上高を含み、売上げの返品、値引、割戻し等に係る金額を控除する。
・総売上高には非課税売上高を含めるが、課税対象外取引は含めない。
・特定の有価証券等の対価の額は、その譲渡対価の額そのものではなく、対価の5%に相当する金額を総売上高に含め、課税売上高には含めない。

課税貨物（かぜいかもつ）

輸入する貨物については、その貨物を保税地域から引き取る時に消費税が課税される。課税貨物とは、保税地域から引き取られる外国貨物のうち、輸入取引の非課税の規定により消費税が課税されないもの以外のものをいう。

課税貨物の消費税の納税義務者は、その貨物を保税地域から引き取る者、すなわち輸入申告者（通関業務を他に委託して輸入貨物を引き取る場合は通関業務を委託した者）である。

課税期間（かぜいきかん）

納付すべき消費税額の計算の基礎となる期間。原則として、個人事業者は暦年、法人は事業年度である。

課税区分（かぜいくぶん）

会計上の取引に係る消費税の課税上の区分をいい、課税取引、免税取引、非課税取引及び課税対象外取引の４区分がある。

消費税の課税区分

課税区分	内容
課税取引	消費税が課税される取引
免税取引	消費税が免除される輸出取引
非課税取引	法令により消費税が非課税となる取引
課税対象外取引（不課税取引）	取引の性格上、そもそも消費税の課税対象でない取引

課税仕入れ（かぜいしいれ）

課税仕入れとは、事業者が事業として行う、他の者からの資産の譲り受け、借り受け又は役務の提供をいう。消費税法の規定により「課税仕入」ではなく「課税仕入れ」と送り仮名がふられる。

課税仕入れに係る消費税額（仕入控除税額）は、その課税期間の消費税額の計算において、課税売上げ等に係る消費税額から控除される。

たとえば次のようなものは、いずれも課税仕入れである。

・商品などの棚卸資産の購入
・原材料等の購入
・機械や建物等のほか、車両や器具備品等の事業用資産の購入又は賃借
・広告宣伝費、厚生費、接待交際費、通信費、水道光熱費などの支払
・事務用品、消耗品、新聞図書などの購入
・修繕費
・外注費

なお、消費税が課税されない免税事業者や消費者（事業者でない者）から商品や中古物品を事業者が購入した場合であっても、課税仕入れに該当する。

一方、土地の購入や賃借、株式や債券の購入、利子や保険料の支払などの非課税取引、給与、税金の支払などの課税対象外取引は課税仕入れにはならない。

課税事業者（かぜいじぎょうしゃ）

消費税を課税される事業者のこと。次のいずれかに該当する事業者である。

消費税の課税事業者

1 基準期間の課税売上高が1,000万円を超える事業者。

たとえば、X1年度の課税売上高が1,000万円超の場合には、X3年度は課税事業者となる。

ただし、基準期間の課税売上高が1,000万円以下であっても、特定期間の課税売上高が1,000万円を超えた場合は消費税の課税事業者となる。

2 自ら課税事業者を選択している事業者。

課税事業者になろうとする課税期間が始まる前までに「消費税課税事業者選択届出書」を提出することにより課税事業者になることができる。

※消費税の還付を受けられるほど課税仕入れが多額にある場合であっても、免税事業者では消費税の還付は受けられない。このような場合、自らあえて課税事業者を選択することにより、消費税の還付を受けることが可能となるため、このような制度が設けられている。

課税対象外取引（かぜいたいしょうがいとりひき）

消費税の課税の対象は、国内において事業者が事業として対価を得て行う資産の譲渡等と輸入取引である。

したがって、これに該当しない取引には消費税はかからない。これを課税対象外取引という。不課税取引ということもある。

課税対象外取引には、例えば、国外取引や対価の授受のない寄附や単なる贈与、出資に対する配当などがある。

非課税取引も消費税が課税されない取引であるが、非課税取引と課税対象外取引とでは、課税売上割合の計算においてその取扱いが異なる。すなわ

ち、課税売上割合は、分母を総売上高(課税取引、非課税取引及び免税取引の合計額)とし、分子を課税売上高(課税取引及び免税取引の合計額)としたときの割合であるが、非課税取引は、原則として分母にだけ算入するのに対し、課税対象外取引は、分母にも分子にも含めない。

課税対象外取引の例

1 給与・賃金
2 寄附金、祝金、見舞金、補助金等
3 無償による試供品や見本品の提供
4 保険金や共済金
5 株式の配当金やその他の出資分配金
6 資産について廃棄をしたり、盗難や滅失があった場合
7 心身又は資産について加えられた損害の発生に伴い受ける損害賠償金。ただし、損害賠償金であっても、対価性を有する場合は除く。

課税取引(かぜいとりひき)

消費税の課税区分の一つで、消費税・地方消費税が課税される取引のこと。

課税標準(かぜいひょうじゅん)

課税標準とは、税額計算の基礎となるもので、税率を乗じる直接の対象となる金額のこと。消費税の課税標準は、原則として課税資産の譲渡等の対価の額である。課税標準に税率をかけて課税売上げに係る消費税額を計算する。

仮受消費税等(かりうけしょうひぜいとう)

税抜経理方式を採用している場合に、受け取った消費税等の額を処理するために用いる勘定科目。

仮払消費税等(かりばらいしょうひぜいとう)

税抜経理方式を採用している場合に、支払った消費税等の額を処理するために用いる勘定科目。

簡易課税方式(かんいかぜいほうしき)

簡易課税方式は、事業者の納税事務の負担等を軽減するための特例で、消費税の納付税額を計算する際に、実際の課税仕入れ等の税額を計算することなく、課税売上高のみを使って計算する制度である。

消費税額(年税額)は、次の算式により計算する。

(課税売上げ等に係る消費税額) − (課税仕入れ等に係る消費税額(仕入控除税額))

しかし、簡易課税方式の適用を受けると、仕入控除税額を実際の課税仕入れ等に係る消費税額を計算することなく、課税売上高に対する税額にみなし仕入率と呼ばれる業種毎に定められた

一定の率を乗じることにより簡便に計算される。

簡易課税の仕入控除税額の計算方法

（簡易課税の仕入控除税額）＝（課税売上高に対する消費税額）×（みなし仕入率）

基準期間（きじゅんきかん）

ある課税期間において、消費税の納税義務が免除されるかどうか、簡易課税制度を適用できるかどうかを判断する基準となる期間をいう。

原則として、個人事業者についてはその年の前々年、法人についてはその事業年度の前々事業年度である。

X1年度（基準期間） → X2年度 → X3年度（課税期間）

課税売上高1,000万円超 → 課税事業者

原則課税方式（げんそくかぜいほうしき）

消費税の計算方法には、仕入税額控除額の計算につき簡便な方法で計算する簡易課税方式がある。原則課税方式は簡易課税方式ではない原則的な計算方式のこと。

控除対象外消費税等（こうじょたいしょうがいしょうひぜいとう）

税抜経理方式を採用している場合において、その課税期間中の課税売上高が5億円超又は課税売上割合が95％未満であるときには、その課税期間の仕入控除税額は、課税仕入れ等に対する消費税額の全額ではなく、課税売上げに対応する部分の金額となる。この場合、仕入税額控除ができない仮払消費税等の額が生じることになる。この控除できない仮払消費税等の額のことを控除対象外消費税額等という。

この控除対象外消費税額等は、次に掲げる方法によって処理する。

（控除対象外消費税額等が資産に係るもの以外である場合）
控除対象外消費税等の全額を租税公課として計上する。

（控除対象外消費税額等が資産に係るものである場合）

(a) 次のいずれかに該当する場合は租税公課として損金算入
・その事業年度の課税売上割合が80％以上である場合
・棚卸資産に係るものである場合
・一の資産に係る控除対象外消費税額等が20万円未満である場合

(b) 上記以外の場合は次の方法による。
・資産の取得原価に算入（減価償却費により費用化）
・長期前払消費税等として計上し５年度で均等償却（初年度のみ1/2）
・発生した期の期間費用とし、税務上、申告調整

個別対応方式（こべつたいおうほうしき）

課税売上割合が95％未満である事業者又は課税売上割合が95％以上でその課税期間における課税売上高が5億円を超える事業者が仕入控除税額の計算にあたって選択できる2つの計算方法（個別対応方式と一括比例配分方式）のうちの一つ。

個別対応方式は、その課税期間における個々の課税仕入れ等の全てについて、次の3つの区分が明らかにされている場合に適用できる計算方法である。

①課税売上げに対応する課税仕入れ
②非課税売上げに対応する課税仕入れ
③課税売上げと非課税売上げに共通して対応する課税仕入れ

個別対応方式を適用する場合の仕入控除税額の計算方法は次のとおりである。

個別対応方式による計算方法

仕入控除税額 ＝
（課税売上対応分に係る消費税額）＋（共通対応分に係る消費税額×課税売上割合）

（仕入控除税額の計算イメージ）

課税仕入れに係る消費税		
① 課税売上 対応分	③ 共通 対応分	② 非課税売上 対応分
仕入控除税額		仕入税額控除できない

※共通対応分は課税売上割合で按分する。

個別対応方式を適用するか一括比例配分方式を適用するかの判断は、各事業者の選択に委ねられている。しかし、一括比例配分方式を適用した場合には、一括比例配分方式を適用した課税期間の初日から同日以後2年を経過する日までの間に開始する各課税期間につき継続して適用することが要件とされているため、いったん一括比例配分方式を適用すると最低2年間は継続した後でなければ個別対応方式を選択することはできない。

仕入控除税額（しいれこうじょぜいがく）

消費税額の計算において仕入税額控除する金額のこと。

仕入税額控除（しいれぜいがくこうじょ）

消費税額（年税額）は、課税売上げに係る消費税額から課税仕入れ等に係る消費税額を控除して計算する。

この控除のことを仕入税額控除といい、控除される税額のことを仕入控除税額という。

資産の貸付け（しさんのかしつけ）

資産の貸付けとは、資産に係る権利の設定など他の者に資産を使用させる一切の行為をいう。無体財産権の実施権や使用権等を設定する行為も含まれる。

資産の譲渡（しさんのじょうと）

資産の譲渡とは、売買等の契約により、資産の同一性を保持しつつ、他人に移転することをいう。したがって、例えば、商品や製品の販売のほか、事業用設備を売却することが資産の譲渡に当たり、また、これら有形の資産のほか、特許権や商標権などの無体財産権の譲渡も資産の譲渡に含まれる。さらに、現物出資、負担付贈与、代物弁済なども資産の譲渡となる。

資産の譲渡等（しさんのじょうととう）

消費税の課税の対象となる取引は、国内において事業者が事業として対価を得て行う資産の譲渡等と外国貨物の輸入である。

この「資産の譲渡等」とは、資産の譲渡、資産の貸付け及び役務の提供を意味する。

消費税（しょうひぜい）

消費税は、物品やサービスの消費に課税する税金で、間接税の一つである。

消費税の課税の対象となる取引は、国内において事業者が事業として対価を得て行う資産の譲渡、資産の貸付け及び役務の提供と外国貨物の輸入である。

税率は国税である消費税が6.3%、地方消費税が1.7%（国税である消費税の63分の17相当）、両者を合わせて8%である。なお、税率は平成29年4月より10%（国税7.8%、地方消費税2.2%）に引き上げることが予定されている。

消費税の納付税額は、課税期間ごとに課税売上げに対する税額から、課税仕入れに含まれる税額と保税地域からの引取りに係る税額との合計額を差し引いて計算する。

消費税の納税義務者は個人事業者と法人である。輸入取引の場合の納税義務者は保税地域から外国貨物を引き取る者となる。ただし、中小事業者は納税義務の免除の特例がある。

消費税の確定申告（しょうひぜいのかくていしんこく）

課税事業者は、課税期間ごとにその課税期間の終了の日の翌日から2か月以内に、納税地を所轄する税務署長に消費税の確定申告書を提出し、税金を納付しなければならないこととされている。

この申告書を提出して、税額を確定させることを確定申告という。

消費税の還付申告（しょうひぜいのかんぷしんこく）

消費税の確定申告で、税額が還付されるものをいう。

次のような場合には、確定申告により消費税が還付される。

・課税標準額に対する消費税額よりも控除税額のほうが大きい場合

・中間申告による納付税額が確定申告による差引税額より大きい場合

消費税の中間申告（しょうひぜいのちゅうかんしんこく）

事業年度の途中で、その年度分の消費税を数回に分けて納付すること。

確定申告によって納付するべき税金の前払いの性格を有する。

前課税期間の消費税の年税額が48万円を超える課税事業者は、中間申告をする必要がある。

中間申告の回数等は、直前の課税期間の確定消費税額（中間申告対象期間の末日までに確定した消費税の年税額。地方消費税の額は含まない）に応じて、次のとおりである。

消費税の中間申告の回数
【48万円以下】※ 中間申告不要。ただし、事前の届出により、任意の中間申告が可能。
【48万円超～400万円以下】※ ・中間申告は年１回（例えば３月決算の場合は11月が申告月である。） ・中間納付税額は直前の課税期間の確定消費税額の6/12の額。
【400万円超～4,800万円以下】※ ・中間申告は年３回（例えば３月決算の場合は８月、11月、２月が申告月である。） ・１回の中間納付税額は直前の課税期間の確定消費税額の3/12の額。
【4,800万円超】※ ・中間申告は年11回（最後の１回は翌期の最初の月が申告月である。） ・１回の中間納付税額は直前の課税期間の確定消費税額の1/12の額。

※【　】の金額は直前の課税期間の確定消費税額（地方消費税は含まない）

上記に代えて、「中間申告対象期間」を一課税期間とみなして仮決算を行い、それに基づいて納付すべき消費税額及び地方消費税額を計算することもできる。これを仮決算による中間申告という。なお、この場合、計算した税額がマイナスとなっても還付を受けることはできない。仮決算を行う場合にも、簡易課税制度の適用がある。

税込経理方式（ぜいこみけいりほうしき）

取引に係る消費税等を収益、費用、資産の取得原価等に含めて経理処理する方法である。すなわち、税込方式では、これらの金額は消費税込みの金額で記帳される。

税込経理方式による場合は、仮払消費税等や仮受消費税等といった勘定科目は用いない。すべての取引の記帳を消費税込みの金額で行い、消費税等の納付税額は租税公課として損金算入する。

税抜経理方式との違いについては「税込経理方式と税抜経理方式の違い」を参照。

仕訳例

●商品を5,400円（税込み）で掛により仕入れた。

（仕　　入）	5,400	（買　掛　金）	5,400

●上の商品を10,800円（税込み）で現金販売した。

（現　　金）	10,800	（売　　上）	10,800

●期末に確定申告による消費税額（納税額）を計算したところ900円であった。

（租税公課）	900	（未払消費税等）	900

税抜経理方式（ぜいぬきけいりほうしき）

取引に係る消費税等を売上、仕入、資産の取得原価等とは区分し、仮受消費税等又は仮払消費税等として記帳する方法である。税抜経理方式では、売上、仕入、資産の取得原価等の金額は消費税抜きの金額で記帳される。

仮受消費税等及び仮払消費税等は、決算期末に相殺する。概念的には、その差額を納付することになる。

税込経理方式との違いについては「税込経理方式と税抜経理方式の違い」を参照。

仕訳例

●商品を5,400円（税込み）で掛仕入した。

（仕　　入）	5,000	（買　掛　金）	5,400
（仮払消費税等）	400		

●上の商品を10,800円（税込み）で現金販売した。

（現　　金）	10,800	（売　　上）	10,000
		（仮受消費税等）	800

●期末に確定申告による消費税額（納税額）を計算したところ900円であった。

なお、仮受消費税等の期末残高は2,000円、仮払消費税等の期末残高は1,150円である。控除対象外消費税等により生じる差額は租税公課により処理するものとする。

（仮受消費税等）	2,000	（仮払消費税等）	1,150
（租税公課）	50	（未払消費税等）	900

※未払消費税等は確定申告による消費税等の納付額である。

税抜経理方式と税込経理方式の違い（ぜいぬきけいりほうしきとぜいこみけいりほうしきのちがい）

税抜経理方式は、消費税が財務諸表の各科目の金額に影響しない。このため、会計上は税抜経理方式が適当な方法であるとされる。

これに対し税法上は、両者を任意に選択できるが、免税事業者は、税抜経理方式を採用することは認められず、税込経理方式によらなければならない。また、少額減価償却資産の適用の有無等、税法上の金額の判定を行う場合は、税込経理方式の場合は税込額で、税抜経理方式の場合は税抜額で判定する。

その他、両者の違いを具体的にまとめると以下のとおりである。

【税抜経理と税込経理の違い】

（例）

売上　1,080（税込み）

仕入　540（税込み）

当期の備品取得価額2,160（税込み）

減価償却費　取得価額×0.2

（償却期間5年）

	税込経理	税抜経理
売上	1,080	1,000 ＋仮受消費税等80
仕入	540	500 ＋仮払消費税等40
備品	2,160	2,000 ＋仮払消費税等160
減価償却費（5年間）	432	400

地方消費税（ちほうしょうひぜい）

地方消費税は、消費税と同様、国内で行われる資産の譲渡や役務の提供などの国内取引と、外国貨物の引取りに課税される消費税で都道府県が課すもの。

国内取引に課されるものを「譲渡割」、外国貨物の引取りに課されるものを「貨物割」という。税率は消費税の17/63（1.7%）である。

納税は、国税である消費税とあわせて所轄税務署に対して行う。

特定期間（とくていきかん）

消費税の免税事業者であるかどうかを判定するための期間のこと。具体的には、法人の場合は原則としてその事業年度の前事業年度開始の日以後6月の期間をいう。

事業者のうち、その基準期間における課税売上高が1,000万円以下である者は、原則として免税事業者に該当する。しかし、基準期間の課税売上高が1,000万円以下であっても、特定期間の課税売上高が1,000万円を超えた場合には、課税事業者となる。なお、特定期間の課税売上高が1,000万円を超えるかどうかの判定は、課税売上高に代えて、特定期間中に支払った給与等の金額により判定することも認められる。

納税義務の免除の特例（のうぜいぎむのめんじょのとくれい）

小規模中小事業者の事務負担を軽減するため、その課税期間に係る基準期間（個人事業者の場合はその年の前々年、事業年度が1年である法人の場合はその事業年度の前々事業年度）の課税売上高が1,000万円以下の事業者は原則としてその課税期間の納税義務が免除される。

ただし、その課税期間の基準期間における課税売上高が1,000万円以下であっても特定期間における課税売上高が1,000万円を超えた場合、その課税期間から課税事業者となる。特定期間における1,000万円の判定は、課税売上高に代えて、給与等支払額の合計額により判定することもできる。

また、新設法人の場合、設立初年度とその翌年度は基準期間がないため、原則として免税事業者となるが、資本金が1,000万円以下の新設法人は基準期間がない課税期間であっても納税義務は免除されないことになっている。

非課税取引（ひかぜいとりひき）

消費税の課税の対象は、国内において事業者が事業として対価を得て行う資産の譲渡等と輸入取引である。しかし、これに該当する取引であっても消費に負担を求める税としての性格から課税の対象としてなじまないものや社会政策的配慮から、課税しない非課税取引が法令で定められている。これを非課税取引といい、具体的には以下に掲げるものである。

消費税の非課税取引

1 土地の譲渡及び貸付け。ただし、1か月未満の土地の貸付け及び駐車場などの施設の利用に伴って土地が使用される場合を除く。
2 国債や株券などの有価証券、登録国債、合名会社などの社員の持分、抵当証券、金銭債権などの譲渡。ただし、株式・出資・預託の形態によるゴルフ会員権等の譲渡を除く。
3 銀行券、政府紙幣、小額紙幣、硬貨、小切手、約束手形などの譲渡
4 預貯金や貸付金の利子、信用保証料、合同運用信託や公社債投資信託の信託報酬、保険料、保険料に類する共済掛金等
5 日本郵便株式会社などが行う郵便切手類の譲渡、印紙の売渡し場所における印紙の譲渡及び地方公共団体などが行う証紙の譲渡
6 商品券、プリペイドカードなどの物品切手等の譲渡
7 登記、登録、証明、公文書の交付等、国等が行う一定の事務に係る役務の提供で、法令に基づいて徴収される手数料に係るもの
8 外国為替業務に係る役務の提供
9 健康保険法、国民健康保険法などによる医療、労災保険、自賠責保険の対象となる医療等
10 介護保険法に基づく保険給付の対象となる居宅サービス、施設サービス等
11 社会福祉事業等によるサービスの提供

12医師、助産師などによる助産に関するサービスの提供
13火葬料や埋葬料を対価とする役務の提供
14一定の身体障害者用物品の譲渡や貸付け
15一定の要件を満たす各種学校等の授業料、入学検定料、入学金、施設設備費、在学証明手数料など
16教科用図書の譲渡
17住宅の貸付け（契約において人の居住の用に供することが明らかなもの）。ただし、1か月未満の貸付け等は除く。

みなし仕入率（みなししいれりつ）

みなし仕入率は、簡易課税の適用を受けた場合に、仕入控除税額の計算に用いる乗率。課税売上高にみなし仕入率を乗じて仕入控除税額を求める。

みなし仕入率は、業種を卸売業、小売業、製造業等、サービス業等、不動産業及びその他の事業の6つに区分し、それぞれの区分ごとに以下のとおり定められている。

簡易課税は、基準期間における課税売上高が5,000万円以下で、簡易課税制度選択届出書をその適用を受けようとする課税期間が始まる前までに所轄税務署長に提出している場合に適用を受けることができる。

みなし仕入率

売上げ区分	みなし仕入率	内容
第一種事業（卸売業）	90%	卸売業（他の者から購入した商品をその性質、形状を変更しないで他の事業者に対して販売する事業）
第二種事業（小売業）	80%	小売業（他の者から購入した商品をその性質、形状を変更しないで販売する事業で第一種事業以外のもの）
第三種事業（製造業等）	70%	農業、林業、漁業、鉱業、建設業、製造業（製造小売業を含む）、電気業、ガス業、熱供給業及び水道業をいい、第一種事業、第二種事業に該当するもの及び加工賃その他これに類する料金を対価とする役務の提供を除く。
第四種事業（その他の事業）	60%	第一種、第二種、第三種、第五種及び第六種事業以外の事業をいい、具体的には、飲食店業など。第三種事業から除かれる加工賃その他これに類する料金を対価とする役務の提供を行う事業は第四種事業。
第五種事業（サービス業等）	50%	運輸通信業、金融・保険業、サービス業（飲食店業に該当する事業を除く）をいい、第一種から第三種までの事業に該当する事業を除く。
第六種事業（不動産業）	40%	不動産業

未払消費税等（みばらいしょうひぜいとう）

消費税の確定申告により確定した消費税等の納税予定額を計上するために使用する科目。貸借対照表の流動負債区分に計上する。

免税事業者（めんぜいじぎょうしゃ）

その課税期間の基準期間における課税売上高が1,000万円以下の事業者は、原則として消費税の納税の義務が免除される。この納税の義務が免除される事業者を免税事業者という。

免税取引（めんぜいとりひき）

事業者が国内において課税資産の譲渡等を行った場合において、それが商品の輸出や国際輸送、外国にある事業者に対するサービスの提供などの輸出取引等に該当するときは消費税が免除される。この輸出取引等を免税取引という。輸出免税取引ということもある。

これは、物品やサービスの消費に対する課税は、その物品やサービスが消費される国で課税するべきであるためである。

非課税と免税とでは、次の点が異なる。

①その取引のために行った仕入れについて仕入税額控除を行うことができるかどうかという点が異なる。すなわち、非課税売上げのために行った仕入れについては、原則としてその仕入れに係る消費税額を控除することができない。これに対して、輸出などのために行った仕入れについては、原則として仕入れに係る消費税額を控除することができる。

②課税売上割合の計算においては、非課税取引は、原則として分母にだけ算入するのに対し、輸出免税取引は、分母にも分子にも含める。

用途区分（ようとくぶん）

仕入税額控除額を個別対応方式により計算する場合において、個々の課税仕入れにつき、課税売上対応分なのか、非課税売上対応分なのか、それとも共通対応分なのかを明らかにしなければならない。この３つの区分のことを用途区分という。

個別対応方式の計算では、課税売上対応の課税仕入れに係る消費税額については、その全額を仕入税額控除することができるが、非課税売上対応に係る消費税額についてはその全額が控除不可であり、共通対応に係る消費税額については課税売上割合を乗じた部分のみを控除することができる。

用途区分

用途区分	内容
課税売上対応	課税売上げに係る課税仕入れ
非課税売上対応	非課税売上げに係る課税仕入れ
共通対応	課税売上げと非課税売上げに共通する課税仕入れ

95%ルール（95パーセントルール）

課税売上割合が95%以上で、かつその課税期間における課税売上高が5億円以下の事業者は、その課税期間中の課税仕入れ等に係る消費税額が課税売上対応なのか、非課税売上対応なのか、それとも共通対応なのかの厳密な区分を行うことを要せず、簡便的に、全額を仕入税額控除の対象とすることができる。これを95%ルールという。

なお、その課税期間における課税売上高が5億円を超える事業者は、95%ルールの適用はない。したがって、たとえ課税売上割合が95%以上であっても、仕入控除税額の計算に当たっては、個別対応方式か一括比例配分方式のいずれかの方法で計算する必要がある。

16 法人税申告業務

青色申告（あおいろしんこく）

法人は、法人税法の定めるところにしたがって一定の帳簿書類を備え付け、所轄税務署長に青色申告の承認申請をして承認を受けた場合は、青色申告書を提出することができる。

青色申告は、欠損金の繰越控除等の特典を受けることができる。

益金（えききん）

益金は、以下の①～⑤の取引に係る収益をいう。会計上の収益に近いが、受取配当金のように会計上は収益になっても、税法の規定により益金に算入されないものがある等、両者は同じではない。

①資産の販売
②有償又は無償による資産の譲渡
③有償又は無償による役務の提供
④無償による資産の譲受け
⑤その他の取引で資本等取引以外のもの

外形標準課税（がいけいひょうじゅんかぜい）

資本金が1億円を超える普通法人は、所得割のほかに付加価値割及び資本割が課される。付加価値割は、報酬給与、純支払賃借料、純支払利子と単年度損益を課税標準とし、資本割は資本金等の額を課税標準として課税される。これらは、大企業の所得が低い場合でも安定した地方財源を確保することができるよう導入されたもので、外形標準課税と呼ばれる課税方式である。

外形標準課税の事業税は、所得を課税標準として課される税金ではないので、損益計算書上は「法人税、住民税及び事業税」ではなく、販売費及び一般管理費の租税公課に含めて表示する。なお、この場合も、所得割は所得を課税標準として課される税金であるから、「法人税、住民税及び事業税」に含めて表示する。

確定決算主義（かくていけっさんしゅぎ）

法人税の所得金額は、会計上の利益を基礎として、これに法人税法の規定に基づく調整を行って計算される。

法人税法は、この計算の基礎となる会計上の利益は、定時株主総会で承認を受けて確定した決算書（計算書類）の金額によることを義務づけている。これを確定決算主義という。確定決算主義はわが国の法人税法の特徴の一つである。

期ズレ（きずれ）

当期に計上しなければならない売上が翌期に計上されていたり、翌期に計上しなければならない仕入が当期に計上されていたりすること。すなわち、売上、仕入等が正しい時期に計上されていないことをいう。

均等割（きんとうわり）

住民税のうち、法人の事業所等が所在する都道府県又は市町村ごとに所得や法人税額等とは関係なく、資本金等や従業員数などに応じて定額で課される部分のこと。

源泉所得税（げんせんしょとくぜい）

利子、配当、給与等の一定の支払いの際、支払者は所得税（及び復興特別所得税）を源泉徴収して、税務署に納付することが義務づけられている。この源泉徴収した所得税のことを源泉所得税という。

まず、利子や配当が支払われる際には、所得税（及び復興特別所得税）を源泉徴収される。この源泉所得税は、法人税の計算上、所得税額控除を受けることができる。

また、法人が個人に給与や報酬等を支払う場合には、所得税及び復興特別所得税を源泉徴収して支払わなければならない。この源泉所得税は原則として支払った月の翌月10日までに所轄税務署長に納付することとされている。

債務確定主義（さいむかくていしゅぎ）

法人税法では、会計上の販売費・一般管理費等については、償却費を除き、決算日に債務が確定しているもののみを損金に算入することができることとしている。これを債務確定主義と呼ぶ。債務確定主義は、わが国の法人税法の特徴の一つである。

会計上、発生主義により計上した販管費であっても、もし仮に税務上、債務が確定していなければ、損金に算入できない。この場合、法人税の申告書でその費用を申告調整（加算）をすることになる。

債務確定しているものとは、原則として次に掲げる要件の全てに該当するものをいう。たとえば修繕費を例にとった場合、建物等の修繕を発注し、業者によって修繕が完了し、かつ金額の見積りが客観的にできる状況になれば、債務が確定しているものと考えることができ、損金に算入することができる。

①その事業年度終了の日までにその費用に係る債務が成立していること。
②その事業年度終了の日までにその債務に基づいて具体的な給付をすべき

原因となる事実が発生していること。
③その金額を合理的に算定することができること。

事業税（じぎょうぜい）

法人の事業及び個人の一定の種類の事業に対して、その事業の事務所又は事業所の所在する道府県が課す地方税である。

法人に課す事業税を特に法人事業税、個人に課す事業税を特に個人事業税と呼ぶことがある。

事業税には、所得を課税標準とする所得割と収入を課税標準とする収入割（電気・ガス供給業又は保険業を行う法人に課される）がある。また、資本金が1億円を超える普通法人は、所得割のほかに付加価値割及び資本割が課される。付加価値割は、報酬給与、純支払賃借料、純支払利子と単年度損益を課税標準とし、資本割は資本金等の額を課税標準として課税される。これらは、大企業の所得が低い場合でも安定した地方財源を確保することができるよう導入されたもので、外形標準課税と呼ばれる課税方式である。

（右頁表参照）

市町村民税（しちょうそんみんぜい）

住民税のうち市町村が課税するもの。

資本割（しほんわり）

外形標準課税の適用をされる法人の事業税のうち、資本金等の額を課税標準として課される部分のこと。

社外流出（しゃがいりゅうしゅつ）

別表４に記載する調整項目の金額は、同表の処分欄のうち「留保」欄か「社外流出」欄のいずれかに転記される。社外流出欄に転記されるのは、会計と税務の取扱いに差異がある調整項目のうち、この差異が永久に解消しないもの、すなわち税効果会計における永久差異に該当する項目である。交際費の損金不算入、役員賞与（給与）の損金不算入、受取配当金の益金不算入等がこれにあたる。

住民税（じゅうみんぜい）

都道府県又は市町村に事務所や事業所などがある法人に課税される税金で、個人に課税される住民税と区別するため「法人住民税」といわれることがある。

法人住民税には、都道府県が課する都道府県民税と市町村が課する市町村民税の２つがあり、それぞれ「法人税割」と「均等割」とからなる。

法人事業税の概要

項目	内容
誰が課税するか	都道府県
納税義務者	・都内に事務所又は事業所を設けて事業を行っている法人（公益法人等は、収益事業を行っている場合に限る） ・人格のない社団や財団で収益事業を行い、法人とみなされるもの
確定申告	決算日の翌月から２カ月以内（申請により１カ月延長可）に都道府県税事務所に提出
税額計算	所得割＋付加価値割＋資本割 ただし、付加価値割と資本割は外形標準課税の適用法人（資本金が１億円超の普通法人）に限る。
課税標準	・所得割 各事業年度の所得金額 ・付加価値割 報酬給与額＋純支払利子＋純支払賃借料＋単年度損益 ・資本割 資本金等の額（資本金＋資本積立金）
税率 （東京都の場合）	所得割（軽減税率不適用法人・超過税率の場合） ［外形標準・東京都の場合］ （事業年度の開始日） H27.4.1 ～ H28.3.31：3.4% H28.4.1 ～：2.14% ［非外形標準・東京都の場合］ （事業年度の開始日） H27.4.1 ～：7.18%
	付加価値割（東京都） （事業年度の開始日） H27.4.1 ～ H28.3.31：0.756% H28.4.1 ～：1.008%
	付加価値割（東京都） （事業年度の開始日） H27.4.1 ～ H28.3.31：0.315% H28.4.1 ～：0.42%
法人税における取扱い	申告書を提出した日の属する事業年度において損金算入される。
税効果会計における取扱い	事業税の確定納付額（未払計上額）は、損金算入時期が確定申告を行う翌期になるため、将来減算一時差異となる。なお、中間申告分は当期の損金に算入されるため一時差異にはならない。

法人住民税の概要

項目	内容
誰が課税するか	・都道府県 ・市町村
確定申告	決算日の翌月から２カ月以内（申請により１カ月延長可）に事務所所在の都道府県及び市町村に提出。
納税義務者	都道府県又は市町村に事業所等を有する法人
税額計算	法人税割＋均等割＋利子割 ・法人税割＝法人税額（税額控除前）×税率 ・均等割＝資本金等・従業員数に応じ定められた額 ・利子割＝銀行利子等×5% （H28.1.1～廃止）
法人税割の税率（H26.10.1～開始事業年度）	（標準税率） ・道府県民税3.2% ・市町村民税9.7% （東京23区・道府県＋市町村分） ・超過税率16.3% ・標準税率12.9%
法人税における取扱い	損金不算入
税効果会計における取扱い	一時差異には該当しない。

所得金額（しょとくきんがく）

各事業年度の益金の額からその事業年度の損金の額を控除した金額。法人税の課税標準となる。

所得割（しょとくわり）

法人事業税のうち、法人の所得を課税標準として課される部分のこと。

申告調整（しんこくちょうせい）

法人税の所得金額を正しく計算するためには、会計上の利益に対し、法人税法の規定にしたがって必要な項目を加算・減算することが必要である。この加減算は、法人税の申告書別表４で行われ、申告調整と呼ばれる。

申告調整が必要なものは次の4つに分類される。

申告調整項目

区分	内容	例
損金不算入	会計上は費用だが税務上は損金でない。 【別表４で加算】	交際費の損金不算入
益金不算入	会計上は収益だが税務上は益金ではない。 【別表４で減算】	受取配当金の益金不算入
損金算入	会計上は費用ではないが税務上は損金である。 【別表４で減算】	繰越欠損金
益金算入	会計上は収益ではないが税務上は益金である。 【別表４で加算】	圧縮積立金の取り崩し

● 利益と所得

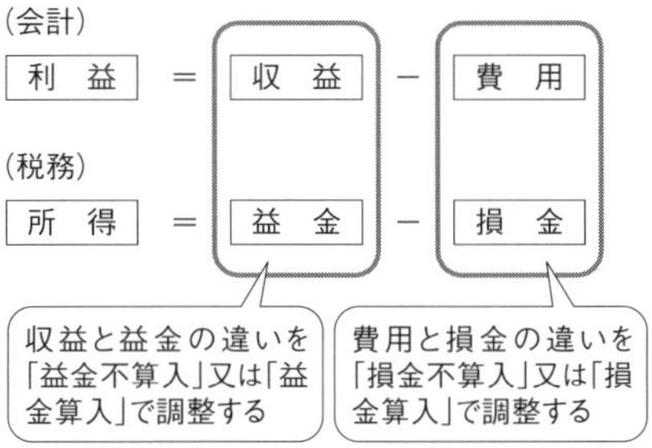
(会計)
利益
=
収益
−
費用
(税務)
所得
=
益金
−
損金
収益と益金の違いを「益金不算入」又は「益金算入」で調整する
費用と損金の違いを「損金不算入」又は「損金算入」で調整する

制限税率（せいげんぜいりつ）

地方税法により定められた上限税率。条例によって標準税率を超える税率を定めることができるが、その場合も、制限税率を超えて定めることはできない。

損金（そんきん）

損金は、次の①～③のものをいう。

①収益に係る売上原価、完成工事原価等

②販売費、一般管理費その他の費用（償却費を除き、債務の確定したものに限る）

③損失

損金は、会計上の原価・費用・損失に近いが、役員賞与（給与）など、会計上は費用だが税務上は損金にならないもの等があり、両者は同じではない。

損金経理（そんきんけいり）

法人がその確定した決算において費用又は損失として経理すること。つまり、費用又は損失として会計処理することをいう。

タックス・クッション

決算時に税金計算を行って未払法人税等に計上する納付見込額と実際の申告納付額との差額のこと。

規模の大きな会社の場合、決算時に計上する未払法人税等は、確定申告による実際の申告納付額より、やや多めの金額を計上することが多い。

タックス・クッションは、財務報告が確定申告よりも早いことから、決算後の申告内容の調整等による税額の変更などに備えて計上が認められるものである。タックス・クッションは、過大計上にならないよう気をつける必要がある。

地方法人税（ちほうほうじんぜい）

地域間の税源の偏在性を是正し、財政力格差の縮小を図ることを目的として、法人住民税法人税割の税率を引き下げることにより、法人住民税の一部を分離して創設された国税。

地方法人税の概要

項目	内容
誰が課税するか	国
確定申告	決算日の翌月から2カ月以内（申請により1カ月延長可）に所轄税務署に提出。地方法人税は法人税と同じ申告用紙に記載。
納税義務者	法人税の申告納税義務のある法人
税額計算	課税標準法人税額×税率
課税標準	所得税額控除等を適用せずに計算した法人税額
税率	4.4%
法人税における取扱い	損金不算入
税効果会計における取扱い	一時差異には該当しない。

地方法人特別税（ちほうほうじんとくべつぜい）

地方法人特別税は、平成20年度税制改正で、地方間の税収偏在を是正することを目的として、法人事業税の一部を分離して導入された国税。

法人事業税の所得割・収入割の標準税率を引き下げることによって法人事業税の一部を分離し、国税である地方法人特別税を創設、これを各都道府県に再配分することにより、地方間の税収偏在の是正を図る。偏在性の小さい地方税体系の構築が行われるまでの間の暫定措置とされている。

なお、平成26年度税制改正により、平成26年10月1日以後に開始する事業年度から地方法人税が創設されたのに伴い、地方法人特別税の規模が3分の1縮小され、法人事業税に復元された。

地方法人特別税の概要

項目	内容
誰が課税するか	国
確定申告	決算日の翌月から2カ月以内（申請により1カ月延長可）に都道府県税事務所に提出。地方法人特別税は事業税と同じ申告用紙に記載。
納税義務者	法人事業税の申告納税義務のある法人
税額計算	基準法人所得割額×税率
課税標準	法人事業税の所得割額。ただし、超過税率が適用されている場合は標準税率で計算する。
税率	［外形標準の場合］ （事業年度の開始日） H27.4.1～H28.3.31：93.5% H28.4.1～：414.2% ［非外形標準の場合］ （事業年度の開始日） H27.4.1～：43.2%
法人税における取扱い	申告書を提出した日の属する事業年度において損金算入される。

税効果会計における取扱い	地方法人特別税の確定納付額（未払計上額）は、損金算入時期が確定申告を行う翌期になるため、将来減算一時差異となる。なお、中間申告分は当期の損金に算入されるため一時差異にはならない。

中小法人等（ちゅうしょうほうじんとう）

資本金の額又は出資金の額が１億円以下の法人、資本又は出資を有しない法人等をいう。

中小法人等は、各事業年度分の年800万円までの所得金額に対する税率が15%に軽減される等、中小企業向けのさまざまな優遇税制が設けられている。

ただし、資本金又は出資金の額が5億円以上の大法人や相互会社の100%子会社等は資本金が1億円以下であっても中小法人には含まれない。

超過税率（ちょうかぜいりつ）

地方税法によれば制限税率（法人事業税、法人住民税法人税割の場合、標準税率の概ね1.2倍）の範囲内であれば、地方自治体の課税自主権に基づき、条例により標準税率より高い税率を定めることが認められる。条例により標準税率よりも高く定められている場合の税率を超過税率という。

たとえば、東京都の場合、法人事業税（非外形標準課税・軽減税率不適用法人）は、標準税率6.7%に対し、超過税率7.18%が定められており、資本金の額が1,000万円以上で、事務所等のある都道府県が3つ以上の会社には超過税率を適用することとしている。

同族会社（どうぞくがいしゃ）

同族会社とは、株主や出資者の３人以下およびその特殊関係者で50%以上の株式や出資をもっている会社などをいう。

この場合の特殊関係者とは、株主等の親族等や株主等が発行済株式の総数の50%以上の株式を有する会社等をいう。

同族会社には、同族会社の行為又は計算の否認の規定（☞18.税務調査対応）等が適用されるなど特別な取扱いがある。

道府県民税（どうふけんみんぜい）

住民税のうち都道府県が課税するもの。

標準税率（ひょうじゅんぜいりつ）

地方税法において、地方自治体（道府県及び市町村）が課税する場合に通常よるべきものとされている税率。ただし、財政上その他の必要があると認める場合においては、これによることを要しないものとされる。標準税率は、総務大臣が地方交付税の額を定める際に基準財政収入額の算定の基礎として用いる。

付加価値割（ふかかちわり）

外形標準課税の適用をされる法人の事業税のうち、その年度の収益分配額＋単年度損益を課税標準として課される部分のこと。

その年の収益分配額は従業員の報酬給与、純支払利子（＝支払利息－受取利息）、純支払賃借料（＝支払賃借料－受取賃借料）の合計額である。

分割基準（ぶんかつきじゅん）

分割法人が課税標準の総額を事務所等の有する関係地方団体ごとに分割する基準のこと。分割基準は、法人住民税法人税割の場合は従業者の数を使用し、法人事業税の場合は、法人の業種によって異なるものを使用する（たとえば、非製造業の場合は従業者数と事務所等の数）。

分割法人（ぶんかつほうじん）

法人事業税、法人住民税法人税割は、事務所又は事業所が所在する都道府県・市町村において課税される。複数の都道府県・市町村に事務所等を有する法人は課税標準の総額を一定の基準で分割して関係地方団体ごとに税額を算定する。

このような複数の都道府県・市町村に事務所等を有する法人のことを分割法人という。

別表四（べっぴょう4）

法人税の申告書の主要帳票の一つ。会計上の利益からスタートして法人税法の規定に基づく加算・減算の調整を加え、所得金額を算出するための別表。法人税の所得を計算する役割を有するものであるから、いわば法人税の「損益計算書」ともいえる別表である。

別表五（一）（べっぴょう5の1）

法人税の申告書の主要帳票の一つ。利益積立金額と資本積立金額を計算するための別表である。別表4で留保の欄に記載された各調整項目は別表5（1）に集計される。これにより、資産・負債・純資産に係る会計と税務の差異が別表5（1）に集計されるから、いわば法人税の「貸借対照表」ともいえる別表である。

利益積立金額の算式

利益積立金額＝
利益剰余金＋申告調整項目の留保額＋納税充当金－未納法人税等

法人税（ほうじんぜい）

法人税は、法人税法に基づき、法人の所得を課税標準として法人に課される国税である。

法人税法は、法人を大きく内国法人と外国法人に分け、前者は日本国内だけではなく、全世界で稼いだ利益を課税の対象とする一方で、後者は日本国内で生じた利益（国内源泉所得）のみを課税対象とする。外資系企業の日本支店などは、外国法人に該当し、日本で稼いだ利益に対してのみ課税されることになる。

法人の区分と法人税の課税関係

<table>
<tr><th colspan="2">区　分</th><th>法人税の課税の範囲</th></tr>
<tr><td rowspan="4">内国法人</td><td>普通法人（株式会社、合同会社、医療法人等）</td><td>すべての所得に課税</td></tr>
<tr><td>公益法人等（公益社団法人、学校法人、社会福祉法人等）</td><td rowspan="2">収益事業から生ずる所得に課税</td></tr>
<tr><td>人格のない社団等</td></tr>
<tr><td>公共法人（地方公共団体等）</td><td>課税されない</td></tr>
<tr><td colspan="2">外国法人の普通法人</td><td>国内源泉所得にのみ課税</td></tr>
</table>

法人税、住民税及び事業税（ほうじんぜい、じゅうみんぜいおよびじぎょうぜい）

当期の利益に対して課税される税金の合計を表す科目である。損益計算書上、税引前当期純利益から差し引く形で記載される。外形標準課税の適用を受ける会社の場合、法人税、住民税及び事業税に含めるのは、事業税のうち所得を課税標準として課される所得割のみである。事業税のうち付加価値割と資本割は利益に対して課されるものではないので、租税公課として処理する。

いろいろな税金のP/L表示科目

種　類		P/Lの表示科目
法人税		法人税、住民税及び事業税
地方法人税		
住民税	法人税割	
	均等割	
地方法人特別税		
事業税	所得割	
	付加価値割	販売費及び一般管理費（租税公課）
	資本割	
更正等に係る追徴税額（本税）		法人税等追徴額（重要性に乏しい場合は法人税、住民税及び事業税でも可）
更正等に係る過少申告加算税等・延滞税		
申告期限延長に係る利子税・延滞金		販売費及び一般管理費（租税公課）
受取利息・配当に係る源泉所得税（控除対象所得税額）		法人税、住民税及び事業税
受取利息・配当に係る源泉所得税（所得税額控除の対象外部分）		営業外費用
更正等に係る還付税額		法人税等還付額
更正等に係る還付加算金		営業外収益（雑収入）
事業所税		製造原価・営業費用

法人税等に関する仕訳のしかたにはいろいろなやり方があるが、比較的一般的なやり方は次のとおりである。

仕訳例

【3月決算の場合】

●中間納付時（11月）

法人税、住民税、事業税の中間納付額1,000円を納付した。

（仮払法人税等）	1,000	（現　　金）	1,000

●決算時（3月）

確定申告（5月）に支払う法人税、住民税、事業税の確定納付額の見込額は1,500円であった。

（法人税、住民税及び事業税）	2,500	（仮払法人税等）	1,000
		（未払法人税等）	1,500

●確定納付時（翌期5月）

5月に確定申告を行い、法人税、住民税、事業税を1,480円納付した。

（未払法人税等）	1,480	（現　　金）	1,480

※納付後の未払法人税等の残高は20円（タックス・クッション）

法人税等還付額（ほうじんぜいとうかんぷがく）

法人税、住民税及び事業税の還付があった場合における還付額を表示する科目。

法人税等の還付額は、通常、過年度に係る税額が更正等によって減少したことによるものであるので、当期に係る法人税等とは区別して、法人税、住民税及び事業税の下に法人税等還付額として表示する。ただし、金額的に重要性が乏しい場合には法人税、住民税及び事業税に含めて表示することができることとされている。

法人税等追徴額（ほうじんぜいとうついちょうがく）

更正等による法人税、住民税及び事業税の追徴額を表す科目。法人税等の追徴額は、通常、過年度に係る税額が更正等によって増加したことによるものであるので、当期に係る法人税等とは区別して、法人税、住民税及び事業税の下に法人税等追徴額として表示する。ただし、金額的に重要性が乏しい場合には法人税、住民税及び事業税に含めて表示することができることとされている。

法人税の確定申告（ほうじんぜいのかくていしんこく）

法人は、原則として各事業年度終了後2カ月以内に、確定した決算に基づき、所轄税務署長に確定申告書を提出し、申告書に記載した税額を納付しなければならない。

株主総会の開催日を定款で決算日から3カ月以内と決めているとき等、決算が2カ月で確定しない場合には、所轄税務署長に申請して承認を受けることにより、申告期限を1カ月延長できる。ただし、この場合、本来の申告期限の翌日から納付日までの間、利息としての利子税がかかる。このため、実務上は本来の申告期限までに法人税の見込額を納付し、実際の申告時に、見込納付額と申告額との差額を精算することが多い。

法人税の中間申告（ほうじんぜいのちゅうかんしんこく）

事業年度が6カ月を超える法人は、事業年度の開始の日以後6カ月を経過した日から2カ月以内に、法人税の中間申告をしなければならない。例えば、3月決算の会社の場合は11月末までに法人税の中間申告をする必要がある。

中間申告による法人税の納付額は、確定申告による法人税の納付の前払いとしての性格を持つ。すなわち、確定申告による納付税額は、法人税の年税額から中間申告による納付額を差し引いた残額となる。

法人税の中間申告は、予定申告か仮決算による中間申告のいずれかを選択することができる。

中間申告

区　分	内　容
予定申告	法人税の中間申告の納付額を前事業年度の法人税の年税額の2分の1とする方法。中間申告期限までに仮決算による中間申告をしない場合には、予定申告を選択したものとみなされる。
仮決算による中間申告	事業年度の上半期（6カ月間）末日で仮決算を行い、確定申告と同じように法人税額を計算する方法。予定申告よりも納税額が大きくなる場合はこの方法を選択することはできない。

法人税率（ほうじんぜいりつ）

法人税の税率は以下のとおりである。

法人税の税率（普通法人）

資本金1億円超	資本金1億円以下
23.9% ※2	所得のうち800万円以下の部分に対する税率：15% ※1
	所得のうち800万円を超える部分に対する税率：23.9% ※2

※1大法人の100%子会社等は除く。
※2平成24年4月1日から平成27年3月31日までの間に開始する事業年度は25.5%

法人税割（ほうじんぜいわり）

住民税のうち、その年度の法人税額（ただし税額控除前の金額）を課税標準として課される部分のこと。

未収還付法人税等（みしゅうかんぷほうじんぜいとう）

確定申告、更正、決定等により還付される法人税等の還付税額の未収額を表す科目。重要性が乏しいと認められる場合を除き、未収金とは区分して表示する。

未払法人税等（みばらいほうじんぜいとう）

当期に係る法人税、住民税及び事業税のうちの未払額である。他の未払金とは区別して表示する。法人税の申告書では「納税充当金」と呼ばれている。

以下、3月決算の場合を例にとって説明する。確定申告期限は原則として5月であるが、決算ではその確定申告による見込納付額も含めて法人税、住民税及び事業税として計上するため、その金額を未払法人税等として計上するのである。

損益計算書の「法人税、住民税及び事業税」には、事業税のうち外形標準課税に係る付加価値割及び資本割を含まないが、貸借対照表の「未払法人税等」には、付加価値割及び資本割の未払額も含めて表示する。また、未払法人税等には法人税等の追徴税額の未納付額も含めて表示する。

事業所税や固定資産税等の未払金は、未払法人税等には含めず、「未払金」の科目に含めて表示する。

なお、確定申告により法人税等の納付と法人税等の還付とが両方見込まれる場合がある。たとえば、住民税の均等割を納付し、それ以外の税金については中間納付額の還付があるようなケースである。この場合は未払法人税等（住民税均等割に係る未払額）と未収還付法人税とは相殺しないで表示する。

未払法人税等に含めるもの・含めないもの

未払法人税等に含めるもの	未払法人税等に含めないもの
・法人税、住民税、事業税（外形標準課税分を含む）の未納付額 ・法人税、住民税、事業税の追徴税額の未納付額	・事業所税の未納付額 ・固定資産税の未納付額

利益積立金（りえきつみたてきん）

会計上の利益剰余金に相当する税務上の内部留保のこと。会計上の利益剰余金との違いは次の算式のとおりである。

なお、利益積立金は法人税の申告書上は別表5（1）で計算される。

利子割（りしわり）

都道府県の住民税のうち、法人が支払いを受けるべき銀行等の利子等につき、その支払いの際に源泉徴収された金額のこと。税率は利子等の5％である。

法人税の取扱いは損金不算入である。

税制改正により、事務負担軽減を目的として、平成28年1月1日以後支払い分より廃止。

留保（りゅうほ）

別表4に記載する調整項目の金額は、同表の処分欄のうち「留保」欄か「社外流出」欄のいずれかに転記される。別表4に記載される調整項目は、会計と税務の取扱いに差異がある項目であるが、この差異が将来解消する場合には「留保」欄に、永久に解消しない場合には「社外流出」欄に転記される。「留保」欄に記載された金額は別表5（1）に集計される。

留保欄に記載された項目は税効果会計における一時差異、社外流出欄に記載された項目は永久差異にあたる。

17 連結納税申告業務

完全支配関係（かんぜんしはいかんけい）

一方の法人が他方の法人の発行済株式または出資の全部を直接または間接に保有する関係をいう。

グループ法人税制（グループほうじんぜいせい）

グループ法人税制とは、100％グループ内の法人が行う一定の取引等に強制的に適用される一連の税制である。中小企業優遇税制の適用の制限、100％グループ内の内国法人からの受取配当の益金不算入、100％グループ内の内国法人間の特定の資産の譲渡損益の繰延べ、100％グループ内の内国法人間の寄附金・受贈益の損金・益金不算入の取扱い等がある。

個別帰属額の届出書（こべつきぞくがくのとどけでしょ）

連結子法人の負担額として帰属せられる税額または減少額として帰属せられる税額、その計算の基礎等の個別帰属額を記載した届出書をいう。

連結子法人は、連結確定申告書の提出期限までに、それぞれの所轄税務署長にこの届出書を提出しなければならない。

連結親法人（れんけつおやほうじん）

連結納税の適用を受けている企業グループの親会社をいう。

連結確定申告（れんけつかくていしんこく）

連結親法人は、連結事業年度終了の日の翌日から２カ月以内に、所轄税務署長に連結確定申告書を提出し、連結法人税額を納付しなければならない。

この申告期限は、最初に申告しようとする連結事業年度終了の日の翌日から45日以内に、申告期限までに決算が確定しない理由等を記載した申請書をもって申請をすることにより、２カ月間延長することができる。なお、法人税の申告期限の延長の特例の適用を受けた場合、地方税の申告期限についても届出により延長する必要がある。

連結納税の場合、連結親法人が連結法人税の申告・納付を行うのに対し、連結子法人は、連結所得金額および連結法人税額の個別帰属額等を記載した個別帰属額の届出書をそれぞれの所轄税務署長に提出する必要がある。

連結欠損金額（れんけつけっそんきんがく）

連結事業年度における企業グループ全体の連結所得の金額の合計額がマイナスとなった場合のそのマイナスの金額のこと。連結欠損金額は9年間繰り越して連結所得から控除することができる。なお、その連結事業年度において損金算入できる金額は、連結欠損金控除前の連結所得の金額の80％を限度とする（中小法人等（☞16. 法人税申告業務）を除く）。

連結子法人（れんけつこほうじん）

連結納税の適用を受けている企業グループの子会社をいう。連結親法人と完全支配関係がある内国法人である普通法人はすべて連結子法人となる。

連結事業年度（れんけつじぎょうねんど）

連結納税をするための計算期間のこと。具体的には連結親法人の事業年度開始の日からその事業年度終了の日までの期間である。連結子法人の事業年度が連結親法人の事業年度と異なる場合には、税務申告のために、連結親法人の事業年度に合わせたみなし事業年度を設ける必要がある。

連結所得金額（れんけつしょとくきんがく）

連結納税における課税標準のこと。連結所得金額は企業グループ内の法人の連結所得を合算して算定される。

連結所得に対する法人税率（れんけつしょとくにたいするほうじんぜいがく）

連結法人税額を計算する際に連結所得金額に乗じる法人税率は、連結親法人の種類と資本金の額により決定される。連結親法人の資本金が1億円超の普通法人の場合は、23.9％である。

連結中間申告（れんけつちゅうかんしんこく）

連結親法人は、その連結事業年度開始の日以後6カ月を経過した日から2カ月以内に連結中間申告書を提出し、税額を納付しなければならない。この申告期限の延長はない。

連結中間申告は、前期実績の連結確定法人税額の2分の1を申告・納付するか、または仮決算に基づく税額を申告・納付するかのいずれかを選択することができる。ただし、仮決算による方法は、前期実績による税額を超える場合等には選択することはできない。

連結納税（れんけつのうぜい）

連結納税制度とは、企業グループを

一つの納税単位として、親会社が法人税の申告・納付をする制度をいう。

連結納税グループ内の法人の所得と欠損金とは相殺・合算され、合算後の所得金額を課税標準としてグループ全体の法人税額が計算される。

企業グループとしての経営の重要性が増してきている中で、企業グループ全体を一体として課税することにより、適切な課税を実現することを目的として平成14年度に創設された制度である。

連結納税を適用するか否かは、各企業グループが自由に選択することができるが、いったん連結納税を適用すると、租税回避行為を防止するため、原則として取りやめることができないこととされている。

連結納税のメリットとデメリットは以下の表のとおりである。

連結納税のメリットとデメリット

メリット	デメリット
・企業グループ内の黒字会社と赤字会社の損益が通算されるため、グループ全体での節税効果がある。	・企業グループ内に中小企業がある場合、交際費の定額控除限度額等の中小企業向けの特例は、親会社の資本金等により適用の可否が決まるため、連結納税のもとでは特例の適用を受けられなくなることが多い。 ・申告事務が繁雑である。

なお、事業税、住民税および消費税等には連結納税制度はないため、法人税を連結納税しても、これらの税金は単体での申告・納税となる。

連結法人税額（れんけつほうじんぜいがく）

連結納税の適用を受けている企業グループ全体の法人税額のこと。連結法人税額は、連結所得金額に税率を乗じ、税額控除等を行って算定する。

18 税務調査対応

異議申立て（いぎもうしたて）

国税に関する処分に対して納税者が行うことができる不服申立ての手続きの一つ。

納税者は、国税に関する不服申立てを行う場合、原則として、まずその処分を行った税務署長等に対して、処分の通知を受けた日から2カ月以内に異議申立書を提出することができる。これを異議申立てという。

異議申立書を受理した税務署長等は、その異議申立てが適法なものである場合は、調査及び審理を行う。その申立てに理由があると認められる場合には、処分の全部又は一部を取り消す決定を行い、その申立てに理由がないと認められる場合には、これを棄却する決定を行う。また、その異議申立てが不適法なものである場合は、これを却下する処分を行う。

延滞金（えんたいきん）

延滞税や利子税が国税にかかる附帯税であるのに対し、延滞金は、これらのいわば地方税版である。地方税の場合は、国税の延滞税に相当するものと利子税に相当するものとがあり、いずれも延滞金という。

申告期限の延長にかかる延滞金（利子税に相当するもの）は法人税の計算上、損金に算入されるが、それ以外の延滞金（延滞税に相当するもの）は損金に算入されない。

☞附帯税の税額

延滞税（えんたいぜい）

法定納期限までに税金を納付しなかった場合に課される附帯税である。

☞附帯税の税額

過少申告加算税（かしょうしんこくかさんぜい）

期限内に確定申告書を提出した後、税務調査により申告内容に誤りがあったため修正申告書を提出したり、又は更正を受けたりして、追加税額が生じた場合に課税される附帯税である。

修正申告書の提出による場合は、調査があったことにより更正のあることを予想して修正申告書を提出した場合以外（自主的に申告内容の誤りを発見して修正申告書を提出する場合等がこれにあたる）は、過少申告加算税は課されない。

☞附帯税の税額

課税処分（かぜいしょぶん）

更正、決定等、納税者ではなく税務

当局が税額を確定する処分のことを総称して課税処分という。

☞附帯税の税額

過怠税（かたいぜい）

印紙税の納付は、通常、作成した課税文書に所定の額面の収入印紙を貼り付け、印章又は署名で消印することによって行う。納付すべき印紙税を課税文書の作成の時までに納付しなかった場合に課されるペナルティを過怠税という。

過怠税は、その納付しなかった印紙税の額とその2倍に相当する金額との合計額、すなわち当初に納付すべき印紙税の額の3倍に相当する額であるが、税務調査を受ける前に、自主的に不納付を申し出たときは1.1倍に軽減される。

また、貼り付けた印紙を所定の方法によって消印しなかった場合は、消印されていない印紙の額面に相当する金額の過怠税を課される。

過怠税は、その全額が法人税の計算上、損金の額には算入されない。

強制調査（きょうせいちょうさ）

裁判官の令状に基づいて、強制的に行われる税務調査。必要に応じて裁判官の許可を得て、臨検（立ち入り）、捜索（身体や所持品の調査）、差押をすることもできる。調査は収税官吏（国税査察官）が担当する。根拠法は国税犯則取締法。

決定（けってい）

税務当局は、税務申告書を提出しなければならない会社が申告書を提出しなかった場合は、税務調査をして課税標準や税額等を決定することができる。この税務当局が行う処分のことを決定という。

なお、決定をしても納付又は還付する税額がないときは、決定を行わないこととされている。

税務当局による決定は、なんの制約もなくさかのぼって行うことができるわけではない。税務当局が決定をすることができる期間は、税務当局が更正をすることができる期間と同じである。

決定と更正との違いは以下のとおりである。

決定と更正の違い

決定	申告書を提出すべき納税者が申告書を提出しなかったときに税務当局が行う処分。
更正	納税者が申告書を提出したが、税務調査の結果が申告の内容と異なる場合等に税務当局が行う処分。

現況調査（げんきょうちょうさ）

予告なしで行われる実地調査のことをいう。国税通則法では、納税者及び税理士に税務調査の日時、場所等を事前に通知することとされている。しかし、小売業や飲食店業等の現金商売の場合や会社が脱税行為を行っていると疑われる場合等は無予告で実地調査が行われることがある。

更正（こうせい）

税務調査の結果、申告内容に誤りなどがあった場合に、納税者が自主的に申告内容を修正することを修正申告というのに対し、税務当局が職権で申告内容・税額を修正することを更正という。

修正申告は納税者側からの手続きであり、申告内容の修正の結果、税額が増額する場合にしかできない。これに対し、更正は税務当局側からの手続きであり、申告内容の修正の結果、税額が減少する場合（つまり税額が還付される場合等）にも行うことができる。なお、納税者側から、税額が減少するような申告内容の修正をする場合の手続きは更正の請求という。

更正を受けた場合、納税者は、その内容に対して不服があるときは所轄税務署長等に対して異議申立てをしたり、国税不服審判所長に対して審査請求をしたりする等の救済措置が用意されている。

税務当局による更正は、なんの制約もなくさかのぼって行うことができるわけではなく、税務当局が更正をすることができる期間は次のとおりである。

更正・決定の期間制限

内容	更正・決定できる期間
通常の更正・決定	法定申告期限から５年
脱税の場合の更正・決定	法定申告期限から７年
法人税に係る純損失等の金額についての更正	法定申告期限から９年

更正の請求（こうせいのせいきゅう）

申告書を提出した後に、所得金額や税額が多すぎる誤りがあった場合、納税者側から行う手続きを更正の請求という。

納税者が更正の請求を行うと、税務当局は請求の内容を調査のうえ、更正の決定を行い、税額の還付等を行う。

納税者が更正の請求を行うことができる期間は以下のとおりである。

更正の請求をすることができる期間

内容	更正の請求をすることができる期間
通常の更正の請求	法定申告期限から5年
法人税に係る純損失等の金額についての更正の請求	法定申告期限から9年
後発的事由に基づく更正の請求	課税標準等の計算の基礎となった事実に関する訴えについて、判決により、その事実が異なることが確定したとき等で、その事由が生じた日の翌日から2月

事前通知（じぜんつうち）

国税通則法に定められた税務調査の手続きの一つ。具体的には、税務署は税務調査に際して、原則として納税者に対し調査の開始日時、開始場所、調査対象税目、調査対象期間等を事前に通知することとされている。

実地調査（じっちちょうさ）

税務当局が実際に企業等を訪問し、帳簿や書類のチェックを行う調査のこと。

単に「税務調査」という場合、実地調査のことを意味することが多い。

質問検査権（しつもんけんさけん）

税務署等の税務当局の職員は、法人税、消費税等に関する調査について必要があるときは、事業に関する帳簿書類その他の物件を検査し、提示又は提出を求めることができる。これを質問検査権という。根拠法は国税通則法。

重加算税（じゅうかさんぜい）

過少申告加算税などが課されるべき場合において、仮装・隠ぺいにより申告している等悪質な場合に、過少申告加算税に代えて課税される附帯税である。

修正申告（しゅうせいしんこく）

税務申告の内容が誤っていたため、納付する税金が少なすぎたり、還付される税金が多すぎたりした場合に、誤った内容を訂正して申告をし直すことをいう。

これとは逆に、申告内容が誤っていたために納付した税金が多すぎたり、還付された税金が少なすぎたりした場合には、更正の請求という手続きによることになるため、修正申告をすることはできない。

修正申告には、税務当局の調査を受けて誤りが発見されたために修正申告をする場合と自社で誤りを見つけて自主的に修正申告をする場合とがある。

前者の場合は、追加で納める税金のほかに過少申告加算税がかかる。

また、修正申告をすると、その追加納付額につき、本来の納付期限から実際の納付日までに係る延滞税がかかる。

受忍義務（じゅにんぎむ）

納税者が税務調査を受けなければならない義務のことをいう。

準備調査（じゅんびちょうさ）

税務署内で行われる机上の調査。事業概況書や申告書、財務諸表等の過去数年分の分析をする等して実地調査の準備を行うもの。

申告是認（しんこくぜにん）

税務調査の結果、申告した内容に問題が発見されず、申告内容が適正と認められることをいう。

審査請求（しんさせいきゅう）

納税者は、異議申立てにかかる決定を受け、なおその決定に不服がある場合、異議申立てにかかる決定後1カ月以内に、国税不服審判所長に対して審査請求書を提出して不服を申し立てることができる。これを審査請求という。

審査請求書を受理した国税不服審判所長は、その審査請求が適法なものである場合は、異議申立てにかかる決定をした税務署長等（原処分庁という）から答弁書を入手し、その審査請求にかかる調査及び審理を行い、原処分の取り消し、又は請求棄却の裁決を行う。

また審査請求が不適法なものである場合は、これを却下する処分を行う。

納税者は、この国税不服審判所の裁決についてなお不服がある場合は、裁判所に訴えを提起することができる。この訴えは、国税不服審判所の裁決があったことを知った日から6カ月以内に裁判所に提起する必要がある。

税務調査（ぜいむちょうさ）

法人税、消費税等の申告納税方式の税金については、納税の公平を保つためには、税務申告や納税が適正に行われているかどうかを税務当局が確認することが必要である。税務調査とは、この確認のために税務当局が納税者に対して行う調査をいう。税務調査は、納税者が大企業の場合は国税局が、納税者が中小企業の場合は税務署が実施する。

調査の種類

調査の性格の違いによる分け方	強制調査 任意調査
調査の形態の違いによる分け方	準備調査 実地調査 現況調査 反面調査

節税（せつぜい）

租税に関する法令が予定しているところにしたがって、税額の負担を減らすことをいう。

たとえば、納税者が、政策的な目的で定められている租税特別措置法の税制優遇制度の適用を受けることは節税である。

是認通知（ぜにんつうち）

申告是認の結果、税務当局がその旨を納税者に通知すること。

租税回避行為（そぜいかいひこうい）

租税回避行為は、租税の法令の適用にあたって、その適用がされないように回避する行為をいう。

滞納処分（たいのうしょぶん）

税務当局は、納期限までに税金が納付されない時は、原則としてまず納税者に督促を行い、それでもなお納付されない場合に、強制的に納税者の財産を差し押さえ、これを換金して、税金を徴収することができる。この差し押さえ、換価、配当の処分を滞納処分という。

脱税（だつぜい）

租税に関する法令の適用にあたって、その前提となる事実の全部又は一部を秘匿する行為をいう。

たとえば、納税者が、売上の一部を意図的に隠す行為は脱税である。

調査課所管法人（ちょうさかしょかんほうじん）

資本金が１億円以上の会社は、原則として所管（所轄）は税務署ではなく国税局調査部となる。これを調査課所管法人という。

同族会社の行為又は計算の否認（どうぞくがいしゃのこういまたはけいさんのひにん）

同族会社の場合、法人税等の負担を不当に減少させることを目的とした取引や計算があった場合には、税務署長は、これを適正化するために、その取引や計算を否認して更正や決定を行うことができることとされている。

これを同族会社の行為又は計算の否認という。同族会社の場合、会社オーナーが会社を利用して恣意的な取引を行うことが可能であることから設けられている制度である。

任意調査（にんいちょうさ）

強制調査以外の一般的な税務調査。納税者の同意のもとに行われる調査であり、この点が強制調査と異なる。任意調査は国税調査官等が国税通則法に基づく質問検査権を行使することにより行われる。

「納税者の同意」が必要といっても、納税者は自由に調査を拒否できるわけではない。納税者は税務職員等の質問検査に答えて調査を受ける義務があるものとされており、これを納税者の受忍義務（調査をいわば「がまん」する義務）という。

もし仮に納税者が調査を受けることを拒否した場合にはどうなるか。この場合は、任意調査である以上、課税当局はそれ以上、直接的物理的に調査を強制することはできない。しかし、適法な調査に対して、もし納税者が正当な理由なく調査に応じない場合や調査を妨害する場合には「一年以下の懲役又は50万円以下の罰金に処する」（国税通則法127条）とされており、罰則の適用がある。このため、任意調査は「任意」ではあるが、「間接的な強制力がある」といわれる。

反面調査（はんめんちょうさ）

税務調査の対象である会社の取引先や銀行などに対して行われる税務調査。取引が本当にあったのかどうか、取引金額が妥当なのかどうか等を確認するために行われる。

附帯税（ふたいぜい）

税務調査の結果、修正申告書を提出したり、更正を受けたりした場合や期限内に確定申告書を提出しなかった場合などは、追加で支払う本税のほかに、利息的な性格を有する延滞税やペナルティの性格を有する過少申告加算税等の加算税を課される。この延滞税や加算税等の税金のことを総称して附帯税と呼ぶ。

附帯税は、期限内に正確な確定申告書を提出し、かつ、納期限内に正しく納税した者との公平を考慮して課されるもので、法人税の計算上、損金に算入されない。ただし、会計監査人の監査を受けるため等の理由で決算日から2カ月以内に決算を確定できないため、所定の手続きにしたがって申告期限の延長を受けている場合に課される利子税のみは、ペナルティの性格を有しないため、損金の額に算入される。

附帯税の税額（ふたいぜいのぜいがく）

附帯税の税額は以下の表のとおりで

ある。

区分	税額
延滞税 延滞金	特例基準割合＋7.3％ ただし、法定納期限から2カ月以内等は特例基準割合＋1％
利子税	特例基準割合
過少申告加算税 過少申告加算金（地方税）	修正申告で納付する税額（増差税額）×10％ ただし、増差税額のうち期限内の申告税額または50万円のいずれか多い金額を超える場合は15％（5,000円未満不徴収）
無申告加算税 無申告加算金（地方税）	期限後申告で納付する税額×15％ ただし、自発的に申告した場合は5％に軽減
不納付加算税	納付する源泉所得税額×10％ ただし、自主申告の場合は5％。正当な理由があるときは課税されない。
重加算税 重加算金（地方税）	・過少申告加算税・不納付加算税が課される場合は納付税額×35％ ・無申告加算税が課される場合は納付税額×40％

※特例基準割合とは、各年の前年12月15日までに財務大臣が告示する割合で、貸出約定平均金利＋1％で算定される。

不納付加算税（ふのうふかさんぜい）

源泉所得税が法定納期限内に完納されなかった場合に課税される附帯税である。

☞附帯税の税額

法人税、住民税及び事業税（ほうじんぜい、じゅうみんぜいおよびじぎょうぜい）

☞16. 法人税申告業務

法人税等還付額（ほうじんぜいとうかんぷがく）

☞16. 法人税申告業務

法人税等追徴額（ほうじんぜいとうついちょうがく）

☞16. 法人税申告業務

未払法人税等（みばらいほうじんぜいとう）

☞16. 法人税申告業務

未収還付法人税等（みしゅうかんぷほうじんぜいとう）

☞16. 法人税申告業務

無申告加算税（むしんこくかさんぜい）

期限内に確定申告書の提出がない場合で、納付すべき税額がある場合に課される附帯税である。

☞附帯税の税額

利子税（りしぜい）

会計監査人の監査を受けなければならない等の理由で決算日から２カ月以内に決算を確定させることができない場合、申請して承認を受ければ申告期限を延長（単体法人の場合、通常は１カ月）することができる。利子税は、この承認を受けた納税の延長期間について課される附帯税であり、利息の性格を有する。

利子税は法人税の計算上、損金の額に算入される。

☞附帯税の税額

19 現金出納管理

インターネットバンキング（IB：Internet Banking）

インターネットを介した銀行取引サービスのこと。残高照会、口座振込・振替のほか、各種金融商品の購入、ローン申込みなども行うことができる。

インプレストシステム（Imprest System）

☞定額資金前渡制度（ていがくしきんまえわたしせいど）

NCD（エヌシーディー：Negotiable Certificate of Deposit）

☞譲渡性預金（じょうとせいよきん）

外貨預金（がいかよきん）

アメリカドル、ユーロ、オーストラリアドル等外国通貨建ての預金の総称。日本と外国との金利差を期待できる上、外国為替相場で円安・外貨高が進む局面では、円に換算した元本が増え、為替差益が見込めるが、逆に預金時より円高が進むと、為替差損が生じるリスクがある。

仮計上（かりけいじょう）

通常口座に入金があった場合には、入金内容の確認が済むまでの間は、仮受金勘定に計上することをいう。

銀行勘定調整表（ぎんこうかんじょうちょうせいひょう）

☞預金残高調整表（よきんざんだかちょうせいひょう）

銀行振込（ぎんこうふりこみ）

銀行振込は為替ともいう。国内に振り込む場合を国内為替、海外へ振り込む場合を外国為替という。 支払いの際、支払人が受取人の指定した銀行口座に資金を移動させることになるが、両者の銀行が同じ場合には銀行の本支店間で資金決済が行われる。違う場合は間に日本銀行が介在し、日銀ネットとよばれる銀行間の決済システムにより、処理が行われる。

金種表（きんしゅひょう）

手許現金の有り高を確認するために金種ごとに作成する整理表。現金出納帳との差異を把握するにあたっての根拠となる。

金種表

Wednesday, September 30, 2015

金種			枚数		金額	
現金	紙幣	10,000	12	枚	120,000	円
		5,000	56	枚	280,000	円
		2,000	1	枚	2,000	円
		1,000	126	枚	126,000	円
	硬貨	500	27	枚	13,500	円
		100	128	枚	12,800	円
		50	273	枚	13,650	円
		10	321	枚	3,210	円
		5	20	枚	100	円
		1	68	枚	68	円
合計（A）					571,328	円

現金出納帳残高（B）	571,928	円
差異（A-B）　（C）	現金過不足　△ 600	円
差異調査	あり（circled）　なし	
原因判明金額（D）	500	円
差額（C-D）	使途不明金　100	円

承認	作成

現金（げんきん）

現金とは、通貨のほか、いつでも現金と交換できる通貨代用証券を含む概念である。

現金過不足（げんきんかぶそく）

現金実査の結果、実際の現金残高と帳簿残高が一致しないことがあり、原因が直ちに解明できない場合、帳簿残高を実際の現金残高に合わせるために使用される勘定科目のことをいう。

仕訳例

- 月次決算により、手許現金を実査した。すると現金残高が現金出納帳より5,616円不足していることが判明した。

（現金過不足）　5,616　（現　　金）　5,616

- 調査の結果、現金不足は交通費の出金記録漏れであることが判明した。

（交　通　費）　5,200　（現金過不足）　5,616
（仮払消費税）　416

現金出納帳（げんきんすいとうちょう）

日々の現金の入出金を記録し、現金残高を明らかにするための帳簿。

小口現金（こぐちげんきん）

通常支払手続は、本社経理・財務部門の出納担当を通すのが原則であるが、会社規模の拡大により全ての支払いを本社経由で行うのは非効率となる。その場合、現場の各部門・支店・工場等に少額経費の支払いの機能を移管し、現金を予め渡しておき、支払・管理をさせている。この現金を小口現金という。

なお、小口現金の管理方法として、定額資金前渡制度（インプレストシステム）と随時補給制度がある。

小口現金出納帳（こぐちげんきんすいとうちょう）

小口現金の各支払額を支払った内容

ごとに分けて記帳し、小口現金の補給と支払の明細を記録するための帳簿のこと。

先日付小切手（さきひづけこぎって）

☞20.手形・小切手管理

残高証明書（ざんだかしょうめいしょ）

金融機関が顧客に対して発行する特定の日付における預金やローンなどの残高を証明した書類をいう。監査上、証明力が高い証拠書類とされている。

自己振出小切手（じこふりだしこぎって）

☞20.手形・小切手管理

支払精査（しはらいせいさ）

経理部門は、各部門が依頼してきた支払のチェックをする内部統制上の砦となるため、その支払内容・金額が妥当であるか（支払妥当性の精査）、また勘定科目・税務区分（消費税区分等）が問題ないか（勘定科目等の精査）を行う。これを支払精査という。

支払伝票（しはらいでんぴょう）

出金伝票ともいい、支払いをしたとき、その取引について記入・作成する伝票。

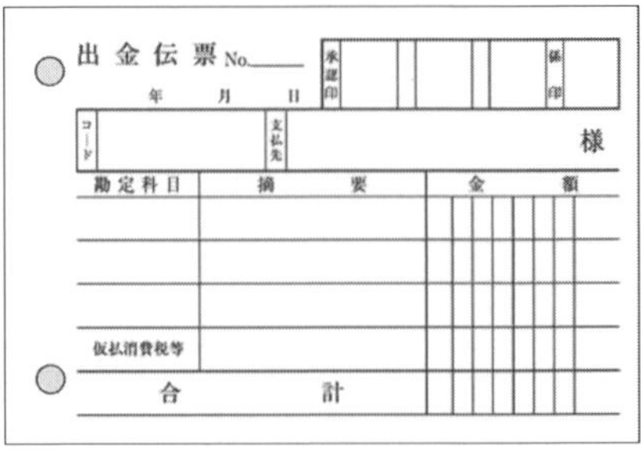

譲渡性預金（じょうとせいよきん）

満期日の定めがある預金で、一般の定期預金とは異なり譲渡禁止の特約がなく、発行金融機関所定の手続きにより譲渡が可能なものをいう。CDもしくはNCDともいう。

CD（シーディー：Certificate of Deposit）

☞譲渡性預金（じょうとせいよきん）

随時補給制度（ずいじほきゅうせいど）

各部門や支店等の必要に応じて随時に小口現金を補給する方法。この方法では、小口現金担当の保有する現金残高が絶えず変動し、報告タイミングも不定期であることから、定額資金前渡制度と比較して管理上非効率という欠点がある。

出納（すいとう）

支出及び収納。現預金の入出金や残高の管理のこと。資金管理ともいう。

送金為替手形（そうきんかわせてがた）

銀行経由の送金手段として銀行が振込に対して交付する為替手形。企業が支払いのために銀行に依頼して振り出された手形を買い受け、仕入先等に送付し、仕入先はこれを持って銀行に出向き、呈示することで現金化することができる。

送金小切手（そうきんこぎって）

預貯金口座を持たない受取人へ送金するための制度で、送金人が銀行から送金小切手の交付を受け、これを受取人に郵送する方法。受取人は、小切手と身分証明書を支払銀行に呈示し、小切手に裏書をして現金を受領する。

通貨代用証券（つうかだいようしょうけん）

金融機関などでいつでも現金と交換でき、また、支払手段として他人に譲り渡すことができるものをいう。具体的には次のようなものがある。会計処理上、通貨代用証券は「現金」として取り扱われる。

- 他人振出の小切手：当座預金から振り出された小切手
- 送金小切手
- 送金為替手形
- 預金手形（預金小切手）
- 普通為替証書
- 定額小為替証書
- 支払期限の到来した公社債の利札：利札は、公社債の券面に予め刷り込まれた半年分の利息の受取証
- 配当金領収書

通知預金（つうちよきん）

概ね1週間から1ヶ月未満の期間の預け入れに適した預金。通常、7日間の据置期間が定められ、それ以降の希望日の2日前までに予告（通知）して払い戻すもの。

定額小為替証書（ていがくこがわせしょうしょ）

ゆうちょ銀行が提供する送金・決済サービスの一つ。50円から1,000円まで12種類の額面の定額小為替証書を組み合わせて送金する。受け取った定額小為替は郵便局やゆうちょ銀行の窓口で換金できる。

定額資金前渡制度（ていがくしきんまえわたしせいど）

各部門や支店等（小口現金担当）に前渡しする小口現金を一定額に決め、一定期間ごと本社の経理・財務部門

（出納担当）に支払報告書等で当該期間の出金の報告をしてもらい、使用分だけ補充を請求して、補充後は当初の一定額の現金が小口現金担当の手元にあるようにする方法のこと。この方法においては、補充する現金と支払証憑等との突合が容易で、かつ小口現金担当者からの報告による本社経理部の事務負荷減少という効果もあり実務上採用されている。

インプレストシステムともいう。

仕訳例

● 出納係から用度係に小口現金を小切手により手渡した。

（小 口 現 金）100,000　（当 座 預 金）100,000

月末に、用度係より、小口現金の使用報告を受けたところ、以下の通りであった。

・通信費	12,960円
・交通費	25,920円
・消耗品費	8,856円
合計	47,736円

（通　信　費）12,000　（小 口 現 金）47,736
（仮払消費税）960
（交　通　費）24,000
（仮払消費税）1,920
（消 耗 品 費）8,200
（仮払消費税）656

● 出納係より用度係に小口現金の使用分を小切手により補充した。

（小 口 現 金）47,736　（当 座 預 金）47,736

定期積金（ていきつみきん）

一定期間、毎月の一定期日に、一定金額を預け（払い込み・積み立て）、満期日に給付金を受け取る預金のこと。

定期預金（ていきよきん）

満期日又は据置期間を設定し、満期日まで、又は据置期間中の払戻をしない条件で一定の金額を預け入れる預金のこと。

当座預金（とうざよきん）

主に企業や個人事業主が営業資金等の支払いに利用する無利息の預金で、現金の代わりに小切手や手形で支払いをする際に活用するもの。普通預金のように通帳は発行されないが、当座勘定照合表が金融機関から郵送されてくる。

入金伝票（にゅうきんでんぴょう）

入金があったとき、その取引について記入・作成する伝票。

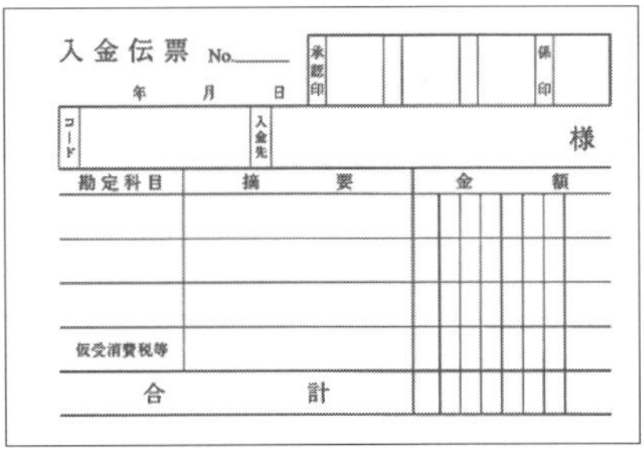

納税準備預金（のうぜいじゅんびよきん）

納税に充てる資金を預け入れる預金。納税資金の計画的な貯蓄及び本預金からの口座振替による納税を推奨するため、預金利息は非課税とされているが、納税以外の目的で使用する場合は課税される。

配当金領収書（はいとうきんりょうしゅうしょ）

株式の利益配当として交付される領収書のこと。

ファームバンキング（FB：Firm Banking）

オフィスやお店から専用通信回線を接続したパソコン（FB対応ソフトのインストールが必要）を利用した銀行取引サービスのこと。一般的には、残高照会、口座振込・振替のほか、複数銀行への総合振込、給与振込、外国為替送金などの機能を利用することができる。

普通預金（ふつうよきん）

現金の出し入れが自由な有利息の預金で、キャッシュカードにより引き出し・預け入れができるとともに、ATM機で振込みもできるもの。

不渡り（ふわたり）

☞20.手形・小切手管理

ペイオフ（Pay off）

金融機関が万一破綻したときに預金者を保護するため、金融機関が加入している預金保険機構が、預金者に一定額の保険金を支払う仕組みのこと。預金保険制度により、当座預金や利息の付かない普通預金等（決済用預金）は、全額保護されるが、定期預金や利息の付く普通預金等（一般預金等）は、預金者１人当たり、１金融機関ごとに合算され、元本1,000万円までとその利息等が保護される。それを超える部分は、破綻した金融機関の残余財産の状況に応じて支払われるため、一部支払われない可能性が生じる。

普通為替証書（ふつうかわせしょうしょ）

普通為替による送金の際に発行される証書。受取人はこの証書と引き換えにゆうちょ銀行又は郵便局で現金を受領する。

預金（よきん）

預金とは、金融機関に対する金銭債権のことである。

預金小切手（よきんこぎって）

☞20.手形・小切手管理

預金残高調整表（よきんざんだかちょうせいひょう）

銀行の預金残高と帳簿上の残高（預金台帳上の残高）とは、本来一致するはずであるが、様々な事情から一致しない場合がある。そこで、会社では、一定期日に銀行から当座預金口座の残高証明書を取り寄せ、当座預金勘定との一致を確認する作業を行う。不一致がある場合、その不一致の原因を明らかにし、適切に修正する必要があるが、その際に作成される一覧表が預金残高調整表（銀行勘定調整表）である。不一致の原因は、主に次の４つのケースがある。

1. 銀行側で入金処理済、会社側で入金未処理のケース

（例）得意先からの当座振込があったものの、銀行からの通知が未達のため会社側で未処理のような場合

2. 銀行側で出金処理済、会社側で出金未処理のケース

（例）自動引落等があったものの、銀行からの通知が未達のため会社側で未処理のような場合

3. 会社側で入金処理済、銀行側で入金未処理のケース

（例）時間外預入、未取立小切手（会社が他人振出小切手の取り立てを銀行に依頼し、帳簿上入金処理を行ったが、銀行では取り立てが完了していないため未処理の小切手）　等

4. 会社側で出金処理済、銀行側で出金未処理のケース

（例）未渡小切手（会社が小切手を振り出し、帳簿上出金処理を行ったが、その小切手を取引先にまだ渡していないため、銀行側では未処理の小切手）　等

預金台帳（よきんだいちょう）

預金出納帳ともいう。日々の預金の入出金を記録し、現金残高を明らかにするための帳簿。

預金保険制度（よきんほけんせいど）

金融機関が預金保険料を預金保険機構に支払い、万が一、金融機関が破綻した場合には、預金保険機構が一定額の保険金を支払うことにより預金者を保護する制度のこと。保護される預金等の範囲は次の通り。.

● **預金保険制度**

預金等の種類		保護される預金等の額
決済用預金	当座預金・無利息型普通預金等	全額保護
一般預金等	有利息型普通預金、定期預金、通知預金、貯蓄預金、納税準備預金、定期積金、掛金、元本補てん契約のある金銭信託（ビッグなどの貸付信託を含む）、金融債（保護預り専用商品に限る）等	合算して元本1,000万円までと破綻日までの利息等を保護。
その他	外貨預金、譲渡性預金、金融債（募集債及び保護預り契約が終了したもの）等	保護対象外

20 手形・小切手管理

受取手形（うけとりてがた）

売上などの代金として現金の代わりに受け取る手形のこと。

貸借対照表上は流動資産に区分される。

仕訳例

●商品を1,080円で販売し、代金として手形を受け取った。

（受取手形）	1,080	（売上高）	1,000
		（仮受消費税）	80

●手形期日に1,080円が当座預金に入金された。

（当座預金）	1,080	（受取手形）	1,080

ポイント

●期末日が金融機関の休日に当たっている場合は、次のどちらかの処理を選択適用する。

①期日に決済したものとして処理する。

②実際に決済された日に処理する。

なお、どちらの処理を採用したかについて、注記を要する。

受取手形期日別管理台帳（うけとりてがたきじつべつかんりだいちょう）

受取手形の満期日ごとに並べられた管理表のこと。取立てに漏れがないよう期日別管理をするために役立つ。

受取手形台帳（うけとりてがただいちょう）

手形を受け取ったときに記入する補助簿のこと。

受取手形台帳には次の事項を記載し、手形の管理に役立てる。

- 手形の受取日
- 手形の種類（約束手形か為替手形か）
- 受取った手形の番号
- 支払人
- 振出人又は裏書人
- 振出日
- 満期日
- 手形の支払いが行われる銀行
- 手形の最終的な処理（入金、割引、裏書など）

受取手形の更改（うけとりてがたのこうかい）

手形のジャンプともいう。振出人の資金不足等の理由で、満期日の延長された手形に更改することをいう。

手形の更改を依頼されるということは、その取引先は資金繰りが切迫している可能性が高いため、慎重な判断が必要となる。

裏書（うらがき）

受取手形は満期日に手形債務者から手形代金を受け取るのが建前であるが、満期日前に、その手形の裏面に必要事項を記入、署名捺印し、手形を他人に譲渡することができる。これを手形の裏書という。

仕訳例

●仕入1,080円の代金として手形を裏書きした。

①対照勘定法

(仕　　入)	1,080	(受取手形)	1,080
(手形裏書義務見返)	1,080	(手形裏書義務)	1,080

②評価勘定法

(仕　　入)	1,080	(裏書手形)	1,080

●手形期日に1,080円が決済された。

①対照勘定法

(手形裏書義務)	1,080	(手形裏書義務見返)	1,080

②評価勘定法

(裏書手形)	1,080	(受取手形)	1,080

為替手形（かわせてがた）

発行者（振出人）が、第三者（支払者）に対して、手形所持人に一定の金額を支払うことを委託した手形をいう。　（下図参照）

拒絶証書（きょぜつしょうしょ）

手形や小切手について、支払いが拒絶されたことを証明する公正証書をいう。

銀行取引停止（ぎんこうとりひきていし）

6カ月以内に不渡りを2回出すと、手形交換所加盟銀行との当座取引、貸出取引が2年間できなくなることをいう。

金銭債権（きんせんさいけん）

金銭の給付を目的とする債権のこと。預金、売掛金、受取手形、貸付金等が含まれる。

決済（けっさい）

代金の支払等によって取引を終了すること。

●他人宛為替手形の流れ

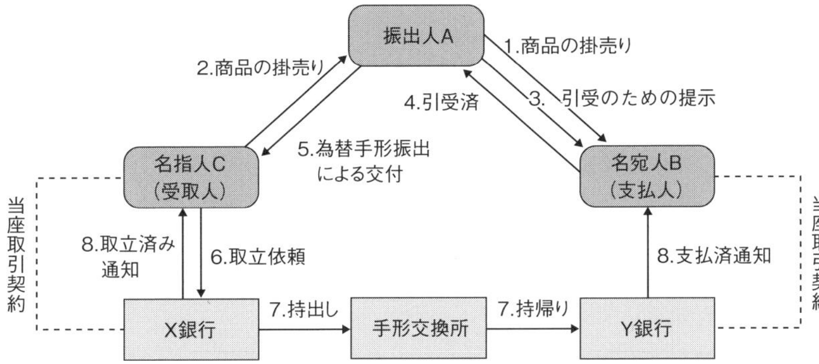

公示催告（こうじさいこく）

裁判所が不特定又は不分明な利害関係人に対して、一定の期間を定め、権利の届け出を促すこと。

小切手（こぎって）

小切手は、小切手法に基づき銀行等の支払場所において、持ち主（又は名宛人）に対し作成者（振出人）の預貯金口座から券面に記載された金額の支払いを約束する証券のこと。広く支払手段として用いられている。

小切手の振出にあたっては、銀行と当座勘定取引契約を締結しなければならず、口座開設には、銀行の審査が必要となる。

小切手の振出しから決済までの流れは次のようになっている。（下図参照）

仕訳例

● 仕入代金1,080円を小切手で支払った。

（仕　入　高）	1,000	（当 座 預 金）	1,080
（仮払消費税）	80		

小切手帳（こぎってちょう）

小切手用紙を綴り合わせた冊子のこと。

小切手の呈示（こぎってのていじ）

小切手を資金化するために、取引銀行へ持込むこと。支払呈示期間は、振出日以後10日以内となっている（末

● **小切手の振出から決済までの流れ**

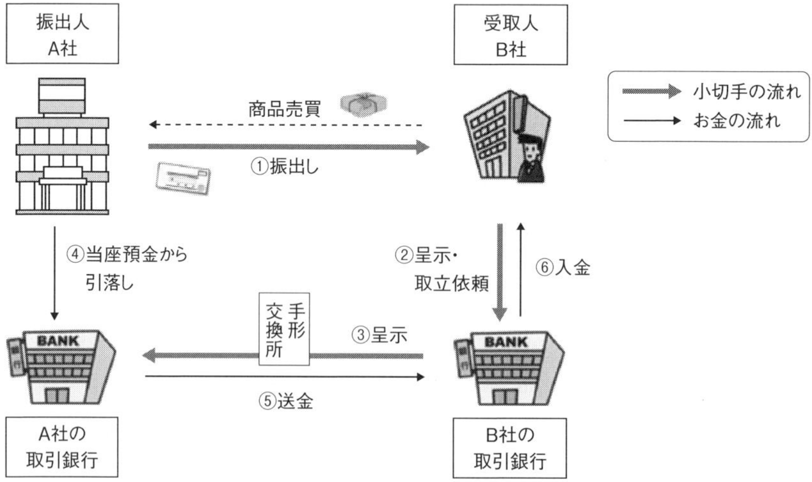

（出所：ジャスネットコミュニケーションズ（株）「経理の実務学校テキスト　現金・預金」より）

日が休日のときは翌営業日)。

小切手要件(こぎってようけん)

用紙に記載されなければ、有効に成立し得ないという必要的記載事項をいう。通常実務では銀行統一小切手用紙を用いる。

債権保全(さいけんほぜん)

債権の回収保全のため取られる措置のこと。

先日付小切手(さきひづけこぎって)

振出日より数日先の日付を記載した小切手のこと。

小切手は通常振出日の日付を記載するが、資金繰りに窮したり、手形の代わりのような形として、先日付の小切手を振り出すことがある。経済実態として手形と同様の性質をもつこととなる。

仕訳例

● 商品販売代金として1,080円を先日付小切手にて受け取った。

(受取手形)	1,080	(売上高)	1,000
		(仮受消費税)	80

自己振出小切手(じこふりだしこぎって)

自社が振り出した小切手をいう。当座預金勘定を用いて処理する。

仕訳例

● 商品販売代金として1,080円を自己振出小切手にて受け取った。

(当座預金)	1,080	(売上高)	1,000
		(仮受消費税)	80

支払手形(しはらいてがた)

仕入などの代金として現金の代わりに手形を振り出すこと。

貸借対照表上は流動負債に区分される。

仕訳例

● 仕入代金1,080円について手形を振り出した。

(仕入高)	1,000	(支払手形)	1,080
(仮払消費税)	80		

● 銀行より手形の取立済み通知が届いた。

(支払手形)	1,080	(当座預金)	1,080

償還請求権(しょうかんせいきゅうけん)

手形や小切手上の権利が消滅等した場合に、その権利を行使できなくなった所持人が、債務を免れた振出人や裏書人などに対し、その利得した限度で弁済請求できる権利のこと。

除権決定(じょけんけってい)

公示催告手続き後、裁判所が申し立てに係る権利の失権を決定すること。

線引き小切手（せんびきこぎって）

小切手の表面に２本の平行線が引かれた小切手をいう。線内に何も書かれていないか、「銀行」又は「BANK」などの文字が記載されている小切手を「一般線引小切手」という。一方、平行線の中に特定の銀行名が記載されている小切手を「特定線引小切手」という。紛失や盗難等を防ぐ目的で用いられる。

他人振出小切手（たにんふりだしこぎって）

他社が振り出した小切手をいう。他人振出小切手は、当座預金勘定ではなく、通貨代用証券として現金勘定を用いて処理する。

仕訳例

●商品販売代金として1,080円を他人振出小切手にて受け取った。

（現　　金）	1,080	（売　上　高）	1,000
		（仮受消費税）	80

●他人振出小切手1,080円を取立依頼に出した。

（当座預金）	1,080	（現　　金）	1,080

担保（たんぽ）

将来発生するかも知れない債務不履行に対して、補填の準備をすること。人的担保と物的担保がある。

チェックライター（check writer）

手形や小切手等の用紙へ印字するための専用の機械のこと。

手形（てがた）

記載された金額を、記載された期日に、記載された場所で支払うことを約束した証書のこと。振出時に資金がなくても手形を振り出すことができる。

手形の振出しから決済までの流れは次のようになっている。（右頁図参照）

手形交換所（てがたこうかんじょ）

個人や企業が振り出した手形や小切手を金融機関同士で相互に決済するための場所のこと。

手形帳（てがたちょう）

☞受取手形台帳（うけとりてがただいちょう）

手形のジャンプ（てがたのジャンプ）

☞受取手形の更改（うけとりてがたのこうかい）

手形要件（てがたようけん）

手形用紙に記載されなければ、手形として有効に成立し得ない必要的記載事項のこと。一部の記載要件の欠けた白地手形は、原則として、その後どのような記載をされても振出人に対抗で

● 手形の振出から決済までの流れ

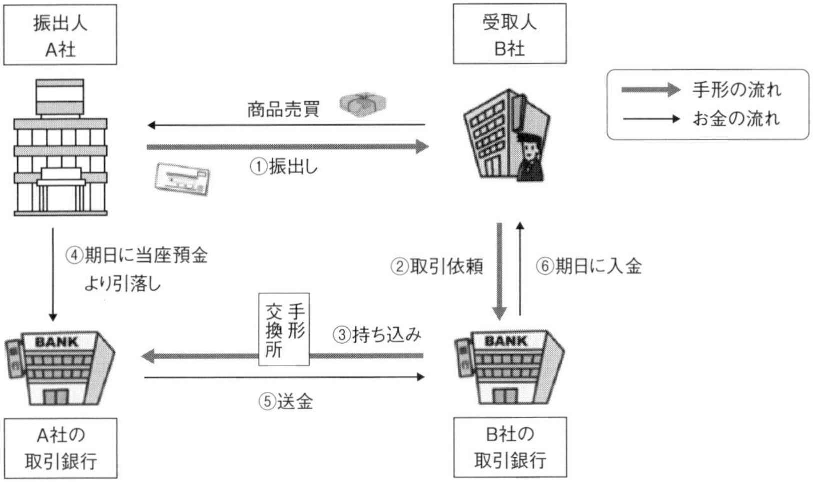

（出所：ジャスネットコミュニケーションズ（株）「経理の実務学校テキスト　現金・預金」より）

きないため、受取った手形が白地の場合は、銀行に持ち込む前に自社で補充する必要がある。しかし後々トラブルになることを避けるために、受取時に記載漏れがないかチェックする必要がある。

手形割引（てがたわりびき）

受取手形は満期日に、手形債務者から手形代金を受け取るのが建前であるが、満期日前に、取引銀行などに買い取ってもらうことをいう。この場合、割引料として利息相当分を手形金額から差し引かれる。

仕訳例

● 受取手形1,000円を銀行で割り引いた。割引料は50円であった。

①対照勘定法

（当座預金）	950	（受取手形）	1,000
（手形売却損）	50		
（手形割引義務見返）	1,000	（手形割引義務）	1,000

②評価勘定法

（当座預金）	950	（割引手形）	1,000
（手形売却損）	50		

● 手形期日に1,000円が決済された。

①対照勘定法

（手形割引義務）	1,000	（手形割引義務見返）	1,000

②評価勘定法

（割引手形）	1,000	（受取手形）	1,000

電子記録債権（でんしきろくさいけん）

電子債権記録機関の記録原簿への電子記録をその発生・譲渡等の要件とする既存の指名債権や手形債権などとは異なる新たな金銭債権のことをいう。

電子記録債権は、平成20年12月1日の電子記録債権法施行により、事業者の資金調達の円滑化等を図るために創設された新しい類型の金銭債権である。

電子記録債権は、既存の手形と同様、その譲渡には善意取得や人的抗弁の切断の効力などの取引の安全を確保するための措置が講じられており、これにより事業者は、企業間取引などで発生した債権の支払いに関して、インターネット（パソコン）やFAXなどで電子記録を行うことで、安全・簡易・迅速にその債権の発生・譲渡等を行うことができる。

ポイント

①会計処理は原則として「受取手形」「支払手形」の場合と同じ。
②表示科目は、重要性が乏しい場合を除いて「電子記録債権」「電子記録債務」という勘定科目を使用する。
③但し、証書貸付や手形貸付等に該当する場合は、現行の会計制度と同様に「貸付金」「借入金」等として表示する（「電子記録債権・債務」勘定は使用しない）。
④譲渡記録により当該電子記録債権を譲渡する際に、保証記録も行っている場合には、受取手形の割引高又は裏書譲渡高と同様に、財務諸表に注記を行う。

電子債権記録機関（でんしさいけんきろくきかん）

電子債権を記録・管理する機関のこと。全銀協が設立した全銀電子債権ネットワーク（でんさいネット）などがある。

統一手形用紙（とういつてがたようし）

金融機関から交付される手形の用紙のこと。全国銀行協会連合会が、規格・様式を定め、各銀行が採用している。

当座勘定取引契約（とうざかんじょうとりひきけいやく）

日常の代金決済などを手形や小切手で行うために、金融機関が手形や小切手の受取人から銀行に呈示された場合には記載金額を支払うという支払委託契約と当座預金契約（金銭消費寄託契約）とが複合された契約をいう。

取立（とりたて）

手形金額を回収すること。

名宛人（なあてにん）

約束手形においては「受取人」、為替手形においては「支払人」を指す。

名指人（なざしにん）

為替手形の「受取人」をいう。

振出（ふりだし）

手形や小切手を発行すること。

振出地（ふりだしち）

手形を振出した地域のこと。振出人の住所となる市町村、特別区を表示する必要がある。

振出人（ふりだしにん）

手形や小切手を発行した者をいう。

不渡り（ふわたり）

不渡りとは、手形・小切手が支払のため呈示されたにもかかわらず、何らかの理由で支払銀行が支払いを拒絶したことをいう。

不渡りの種類は手形交換所規則に基づき次の種類がある。

- 0号不渡り：形式不備・呈示期間経過後・期日未到来など振出人（又は引受人）の信用に関係のないもの
- 1号不渡り：取引なし・支払資金の不足など振出人（又は引受人）の信用に関係するもの
- 2号不渡り：契約不履行・偽造・詐取・盗難・紛失など

通常「不渡り」とは、1号不渡りを指す。1号不渡りを出すと、手形交換所規則に基づく「不渡り処分」を受け、全金融機関に通知される。6ヶ月以内に2度の1号不渡りを出すと「銀行取引停止」の処分を受け、この処分を受けると、金融機関と当座預金取引・貸出取引（融資を受ける事）が2年間出来なくなり、事実上倒産に至る。

手形が不渡りになった時には、手形を振り出した者又は自分より前の裏書人に遡求して支払を求めることができる。但し、裏書人に対する請求は、手形が呈示期間内（支払期日+2銀行営業日）内に銀行へ呈示されていた場合に限られる。

仕訳例

●受取手形1,080円が不渡りとなった。

（不渡手形）	1,080	（受取手形）	1,080

約束手形（やくそくてがた）

振出人が、自ら一定の金額を一定の期日に支払うことを約束する手形をいう。

● 約束手形の流れ

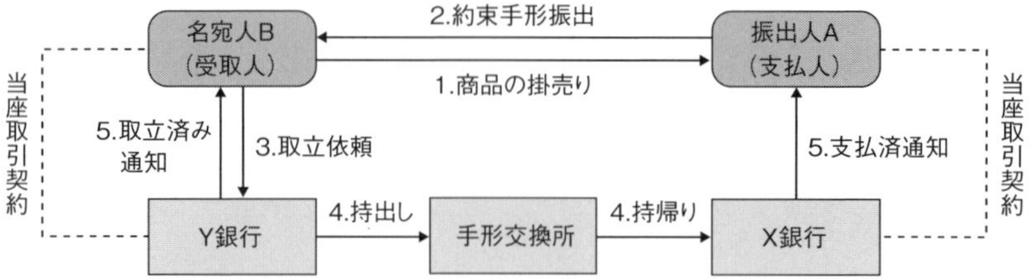

預金小切手（よきんこぎって）

自己宛小切手、預金手形、預手（よて）ともいう。銀行が自分に宛てて振り出した小切手をいう。銀行が振り出しているため、信頼度が高く、現金と同様に扱われる。持ち運びが用意で、お札の枚数を数える手間も省けるため、不動産の残金決済など多額の決済時に使用されることが多い。

留置権（りゅうちけん）

債務の弁済を受けるまで、他人の物を占有している者がその物を留置することができる権利のこと。

21　有価証券管理

アキュムレーション（Accumulation）・アモチゼーション（Amortization）

☞25.社債管理

洗替え方式（あらいがえほうしき）

期末に時価評価をしても翌期首において再び取得価額に戻し、その取得価額を翌期の帳簿価額とする方法。この方法では、有価証券の売却時において売価と比較される有価証券の帳簿価額は、その有価証券の取得価額となる。

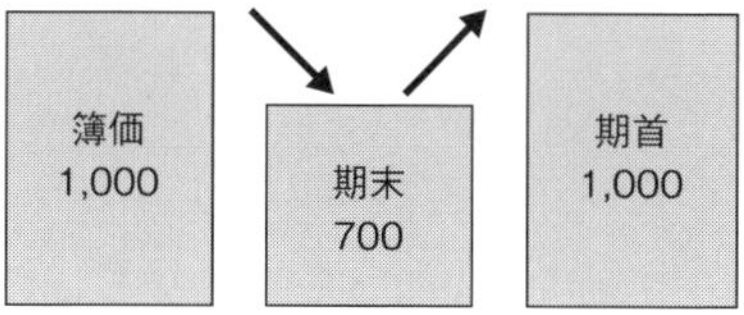

ROE（アールオーイー：Return On Equity）

☞自己資本利益率（じこしほんりえきりつ）

ROA（アールオーエー：Return On Assets）

☞総資産利益率（そうしさんりえきりつ）

安全性（あんぜんせい）

金融商品の選択基準の一つで、投資した金融商品の価値が目減りしたり、期待していた利益が得られなくなったりする可能性がないか、という点に着目した基準のこと。元本保証をしているか、債券・株式等の発行体の経営は健全か、取扱い金融機関の経営は健全か、もしくは破綻に備えた保護の仕組みが設けられているか、などのポイントを確認する必要がある。

移動平均法（いどうへいきんほう）

移動平均法とは、銘柄を同じくする有価証券を取得する都度、次の計算式で平均単価を算出し、一単位当たりの帳簿価額とする方法をいう。

算式

$$\text{移動平均法による一単位当たりの帳簿価額} = \frac{\text{取得する直前の有価証券の帳簿価額} + \text{新たに取得した有価証券の取得価額}}{\text{取得する直前の有価証券の数} + \text{新たに取得した有価証券の数}}$$

移動平均法は、同一銘柄の有価証券を取得する都度、平均単価を計算しなければならないため、売買回数が多い場合には計算が煩雑になるが、譲渡時には一単位当たりの帳簿価額（譲渡原価。売却損益算定のもととなる原価）が計算されているため、譲渡の都度譲渡損益を確定することができる。

EV/EBITDA倍率（イーヴィー・イービットディーエーばいりつ）

EV（Enterprise Value：企業価値）は株式時価総額に純負債を加えたものをいう。

EBITDA（Earnings Before Interest, Taxes, Depreciation & Amortization：利払い前税引き前償却前利益）は企業が年間に創出するキャッシュフロー、即ち本業の収益力を表す。

算式

$$\text{EV/EBITDA倍率（倍）} = \frac{\text{EV（企業価値）}}{\text{EBITDA（金利・税金・償却前利益）}}$$

※EV＝時価総額＋有利子負債
－現預金・短期有価証券
※EBITDA＝税引前当期純利益＋支払利息
＋減価償却費

EV/EBITDA倍率はEVで示される企業価値が、年間のキャッシュフローの何倍になるかを表したものである。割安度を測る1つの指標となり、M&Aの時にも参考とされている。

インカムゲイン（Income Gain）

金融資産を保有することによって得られる収入をいい、利子・配当等がある。これに対し金融資産の値上がり（値下がり）によって得られる収入（損失）をキャピタル・ゲイン（ロス）Capital Gain/Loss）という。

インサイダー取引（インサイダーとりひき）

内部者取引ともいい、有価証券の発行会社の役職員等会社関係者や、それらの者から当該会社に関する重要事実の情報を容易に入手できる立場にある者が、その立場を利用して入手した情報を利用してその公表前に当該会社が発行する有価証券に係る取引をいい、金融商品取引法は公正な価格形成を妨げる取引として禁止している。

インタレスト・カバレッジ・レシオ（Interest Coverage Ratio）

会社の借入金等の利息の支払能力を測るための指標。年間の事業利益が、金融費用の何倍であるかを示す。

算式

$$\text{インタレスト・カバレッジ・レシオ（倍）} = \frac{\text{事業利益}}{\text{金融費用}}$$

※事業利益＝営業利益＋受取利息・配当金
＋有価証券利息
※金融費用＝支払利息・割引料＋社債利息

企業の安全性即ち財務体質の健全性を評価する財務指標で、一般的に、倍率が高いほど金利負担の支払能力が高く財務的に余裕があるとされる。

インフレリスク（Inflation Risk）

物価の上昇により貨幣価値が下落するリスク。現金や定期預金、債券などはインフレリスクに弱い商品である。

売上高営業利益率（うりあげだかえいぎょうりえきりつ）

売上高のうち営業利益の占める割合をいう。営業利益とは、損益計算書上、売上総利益（粗利益）から販売費及び一般管理費（販管費）を差し引いた後の利益のことをいう。

算式

$$\text{売上高営業利益率（\%）} = \frac{\text{営業利益}}{\text{売上高}} \times 100$$

企業の通常の事業活動から稼ぎ出す利益についての収益性を判断する指標であり、この値が高いほど収益率が高いことを意味する。

外国税額控除（がいこくぜいがくこうじょ）

内国法人の各事業年度の所得の金額のうちにその源泉が国外にある所得（国外所得金額）があり、これについてその所得の発生した国で外国法人税を課されている場合には、国際的な二重課税（日本の法人税と外国法人税）を排除する趣旨から、一定の範囲において、一定の外国法人税を法人税額から控除することができる。この制度を法人税法上、外国税額控除とよんでいる。なお、地方税（法人住民税）にも、同様の趣旨の制度（外国の法人税等の控除）がある。

価格変動リスク（かかくへんどうリスク）

金融商品の価格が、それを売買している市場において需給関係などから変動し、時価が購入時の価格に比べて安くなり、売却すると損失が出るリスク（逆に時価が高くなり売却益が出ることもある）をいう。株式投資などが代表例である。

株価収益率（かぶかしゅうえきりつ）

株価が1株当たりの利益の何倍で買われているかなど、株式が割安か割高かを判断する際に用いられる指標である。

算式

$$\text{株価収益率（PER）（倍）} = \frac{\text{株価}}{\text{1株当たり当期純利益（EPS）}}$$

※EPS＝当期純利益÷発行済株式総数

株価収益率が高いほど利益に比べ株価が割高であり、逆に、低い場合は相対的に株価が低下していると判断される。PER（Price Earnings Ratio）ともいう。

株価純資産倍率（かぶかじゅんしさんばいりつ）

投資先企業について市場が評価した値段（時価総額）が、会計上の解散価値である純資産（株主資本）の何倍であるかを表す指標であり、株価を1株当たり純資産（BPS：Book-value Per Share）で割ることで算出できる。PBR（Price Book-value Ratio）ともいう。

算式

$$\text{PBR（倍）} = \frac{\text{株価}}{\text{1株当たり純資産（BPS）}}$$

※BPS＝（資産－負債）÷発行済株式総数

この指標が1倍ということは、その企業の株価が資産価値（解散価値）と同水準であることを意味し、この指標が低ければ低いほど株価が割安であるといえる。

株式利回り（かぶしきりまわり）

配当利回りとも呼ばれ、購入した株価に対し、1年間でどれだけの配当を受けることができるかを示す指標。なお、投資の際には、年間配当金の予想値で計算し、判断材料とする。

算式

$$\text{株式利回り（\%）} = \frac{\text{1株当たり配当年額}}{\text{株価}} \times 100$$

為替変動リスク（かわせへんどうリスク）

価格変動リスクの一種で、外国為替相場の変動に起因する価格変動リスクを意味する。外貨預金や外貨建債権投資がその代表例である。

カントリーリスク（Country Risk）

海外投融資の際、個別事業・取引の相手方がもつリスクとは別に、投融資先の国・地域の政治・社会・経済等の環境変化（例：内乱、暴動、クーデター、急激なインフレ等）に起因して、当初見込んでいた収益を損なう、又は予期せず損失が発生するリスクのことをいう。

関連会社株式（かんれんがいしゃかぶしき）

関連会社（☞10.連結決算管理）の株式。

関連会社株式は、一種の事業投資であり、時価の変動を財務活動の成果とは考えないという考え方に基づくため、取得原価をもって貸借対照表価額とする。

企業支配株式等（きぎょうしはいかぶしきとう）

法人税法上、法人の特殊関係株主等（株主・役員・その親族等）がその法人の発行済株式総数等の20%以上の株式等を有する場合におけるその特殊関係株主等の有する株式等をいう。

税務上、企業支配株式等の期末評価方法は原価法である。

偽計取引（ぎけいとりひき）

他人を欺くような詐欺的な行為のことをいう。金融商品取引法は、有価証券取引や相場の変動を図る目的で、偽計取引を行うことを禁止している。自らが支配するファンドが引き受ける新株を高値で売却するため、上場会社に、自らが支配するファンドを引受先として第三者割当増資を行わせるとともに、当該増資により払い込まれた株式払込金を直ちに社外に流出させたにもかかわらず、当該上場会社に資本増強が図られたとの虚偽の公表を行わせ、株価を維持上昇させた上で、取得した株式を売却して利益を得た事例などがある。

切放し方式（きりはなしほうしき）

前期末に計上した有価証券の評価差額について、その翌期の期首に振り戻し仕訳を行わない（＝切り放す）方法。この方法では、有価証券の売却時において売価と比較される有価証券の帳簿価額は、前期末の時価となる。

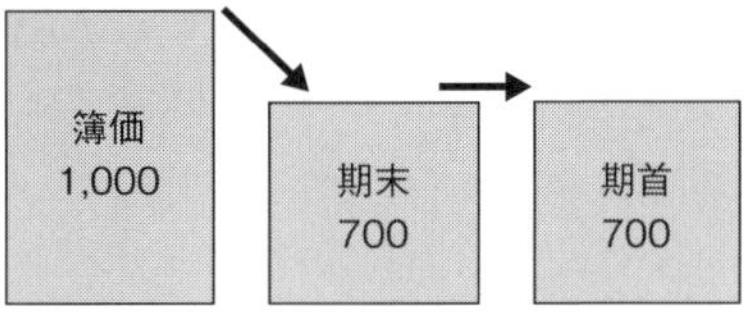

金融資産の消滅の認識（きんゆうしさんのしょうめつのにんしき）

金融資産を売却などにより、貸借対照表から除くこと。

金融資産の発生の認識（きんゆうしさんのはっせいのにんしき）

金融資産を購入などにより、貸借対照表に計上すること。

金利変動リスク（きんりへんどうリスク）

金利の変動により、資産価値が変動するリスクをいう。たとえば、債券投資においては、固定金利商品の場合、市場金利が上昇することで、相対的にその商品が生み出すキャッシュフローへの魅力が下がり、債券価格が低下することとなる。逆に、市場金利が低下することで、債券価格が上昇する。

クロス取引（クロスとりひき）

同数量の同一銘柄について売り注文

と買い注文を同時に出して成立させる取引。かつて決算対策のための益出しの手法としてクロス取引が用いられたことがあったが、金融資産の消滅の要件を満たさないことから、現在では益出し手法として行われることはない。

権利確定日基準（けんりかくていびきじゅん）

権利確定日に配当金の収益を認識する基準。

子会社株式（こがいしゃかぶしき）

子会社（☞10.連結決算管理）の株式。

子会社株式は、一種の事業投資であり、時価の変動を財務活動の成果とは考えないという考え方に基づくため、取得原価をもって貸借対照表価額とする。

財務構成要素アプローチ（ざいむこうせいようそアプローチ）

金融資産の消滅の認識（貸借対照表から除外すること）についてのアプローチの一つ。金融資産は一体をみるのではなく、財務構成要素がいくつも存在し、その一部に対する支配が他に移転した場合に、その移転した財務構成要素部分の消滅を認識し、残りの財務構成要素は引き続き存続を認識するという方法。

たとえば、貸付金は、元利金の回収という経済的価値（将来のキャッシュフローの流入）と貸付金を回収するためのコスト、貸倒れのリスクなどの財務構成要素に分解できるが、本アプローチではそれぞれの構成要素に対する支配が他に移転した場合に、その移転した構成要素だけを貸借対照表から除いていく処理方法である。

時価（じか）

時価とは、公正な評価額をいい、市場において形成されている取引価格、気配又は指標その他の相場（市場価格）に基づく価額のことをいう。市場価格がない場合には、経営者の合理的な見積りに基づく合理的に算定された価額を公正な評価額とされている。具体的には次のような価額が使用されている。（右頁表参照）

資金運用（しきんうんよう）

資産運用ともいう。企業等が保有する資産を預貯金や株式等の金融商品等に投資し、資産を増やしていくことをいう。

自己株式（じこかぶしき）

株式会社が自社の発行した株式を自ら取得し、保有している場合のその株

● 時価

種　類	市場価格に基づく価額	合理的に算定された価額
1. 株　式		
(1) 上場株式	取引所の終値（原則）・気配値	なし
(2) 店頭登録株式	業界団体が公表する基準価格	なし
(3) 非公開株式	ブローカーの店頭・システム上の売買価格または店頭気配値	なし
2. 債　券		
(1) 上場債券	取引所の終値（原則）・気配値または店頭気配値	なし
(2) 非上場債券	次のいずれか ①業界団体が公表する売買参考統計値 ②ブローカーまたはシステム上の売買価格または店頭気配値	次のいずれか ①比準方式等により算定した価格 ②ブローカーから入手する評価価格 ③情報ベンダーから入手する評価価格
3. 投資信託	会社型投資信託： 取引所の終値もしくは気配値 契約型投資信託： 業界団体が公表する基準価格	次のいずれか ①投資信託委託会社が公表する基準価格 ②ブローカーから入手する評価価格 ③情報ベンダーから入手する評価価格

式をいう。金庫株ともいう。自己株式の取得は、株主に対する会社財産の払い戻しの性格を有していると考えられるため、取得原価で純資産の部の株主資本から控除する。かつては、一度払い込まれた資本は維持されなければならないという資本充実維持の原則等により、自己株式の取得は一部を除き原則禁止されていた。

しかし、2001年の商法改正で自己株式の取得および保有規制が見直され、2006年5月に施行された会社法では、自己株式の取得手続きが大幅に緩和された。

自己資本比率（じこしほんひりつ）

総資産（総資本）のうち、自己資本（株主資本）の占める割合をいう。

算式

$$\text{自己資本比率（\%）} = \frac{\text{自己資本}}{\text{総資産}} \times 100$$

一般に自己資本比率が高いほど他人資本（負債）が少ないことになり、財務基盤が強く、安全性が高いと判断される。

なお、国際的な活動を行う銀行などの金融機関は、BIS規制に基づく自己資本比率規制に服しており、一定の方法により算出されたリスクの量に対する一定の方法により算出された自己資本の割合として8%を維持することが条件とされる。

自己資本利益率（じこしほんりえきりつ）

自己資本に対する当期純利益の比率で、株主の持分である自己資本に対してどれだけのリターン（当期純利益）が生み出されているか、収益性を示す指標。ROE（Return on Equity）ともいう。

算式

$$ROE(\%) = \frac{当期純利益}{自己資本} \times 100$$

また自己資本利益率は、売上高当期純利益率、総資産回転率、財務レバレッジの積として表される。よって、これらの指標を向上させることで、自己資本利益率の向上を図ることができる。これは米国の化学会社デュポンが経営分析に使用していたことから、デュポン・システムと呼ばれている。
（下図参照）

市場阻害行為の規制（しじょうそがいこういのきせい）

不公正取引の規制ともいい、金融商品取引法では、資本市場の機能が阻害されるのを防止するために、何人も、有価証券の売買その他の取引又はデリバティブ取引等について、不正の手段、計画又は技巧をしてはならないとして規制している。これにより、風説の流布・偽計取引、相場操縦、インサイダー取引（内部者取引）などが禁止されている。

収益性（しゅうえきせい）

金融商品の選択基準の一つで、収益性とは、その金融商品で運用することによって期待される利益が多いか少な

● 自己資本利益率の分解

$$\underset{\substack{\text{ROE} \\ (自己資本\\利益率)}}{} = \frac{\text{Profit（利益）}}{\text{Equity（自己資本）}} = \underbrace{\frac{\text{Profit（利益）}}{\text{Sales（売上高）}}}_{\text{売上高当期純利益率}} \times \underbrace{\frac{\text{Sales（売上高）}}{\text{Assets（総資産）}}}_{\text{総資産回転率}} \times \underbrace{\frac{\text{Assets（総資産）}}{\text{Equity（自己資本）}}}_{\text{財務レバレッジ}}$$

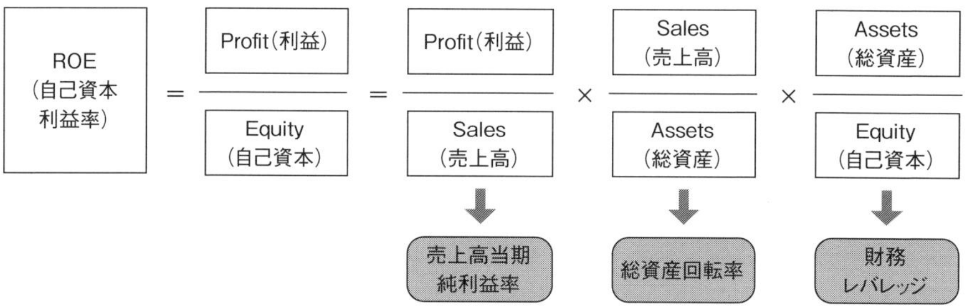

いか、という点に着目した基準のこと。

修正受渡日基準（しゅうせいうけわたしびきじゅん）

有価証券の売買の認識にあたって、買手は約定日から受渡日までの時価の変動差額のみを、売手は売却損益のみを約定日に認識する基準をいう。これに対して、約定日基準がある。

償還有価証券（しょうかんゆうかしょうけん）

法人税法上、償還期限の定めのある有価証券のうち、その償還期限まで保有する目的で取得し、かつ、取得の日において「満期保有目的債券」等の勘定科目で区分して帳簿書類の記載に明らかにした有価証券のことで、売買目的外有価証券を構成する。

税務上、償還有価証券は、期末に償却原価法で評価を行う。

償却原価法（しょうきゃくげんかほう）

☞25.社債管理

所得税額控除（しょとくぜいがくこうじょ）

法人が受ける利子・配当等について所得税法の規定により一定の所得税額が源泉徴収されるが、所得税と法人税の二重課税を排除するために、その元本を保有していた期間に対応する部分につき、法人税額から控除され、控除しきれない金額があるときは、還付される。この制度を法人税法上、所得税額控除とよんでいる。なお、地方税（法人住民税）にも、同様の趣旨の制度（利子割額の控除）がある。

信用リスク（しんようリスク）

預金を預けている金融機関、債券・株式などの発行体である企業等の経営状態が悪化ないし破綻して、これらの発行体の金融商品（預金、債券、株式等）の価値が下がり、最悪の場合、無価値になってしまうリスクをいう。

専担者売買有価証券（せんたんしゃばいばいゆうかしょうけん）

法人税法上、短期売買目的で行う取引に専ら従事する者（専担者）が、短期売買目的で取得した有価証券のことで、売買目的有価証券を構成する。特定の取引勘定を設けて有価証券の売買を行い、かつ、トレーディング業務を日常的に遂行し得る人材から構成された独立の専門部署等により運用されている有価証券を指す。

全部純資産直入法（ぜんぶじゅんしさんちょくにゅうほう）

「その他有価証券」の評価差額の処理方法の一つで、評価差額（評価差益及び評価差損）の合計額を損益には影響させず、直接純資産の部に計上する方法をいう。

仕訳例

● 当社は「その他有価証券」に分類されるA株式及びB株式を保有している。X1年3月末日決算において全部純資産直入法で評価差額を処理した。なお、実効税率は33％としている。

	保有株数	X0年4月1日（取得時）	X1年3月末日（決算日）	差損益
A株式	1,000株	1,500円	2,000円	＋500円
B株式	1,000株	1,000円	900円	△100円
合計	2,000株	2,500円	2,900円	＋400円

(投資有価証券) 400,000(＊1)　(その他有価証券評価差額金) 268,000(＊2)
　　　　　　　　　　　　　　　(繰延税金負債) 132,000(＊3)

（＊1）A株式及びB株式の評価差額
（＊2）貸借対照表の純資産の部
（＊3）400,000円×33％＝132,000円

総資産利益率（そうしさんりえきりつ）

総資産に対する当期純利益の比率で、企業が全ての資産を利用して、どれだけの利益を上げているのかを示す総合的な収益性の財務指標である。ROA（Return on Assets）ともいう。

算式

$$\text{ROA}(\%) = \frac{\text{当期純利益}}{\text{総資産}} \times 100$$

また、総資産利益率は、下記のとおり、売上高当期純利益率と総資産回転率の積でも表され、これらの指標を向上させることで、総資産利益率の向上を図ることができる。　（下図参照）

相場操縦（そうばそうじゅう）

市場における価格形成を人為的に歪曲する行為を指し、金融商品取引法で禁止されている。たとえば、売買を成立させるつもりがないのに、ある特定の株式などに対する大量の売買注文の

● 総資産利益率の分解

$$\frac{\text{ROA}}{\text{(総資産利益率)}} = \frac{\text{Profit（利益）}}{\text{Assets（総資産）}} = \frac{\text{Profit（利益）}}{\text{Sales（売上高）}} \times \frac{\text{Sales（売上高）}}{\text{Assets（総資産）}}$$

↓売上高当期純利益率　↓総資産回転率

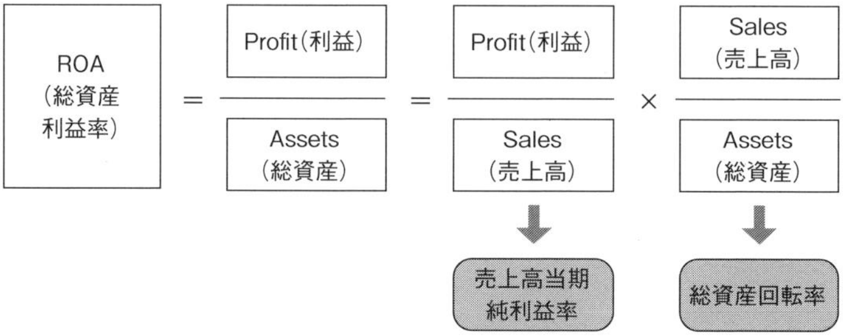

発注・取消・訂正を頻繁に繰り返して、あたかもその株式を活発なように見せかけて、他の投資家からの取引を誘い込もうとする取引（見せ玉）、ある特定の株式などの売買の状況に関して他人を誤解させる目的で、知り合い同士の売主と買主が示し合わせて、同じ時期に同じ価格で売りと買いの注文を出す取引（馴合売買）などがある。

総平均法（そうへいきんほう）

銘柄を同じくする有価証券について、次の算式で平均単価を算出し、一単位当たりの帳簿価額とする方法をいう。

算式

$$\text{総平均法による一単位当たりの帳簿価額} = \frac{\text{期首における有価証券の帳簿価額} + \text{期中に取得した有価証券の取得価額}}{\text{期首における有価証券の数} + \text{期中に取得した有価証券の数}}$$

総平均法は、平均単価の計算は期末に一度だけ行えばよいため計算は簡単であるが、期末にならないと譲渡原価（売却損益算定のもととなる原価）が確定しないため、譲渡時には正確な譲渡損益の計算ができないというデメリットがある。

その他有価証券（そのたゆうかしょうけん）

会計上、売買目的有価証券、満期保有目的有価証券及び子会社株式及び関連会社株式以外の有価証券をここに区分する。いわゆる持ち合い株式はここに含まれる。

会計上、その他有価証券は時価法で期末評価する。評価差額の処理として、全部純資産直入法、部分純資産直入法がある。

大量保有報告書（たいりょうほゆうほうこくしょ）

金融商品取引法により、上場会社の株券等を５％を超えて保有した場合に大量保有開示制度に基づいて内閣総理大臣（金融庁）に提出が義務付けられる法定書類のこと。

短期売買有価証券（たんきばいばいゆうかしょうけん）

法人税法上、その取得の日において短期売買目的で取得したものとして「売買目的有価証券」等の科目で区分して帳簿書類の記載に明らかにした有価証券のことで、売買目的有価証券を構成する。

定額法（ていがくほう）

☞25.社債管理

テクニカル分析（テクニカルぶんせき）

投資銘柄を選定するにあたっての分析手法の一つ。テクニカル分析は、相場の値動きを時系列で記録したチャートをもとに分析を行い、売買のタイミングを判断する分析手法をいう。

投資損失引当金（とうしそんしつひきあてきん）

子会社株式等の実質価額が著しく低下している状況には至っていないものの、実質価額がある程度低下している場合や、子会社株式等の実質価額が著しく低下しているが回復可能性が見込まれるために減損処理を行わなかった場合において、健全性の観点から計上される引当金をいう。

投資有価証券（とうしゆうかしょうけん）

有価証券のうち、1年を超えて満期の到来する満期保有目的の債券、その他有価証券投資および市場価格のない有価証券を計上する科目。「投資その他の資産」の部に表示される。

投資有価証券売却益（損）（とうしゆうかしょうけんばいきゃくえき（そん））

投資有価証券を売却した場合に生じる利益又は損失。貸借対照表上、「投資有価証券」に区分表示された有価証券を売却した場合に使用する科目である。

売却損益は、投資有価証券の売却のために要した手数料等の譲渡費用を売却収入から控除して計算する。

仕訳例

● 帳簿価額1,000千円の投資有価証券を売却価額3,000千円で譲渡した。この売却にあたって、証券会社に手数料を100千円支払った。

（預　　金）	2,900,000	（投資有価証券）	1,000,000
		（投資有価証券売却益）	1,900,000

内部者取引（ないぶしゃとりひき）

☞インサイダー取引（インサイダーとりひき）

配当落ち日（はいとうおちび）

「権利落ち日」ともいい、株主としての権利を得るための権利付最終売買日（権利確定日の3営業日前）の翌営業日のこと。配当落ち日は、配当金相当額分の価値が実質的に目減りするので、株価が下落する傾向にある。

配当落ち日基準（はいとうおちびきじゅん）

「配当落ち日」に公表予想配当額に基づき配当金の収益を認識する基準のこと。

配当利回り（はいとうりまわり）

☞株式利回り（かぶしきりまわり）

売買目的有価証券（ばいばいもくてきゆうかしょうけん）

会計上、時価の変動により利益を得ることを目的として保有する有価証券をいい、いわゆるトレーディング目的の有価証券のことをいう。ここへの分類にあたっては、有価証券の売買を業としていることが定款上明らかであり、かつ、トレーディング業務を日常的に遂行し得る人材から構成された独立の専門部署によって保管・運用されていることが望ましいとされている。しかし、これらの要件を満たさなくても、有価証券の売買を頻繁に繰り返している場合は、ここに区分する。会計上、売買目的有価証券の評価方法は時価法であり、評価差額は当期の損益として認識する。

法人税法上、短期的な価格の変動を利用して利益を得る目的で取得した有価証券（企業支配株式等を除く）で、具体的には専担者売買有価証券、短期売買有価証券、一定の信託財産に属する有価証券等を指す。法人税法上の売買目的有価証券の評価方法も時価法による。

売買目的外有価証券（ばいばいもくてきがいゆうかしょうけん）

法人税法上、売買目的有価証券以外の有価証券をいう。法人税法上の売買目的外有価証券の評価方法は原価法による。

PER（ピーイーアール：Price Earnings Ratio）

☞株価収益率（かぶかしゅうえきりつ）

PBR（ピービーアール：Price Book-value Ratio）

☞株価純資産倍率（かぶかじゅんしさんばいりつ）

ファンダメンタル分析（ファンダメンタルぶんせき）

投資銘柄を選定するにあたっての分析手法の一つ。ファンダメンタルズ分析とは、相場の需給や需給要因に影響を与える変動要因に焦点を当て、相場の将来を予測する分析手法をいう。

風説の流布（ふうせつのるふ）

合理的な根拠のない噂を流すこと。金融商品取引法は、有価証券取引や相場の変動を図る目的で風説の流布を禁止している。たとえば、自ら保有する銘柄の株式を高値で売却するため、インターネット上の電子掲示板などに虚偽の情報を掲載して不特定多数の者が閲覧できる状態に置き、それを見た投資家が同株式を買い付けることにより株価が上昇したところで、同株式を売却して不当な利益を得た事例などがある。

不公正取引の規制（ふこうせいとりひきのきせい）

☞市場阻害行為の規制（しじょうそがいこういのきせい）

部分純資産直入法（ぶぶんじゅんしさんちょくにゅうほう）

「その他有価証券」の評価差額の処理方法の一つで、時価が取得原価を上回る銘柄に係る評価差額（評価差益）は損益には影響させず、直接純資産の部に計上し、時価が取得原価を下回る銘柄に係る評価差額（評価差損）は当期の損失として処理する方法をいう。

仕訳例

● 当社は「その他有価証券」に分類されるA株式及びB株式を保有している。X1年3月末日決算において部分純資産直入法で評価差額を処理した。なお、実効税率は33%としている。

	保有株数	X0年4月1日（取得時）	X1年3月31日	差損益
A株式	1,000株	1,500円	2,000円	＋500円
B株式	1,000株	1,000円	900円	△100円
合計	2,000株	2,500円	2,900円	＋400円

（投資有価証券）	500,000（＊1）	（その他有価証券評価差額金）	335,000（＊2）
		（繰延税金負債）	165,000（＊3）
（投資有価証券評価損）	100,000（＊4）	（投資有価証券）	100,000（＊5）

（＊1）A株式の評価差益
（＊2）貸借対照表の純資産の部
（＊3）500,000円×33%＝165,000円
（＊4）B株式の評価差損。損益計算書に計上。

保護預かり（ほごあずかり）

購入した有価証券の本券を、銀行や証券会社などに預けておくこと。また、国内株式や債券などで電子化されているものは、証券会社が保護預かりしているのではなく、証券保管振替機構が管理している形となる。

満期保有目的有価証券（まんきほゆうもくてきゆうかしょうけん）

会計上、満期まで所有する意図をもって保有する社債その他の債券のことをいう。この区分にあっては、①予め償還日が定められており、額面金額による償還が予定されており、かつ②経営者に満期まで保有する積極的な意思があり、満期まで保有が可能であること、という要件を充足する必要があ

る。満期保有目的有価証券は償却原価法に基づく評価を行う。

満期保有目的等有価証券（まんきほゆうもくてきとうゆうかしょうけん）

法人税法上、償還有価証券及び企業支配株式等を指す。

約定日基準（やくじょうびきじゅん）

有価証券等金融資産の売買認識に関する原則的方法で、売買約定日に買い手は金融資産の発生を認識（貸借対照表への計上）し、売り手は有価証券の消滅を認識（貸借対照表からの除去）する。これに対して、「修正受渡日基準」がある。

有価証券（ゆうかしょうけん）

企業会計上の有価証券は、原則として金融商品取引法2条に定める有価証券を指すが、株式、社債、国債、投資信託などが代表的である。なお、金融商品取引法に定める有価証券には該当しないが、有価証券に準じて処理されるものに、国内CD（譲渡性預金、☞19.現預金出納管理）などがある。一方、金融商品取引法に定める有価証券ではあっても企業会計上の有価証券には該当しないものとして、信託受益権（☞29.資産流動化業務）などがある。

（次頁ポイント参照）

有価証券台帳（ゆうかしょうけんだいちょう）

有価証券の増加・減少・利払いの事実と内容を、発生の都度、売買計算書等の記録に基づいて、記録する有価証券の管理台帳のこと。具体的には、銘柄、数量・単価、額面金額、取得価額、取得年月日、利払日、利率、満期日、売却（償還）金額、売却（償還）差額、計上科目、保有目的等を記録する。

有価証券の減損処理（ゆうかしょうけんのげんそんしょり）

売買目的有価証券は時価評価をして評価差額が損益計算書に反映されるが、満期保有目的債券は償却原価法で、子会社・関連会社株式は原価法で評価されるため、時価が反映されない。また、その他の有価証券は期末に時価評価をするものの、その評価差額は貸借対照表の純資産の部に直接計上されることとなる（注）。

これら時価評価されない有価証券であっても、回復可能性の認められない時価又は実質価額の下落があった場合には、経済的な実態を財務諸表に反映する必要がある。そこで、この場合には評価差額を当期の損失として損益計算書に計上するとともに、時価又は実質価額をもって貸借対照表に計上す

ポイント

<table>
<tr><td>表示科目</td><td>有価証券も流動資産（有価証券）又は固定資産（投資有価証券、関係会社株式）に分類されるが、保有目的の相違により下記の表示科目となる。

●有価証券の保有区分と表示科目
<table><tr><th colspan="2">保有目的区分</th><th>表示科目</th></tr><tr><td colspan="2">1. 売買目的有価証券</td><td>有価証券</td></tr><tr><td rowspan="2">2. 満期保有目的債券</td><td>満期まで１年以内</td><td>有価証券</td></tr><tr><td>満期まで１年超</td><td>投資有価証券</td></tr><tr><td colspan="2">3. 子会社株式及び関連会社株式</td><td>関係会社株式</td></tr><tr><td rowspan="2">4. その他有価証券</td><td>満期まで１年以内の債券</td><td>有価証券</td></tr><tr><td>上記以外</td><td>投資有価証券</td></tr></table></td></tr>
<tr><td>会計上の分類と評価方法</td><td>金融商品会計基準では、下記の保有目的に応じた分類、評価方法を求めている。

●会計上の有価証券の区分と評価方法
<table><tr><th>保有目的</th><th>評価方法</th><th>評価差額の処理</th></tr><tr><td>1. 売買目的有価証券</td><td>時価評価</td><td>当期の損益として処理</td></tr><tr><td>2. 満期保有目的債券</td><td>償却原価法に基づく評価</td><td>—</td></tr><tr><td>3. 子会社株式及び関連会社株式</td><td>原価評価</td><td>—</td></tr><tr><td>4. その他有価証券</td><td>時価評価（償却原価法の適用あり）</td><td>①全部純資産直入法：税効果を考慮後、純資産の部に計上（注）
②部分純資産直入法：評価損を当期の損失とし、評価益は①と同様純資産の部に計上</td></tr></table>（注）連結財務諸表上は、包括利益計算書に計上されることになる。</td></tr>
<tr><td>税務上の分類と評価方法</td><td>法人税法上は下記の通りの分類及び評価方法となっている。

●税務上の有価証券の区分と評価方法
<table><tr><th colspan="3">区分</th><th>評価方法</th></tr><tr><td colspan="3">1. 売買目的有価証券</td><td>時価法</td></tr><tr><td rowspan="3">2. 売買目的外有価証券</td><td rowspan="2">満期保有目的等有価証券</td><td>企業支配株式等</td><td>原価法</td></tr><tr><td>償還有価証券</td><td>償却原価法</td></tr><tr><td colspan="2">その他有価証券</td><td>原価法</td></tr></table></td></tr>
</table>

る。このような会計処理を有価証券の減損処理と呼んでいる。

（注）全部純資産直入法の場合。部分純資産直入法の場合は、時価が取得原価を下回る銘柄に係る評価差額（評価差損）は当期の損失として処理する。

仕訳例

● 当社が保有する関係会社A社株式200千円がX1年度末において時価が著しく下落（50千円）し、かつ、取得原価まで回復する見込みはないと判断し、減損処理を行うこととした。なお、当該減損処理は税務上損金算入されるものとする。

（有価証券評価損益）150,000　（関係会社株式）150,000

権利確定日（けんりかくていび）

権利確定日とは、配当等株主としての権利を得るための確定日のこと。具体的には株式の発行会社の株主総会、取締役会等の配当決議の効力が発生した日を指す。

有利子負債比率（ゆうりしふさいひりつ）

自己資本に占める利払いや返済が必要な有利子負債の比率をいう。財務の健全性や安全性を示す指標の一つである。

算式

$$\text{有利子負債比率（\%）} = \frac{\text{有利子負債}}{\text{自己資本}} \times 100$$

この比率が高いほど、財務面で借入金等の負債に依存していることを意味するため、低いほうが安全性が高い。

リスク・経済価値アプローチ（リスク・けいざいかちアプローチ）

金融資産の消滅の認識についてのアプローチの一つ。金融資産を一体として、そのリスクと経済価値のほとんどすべてが第三者に移転した場合に当該金融資産の消滅を認識する方法。

利息法（りそくほう）

☞25. 社債管理

流動性（りゅうどうせい）

金融商品の選択基準の一つで、流動性とは、必要なときにどのくらい自由に現金に換えることができるか、という点に着目した基準のこと。満期や据置期間があるか、ある場合どれくらいの期間か、中途解約ができるか、換金手続きはスムーズか、などのポイントを確認する必要がある。

流動性リスク（りゅうどうせいリスク）

資金が必要なとき、保有する金融商品が換金又は売却できない、もしくは換金したとしても金額が安くなってしまうリスクをいう。

22 債務保証管理

求償権（きゅうしょうけん）

債務保証や連帯保証などで債務者の債務を弁済した者（連帯債務者や保証人など）が、その債務者に対して持つ返還請求のできる権利をいう。

仕訳例

- 当社が債務保証を行っている取引先T社の財政状態が悪化し、10,000千円債務保証の履行を行った。

(長期未収入金)	10,000,000 (※)	(普通預金)	10,000,000
(保証債務)	10,000,000	(保証債務見返)	10,000,000

（※）保証債務は、この段階で消滅し、代わって、T社への求償権が生じる。

偶発債務（ぐうはつさいむ）

現実にはまだ発生していないが、将来一定の条件が成立した場合に発生する債務の総称。手形を裏書譲渡した場合や債務の保証人になった場合など偶発的に発生し、その負債額を正確に予測できない点に特徴がある。偶発債務がある場合には、原則としてその内容及び金額を注記しなければならない。偶発債務は、引当金として計上することも考えられるが、発生の可能性の低い偶発事象に係る費用又は損失については、引当金を計上することはできない。

経営指導念書（けいえいしどうねんしょ）

子会社等が金融機関等から借入を行う際に、親会社等としての監督責任を認め、子会社等の経営指導などを行うことを約して金融機関等に差し入れる文書をいう。会計処理上は、記載内容に基づく法的効力が保証契約又は保証予約契約と同様と認められる経営指導念書等の差入れについては、債務保証又は保証予約の取扱いに準ずるものとされている。また、これ以外の経営指導念書等の差入れに関しても、実質的に、債務保証義務又は損害担保義務を負っていると認められるもの又は保証予約と同様であると認められるものについては、債務保証に準ずるものとして注記の対象に含めることとされている。

経営者保証（けいえいしゃほしょう）

中小企業・小規模事業者等が融資を受ける際に慣行のように行われている経営者による個人保証のこと。経営者保証は、資金調達の円滑化に寄与する面がある一方、経営者による思い切った事業展開や、保証後において経営が窮境に陥った場合における早期の事業再生を阻害する要因となっているなどデメリットも多い。そこで、現在民法（債権関係）の改正により、保証人の保護について検討が進められている。

検索の抗弁権（けんさくのこうべんけん）

まず主債務者から先に強制執行するよう債権者に対して主張することができる権利のこと。債務保証にはこの権利があるが、連帯保証にはない。

催告の抗弁権（さいこくのこうべんけん）

まず主たる債務者に支払の請求を求めるよう債権者に対して主張することができる権利のこと。債務保証にはこの権利があるが、連帯保証にはない。

債務保証（さいむほしょう）

債務者が借入金などの債務を履行しない場合（債務不履行）に備えて第三者（保証人）がその責任を保証すること。親会社が子会社の借入金の保証を行うことなどがその一例である。保証人は、将来債務不履行になった場合には債務者に代わって弁済しなければならない。一方、保証人は弁済を行った後は債務者に対して返還請求（求償）をすることができる。支払保証ともいう。（下図参照）

仕訳例

● 当社は子会社S社の銀行借入金20,000千円につき債務保証を行った。

（保証債務見返）	20,000,000	（保証債務）	20,000,000

（※）債務保証を行った段階では、当社は債務を負ったとはいえないため、負債に計上できない。備忘記録を行うとともに注記により開示する。

● その後、S社の業績悪化のため、銀行借入金残高20,000千円を当社が肩代わりして子会社は整理する方針が決定された。

（貸倒損失）	20,000,000	（借入金）	20,000,000
（保証債務）	20,000,000	（保証債務見返）	20,000,000

（※）保証債務は、この段階で具体的な債務に変わり、当社が負債を計上することとなる。

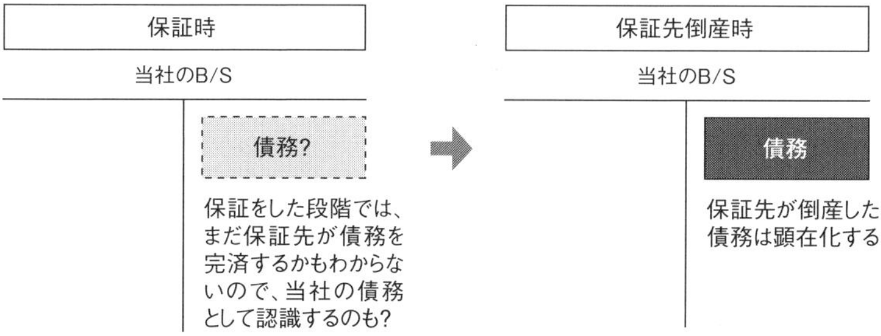
保証時
当社のB/S
債務?
保証をした段階では、まだ保証先が債務を完済するかもわからないので、当社の債務として認識するのも?
保証先倒産時
当社のB/S
債務
保証先が倒産したら、債務は顕在化する

債務保証契約（さいむほしょうけいやく）

保証債務は、保証人と債権者との間の保証契約によって成立する。2004年の民法改正により保証契約には書面又は電磁的記録が必要となった。

債務保証損失引当金（さいむほしょうそんしつひきあてきん）

債務保証のような偶発債務は原則として引当金の計上要件を満たさないが、主たる債務者の財政状態の悪化等により、債務不履行となる可能性があり、その結果、保証人が保証債務を履行し、その履行に伴う求償債権が回収不能となる可能性が高い場合で、かつ、これによって生ずる損失額を合理的に見積もることができる場合には、保証人は、当期の負担に属する金額を引当金に計上する。この場合の引当金を債務保証損失引当金という。

仕訳例

● 当社が債務保証を行っている子会社S社の財政状態が悪化し、担保評価額を除く7,000千円を当社が肩代わりすることが現実的となってきた。

(債務保証損失引当金繰入) 7,000,000　(債務保証損失引当金) 7,000,000

● 銀行からS社の債務保証契約の履行を求められ、銀行に債務保証額20,000千円を支払った。これに伴い、S社への求償権が発生した。

(長期未収入金) 20,000,000　(普 通 預 金) 20,000,000
(債務保証損失引当金) 7,000,000　(債務保証損失引当金戻入益) 7,000,000

● S社求償権に対して貸倒引当金の設定を行う。

(貸倒引当金繰入額) 7,000,000　(貸倒引当金) 7,000,000

● 貸倒引当金の繰り入れと債務保証損失引当金戻入を相殺する。

(債務保証損失引当金戻入益) 7,000,000　(貸倒引当金繰入額) 7,000,000

損失の発生の可能性	損失金額の見積りが可能な場合	損失金額の見積りが不可能な場合
高い場合	・「債務保証損失引当金」を計上。	・債務保証の金額注記。 ・損失発生の可能性が高いが損失金額の見積りが不可能である旨、その理由及び主たる債務者の財政状態等を追加情報として注記。
ある程度予想	・債務保証の金額注記。 ・損失発生の可能性がある程度予想される旨及び主たる債務者の財政状態等を追加情報として注記。	・債務保証の金額注記。 ・損失発生の可能性がある程度予想される旨及び主たる債務者の財政状態等を追加情報として注記。
低い場合	・債務保証の金額注記。	・債務保証の金額注記。

> **ポイント**
>
> ●引当額の見積り
>
> 債務保証損失引当金は、債務保証額から主たる債務者の返済可能額、担保による保全される額等の求償債権についての回収見積額を控除した額を計上する。
>
> 損失見積額は、主たる債務者の財政状態、担保価値の評価、プロジェクトの損益の見込み、他の保証人の負担能力の評価等を総合的に判断して算定するが、その損失見積額には幅が生ずる場合が少なくない。このような場合、その見積損失幅の中から最も合理的な金額を算定して債務保証損失引当金を計上する必要がある。
>
> なお、債務保証損失引当金の計上額は、主たる債務者の財政状態等に対応して、決算期ごとに見直す必要がある。

債務保証料（さいむほしょうりょう）

債務保証の対価として保証人が債務者より受領するもの。

> **仕訳例**
>
> ●当社は債務保証を行っている子会社S社より債務保証料 年200千円を受領した。
>
> （普 通 預 金）200,000　　（債務保証料）200,000

支払保証（しはらいほしょう）

☞債務保証（さいむほしょう）

分別の利益（ぶんべつのりえき）

保証人が複数いる場合には各保証人は債権者に対して保証人の数に応じて分割された部分についてのみ債務を負担することをいう。債務保証にはこの利益があるが、連帯保証にはないとされ、各連帯保証人は債権者に対して債務の全額について責任を負わなければならない。

保証債務見返（ほしょうさいむみかえり）

通常債務の保証を行うことは簿記上の取引には該当しないため、仕訳は不要である。しかし、債務保証は、将来の債務の発生の可能性（偶発債務）を意味することから、債務保証時において、備忘記録として、保証した債務額を、「保証債務見返」勘定及び「保証債務」勘定として貸借一対の対照勘定を用いて記帳することが行われている。この科目を「保証債務見返」という。

保証予約（ほしょうよやく）

保証類似行為の一つ。保証予約とは、将来において保証契約の成立を約束する契約のことであり、次の形態がある。

①停止条件付保証契約

保証先の財政状態が悪化した場合等の一定の事由を停止条件とし、それが生じた場合に自動的に保証契約が発効する契約

②予約完結権行使型保証予約

債権者による予約完結権（保証契約を成立させる権利）の行使により、保証予約人の承諾を必要とせずに自動的に保証契約が成立する予約契約
③保証契約締結義務型保証予約
債権者から保証契約締結の請求を受けた場合に、保証予約人が保証契約を締結する義務を負うこととなる予約契約
いずれも、債務保証に準ずるものとして注記の対象とされている。

保証枠（ほしょうわく）

債務保証、連帯保証の限度額のこと。

連結影響度（れんけつえいきょうど）

連結の範囲（☞10.連結決算管理）に含まれるかどうか、連結決算に与える影響度を指す。

連帯保証（れんたいほしょう）

ある企業・個人（主債務者）が借入など債務を負う場合、債務者が債務を履行しない場合、保証人（連帯保証人）が、その債務の履行責任を連帯して負うこと。債務保証と異なり、連帯保証人は催告の抗弁権、検索の抗弁権及び分別の利益のいずれも有さないため、事実上債務者と全く同じ義務を負う。

23 貸付金管理

安全性（あんぜんせい）

☞21.有価証券管理

売上高利益率（うりあげだかりえきりつ）

売上高のうち利益の占める割合をいい、この値が高いほど収益率が高いことを意味する。

算式

$$\text{売上高利益率（\%）} = \frac{\text{利益}}{\text{売上高}} \times 100$$

一般的に、分子の利益には当期純利益が用いられるが、他にも売上総利益（粗利）、営業利益、経常利益と様々なものが使用される。

貸付金（かしつけきん）

企業などが子会社、取引先、役職員などに金銭を貸し付けることがあるが、この場合後日受け取ることができる金銭債権をいう。経理処理上は受取手形や売掛金など営業取引によって発生する営業債権（売上債権）と区別するために、「貸付金」勘定を使用する。

ポイント

長短区分	●1年基準（ワン・イヤー・ルール）を適用して、短期貸付金（「流動資産」）と長期貸付金（「固定資産」）に分類する。
株主・役員・従業員に対する貸付金	●財務諸表等規則上、株主、役員又は従業員に対する貸付金で、その金額が資産の総額の1/100を超えるものについては、当該資産を示す名称を付した科目（例：役員短期貸付金）をもって掲記しなければならない。また、株主、役員又は従業員に対する長期貸付金は区分掲記しなければならない。 ●会社法では、役員からの借入金は「短期（長期）貸付金」に含める一方で、貸借対照表上に注記が必要となる。
貸倒引当金	●貸付先の財政状態が悪化し、貸付金の全額回収に疑いが生じた場合には、回収可能性の検討が必要となる。そして貸倒引当金の設定、貸倒懸念債権や破産更生債権等への科目振替を検討する。 ☞1.売掛債権管理

貸付金台帳（かしつけきんだいちょう）

☞融資台帳（ゆうしだいちょう）

貸付金利息（かしつけきんりそく）

貸付金により生ずる利息をいう。通常、利息＝貸付金額×金利（年率）×貸付日数（又は月数）÷365日（又は12ヶ月）として計算するが、分母を360日とする場合もある。日数は貸付日と返済日のいずれも算入する両端入れといずれかを算入しない片端入れの方式がある。

金利は、利息制限法により上限が定められており、元本が10万円未満の場合は年20%、元本が10万円以上100万円未満の場合は年18%、元本が100万円以上の場合は年15%が上限となり、それを超える利息の徴収は法律上無効とされる。また、企業などが貸付先から利息をとらなかったり、通常の利率より低い貸付を行った場合は、税務上、貸付先に経済的な利益供与をしているものとみられるので、注意が必要である。

経理処理上、原則として貸付金利息は発生主義で計算する。

貸付金利息は、消費税法上非課税取引とされている。

仕訳例

●取引先Ａ社に対する貸付金4,000千円につき、本日半期分の利息（年利3%）が入金した。

（普通預金）60,000　（受取利息）60,000

（※）貸付金利息は所得税・復興特別所得税・地方税の源泉対象外。

●本日決算日につき、Ａ社貸付金の四半期分の未収利息を計上する。

（未収収益）30,000　（受取利息）30,000

企業審査（きぎょうしんさ）

企業などが金銭の貸付や手形割引などの取引をするとき、取引先の弁済能力を判断するために資産状態・営業状態など信用状態を調査すること。信用調査（☞1.売掛債権管理）ともいう。

期限の利益の喪失（きげんのりえきのそうしつ）

期限の利益とは、期限が定められていることによって債務者が受ける利益をいう。例えば、借入金の返済期限が設定されている場合、債務者は期限が到来するまでは返済する義務はなく、また返済を求められることもない。

しかし、金銭消費貸借契約には「期限の利益の喪失」事由を定めており、本来の期限が来ていなくても返済しなければならなくなる。一般的に期限の喪失事由として下記のようなものがある。

・元本及び利息支払を怠ったとき
・債務者が他の債務につき、強制執行、保全処分などを受けたとき
・債務者に対し、破産手続・民事再生手続又は会社更生手続開始の申立てがあったとき
・債務者が国税滞納処分又はその例による差押えを受けたとき
・債務者が住所を変更し、その旨を債権者に告知しないとき　など

金銭債権（きんせんさいけん）

☞20.手形・小切手管理

金銭消費貸借契約（きんせんしょうひたいしゃくけいやく）

一般的に、銀行等の金融機関等が貸主となって締結されることが多く、「金消契約」（きんしょうけいやく）、「ローン契約」などとも呼ばれている。消費貸借契約とは、借りたものそのものは消費することを前提に、借りたものと同じものを同じ数量を返却することを約束して、物や金銭を借りる契約のことで、このうち、金銭の貸し借りを契約したものを金銭消費貸借契約という。

現預金月商比率（げんよきんげっしょうひりつ）

決算日等において、月商の何ヶ月分の現預金を保有しているかを示す指標で、手元流動性比率とも呼ばれる。

算式

$$\text{現預金月商比率（カ月）} = \frac{\text{現預金}}{\text{平均月商}}$$

この値が高いほど、資金繰りに余力があるとされ、安全性が高いと判断される。

固定長期適合率（こていちょうきてきごうりつ）

☞28.資金管理

固定比率（こていひりつ）

☞28.資金管理

コベナンツ（Covenants）

銀行が法人相手に行う融資のなかで、財務制限条項や格付維持条項等を設けることがある。これらの条項が守られなかった場合、ペナルティとしてその時点で融資額分の全額返済、金利優遇の取り消し等を課されたりする。財務制限条項は、純資産額維持条項（「前期決算期の○％維持」など）、財産状態に係るもの（有利子負債制限、自己資本比率維持など）、キャッ

シュ・フローに係るもの（利益維持、インタレスト・カバレッジ・レシオ維持など）の条項がある。

債権保全策（さいけんほぜんさく）

☞20.手形・小切手管理

債権放棄（さいけんほうき）

企業支援策の一つで、債権者の一方的な意思表示（単独行為）により債務を消滅させることをいう。民法上、免除という。税務上は、債権放棄による損失が「寄附金」として取り扱われるリスクがあるが、その債権放棄を行うことについて経済合理性を有する場合には、「寄附金」に該当しないこととされている。

仕訳例

● 当社は経営不振で再建が困難な子会社S社（出資比率80%）の株式を譲渡するにあたり、S社に対する貸付金20,000千円を放棄した。

（子会社債権放棄損）20,000,000　（貸　付　金）20,000,000

（※）この債権放棄に経済合理性がある場合は、20,000千円は寄附金ではなく、損金となる。

財務構成要素アプローチ（ざいむこうせいようそアプローチ）

☞21.有価証券管理

財務レバレッジ（ざいむレバレッジ）

自己資本を1としたときにその何倍の大きさの総資本（自己資本＋他人資本）を事業に投下しているかを示す指標。

算式

$$財務レバレッジ（倍）=\frac{総資本}{自己資本}$$

また自己資本利益率は次のように展開され、（☞21.有価証券管理）他人資本を梃子（レバレッジ）のようにして、自己資本利益率を上昇させることができることからその名がつけられている。

算式

$$自己資本利益率=\frac{当期純利益}{売上高}\times\frac{売上高}{総資産}\times\frac{総資産}{自己資本}$$

$$=売上高利益率\times総資産回転率\times財務レバレッジ$$

その反面、有利子負債が増加し、自己資本比率が下がり、金利負担、返済負担が増加し会社の収益性、資金繰りを圧迫する危険性もある。

自己資本比率（じこしほんひりつ）

☞21.有価証券管理

自己資本利益率（じこしほんりえきりつ）

☞21.有価証券管理

収益性（しゅうえきせい）

☞21.有価証券管理

相殺（そうさい）

2人の者が互いに相手に対し同種の債権（例えば、金銭債権同士）をもっている場合に、一方から相手方に対する意思表示によって双方の債権を同額で消滅させることをいう。

仕訳例

● 取引先A社に対する売掛金250千円について、同社からの資材購入にかかる買掛金150千円と相殺することとなり、残額は現金で受領した。

（買　掛　金）	150,000	（売　掛　金）	250,000
（現　　　金）	100,000		

総資産（総資本）回転率（そうしさん（そうしほん）かいてんりつ）

事業に投資した総資産がどれだけ有効に活用されたかを示す指標の一つ。売上高を総資産で除して求める。総資産には通常、期首と期末の平均値を用いる。

算式

$$総資産回転率（回）= \frac{売上高}{総資産}$$

この回転率が高ければ高いほど総資産の有効活用度が高いとされる。

総資産利益率（そうしさんりえきりつ）

☞21.有価証券管理

損益分岐点売上高（そんえきぶんきてんうりあげだか）

損益分岐点とは、利益も損失も発生しない、利益と損失の均衡した売上高の金額をいう。

算式

$$損益分岐点売上高 = \frac{固定費}{1-変動費率}$$

（※）変動比率＝変動費÷売上高

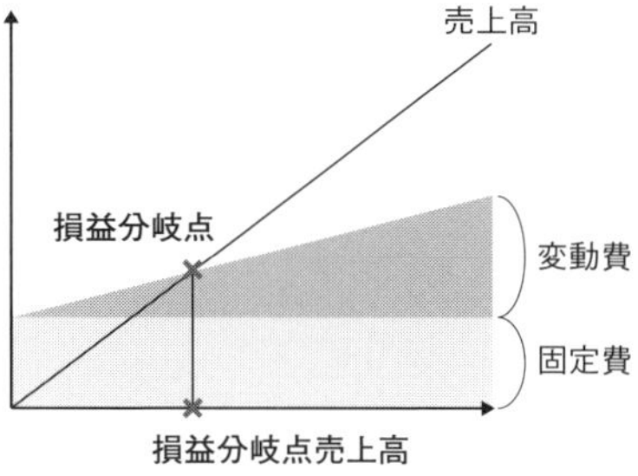

滞留債権（たいりゅうさいけん）

貸付金など返済期日が到来しても回収されないなど、通常の営業循環過程から外れた債権をいう。また、滞留債権のうち回収の見込みのない債権を「不良債権」と呼ぶ。

短期貸付金（たんきかしつけきん）

決算日の翌日から1年以内に回収期限が到来する貸付金のこと。貸借対照表上は「流動資産」の部に分類される。なお、長期貸付金であっても、時間が経過し、決算日の翌日から起算して1年以内に返済期限が到来するようになった場合には「短期貸付金」として処理する。

担保（たんぽ）

☞20.手形・小切手管理

遅延損害金（ちえんそんがいきん）

貸付金を期限までに返済しないときのペナルティのこと。法的には、債務不履行に伴う損害賠償金を指す。通常、遅延損害金は「約定金利の○倍の遅延損害金を支払う」と定めることが多いが、利息同様、利息制限法により上限が定められており、制限利率の1.46倍までとしている。これを超える遅延損害金の定めは、超える部分については無効となる。

消費税法上、金銭債務の返済が遅れたことに伴う遅延損害金は利息に相当するので非課税取引とされている。

長期貸付金（ちょうきかしつけきん）

決算日の翌日から1年を超えて回収期限が到来する貸付金のこと。貸借対照表上は「固定資産」の部に分類される。

当座比率（とうざひりつ）

当座資産と流動負債の金額を比較することで企業の短期的な支払能力を判断する指標のこと。当座資産とは、流動資産のうち容易に現金化できる資産のことをさし、棚卸資産等は除かれている。したがって、当座比率は流動比率よりも厳密な支払能力を示す指標といえる。

算式

$$\text{当座比率（\%）} = \frac{\text{当座資産}}{\text{流動負債}} \times 100$$

当座比率は、高ければ高いほど企業の支払能力が高いといえる。

流動比率（りゅうどうひりつ）

流動資産と流動負債の金額を比較することで企業の短期的な支払能力を判断する指標のこと。

算式

$$\text{流動比率（\%）} = \frac{\text{流動資産}}{\text{流動負債}} \times 100$$

流動比率は、高ければ高いほど企業の支払能力が高いといえる。

融資（ゆうし）

資金を融通すること。つまり貸付のこと。

融資台帳（ゆうしだいちょう）

貸付金台帳ともいう。貸付先、貸付金額、利率、返済日、返済方法、返済スケジュール、担保などの契約条件のほか、元本や利息の回収状況など実績等詳細を記した管理台帳をいう。

融資判定基準（ゆうしはんていきじゅん）

融資の判定を行うにあたってその企業が備えている基準のこと。通常、取引先の会社概要や信用調査の結果に対応する融資の可否基準、融資枠限度額などについて定めている。

融資枠（ゆうしわく）

金融機関等が審査の結果予め設定する融資の上限額のこと。

有利子負債（ゆうりしふさい）

企業が返済すべき負債のうち、企業が利息を付けて返済しなくてはならないもの。借入金、社債などがある。

有利子負債月商比率（ゆうりしふさいげっしょうひりつ）

決算日等において、月商の何か月分の有利子負債（借入金など）を抱えているか示す指標のこと。

算式

$$\text{有利子負債月商比率（カ月）} = \frac{\text{有利子負債}}{\text{平均月商}}$$

この値が大きいほど、借入金の返済負担が大きく、資金繰りが厳しいことをあらわす。

割引現在価値法（わりびきげんざいかちほう）

☞28.資金管理

24 借入金管理

片端入れ（かたはいれ）

金利などを計算する場合の対象期間の数え方の一つであり、計算開始日を数えずに、計算終了日までを数える方法。

借入金（かりいれきん）

企業などが外部から調達する資金のうち、株式や社債の発行によらずに、金融機関や取引先、親会社などから調達したもの。返済義務のある金銭債務である。

「貸付金」は資金を貸与する側から、「借入金」は資金を調達する側からみた用語である。

ポイント

長短区分	●1年基準（ワン・イヤー・ルール）を適用して、返済期日が貸借対照表日の翌日から起算して1年以内に到来しないものを「長期借入金」に、1年以内に到来するものを「短期借入金」に区分する。
株主・役員・従業員からの借入金	●財務諸表等規則上、株主、役員又は従業員からの借入金は通常の借入金とは区分しなければならない。またこれらの借入金が負債と純資産の合計額の1/100を超える場合は、その内容を示す名称を付した科目（例：役員短期借入金）をもって掲記しなければならない。 ●会社法では、役員からの借入金は「短期（長期）借入金」に含める一方で、貸借対照表上に注記が必要となる。

借入金台帳（かりいれきんだいちょう）

借入先、借入金額、利率、返済日、返済方法、返済スケジュール、担保などの契約条件のほか、元本や利息の支払状況など実績等詳細を記した管理台帳をいう。

元金均等返済（がんきんきんとうへんさい）

毎回の返済額が元金を均等割にした額と利息の合計となる利息の算出方式。

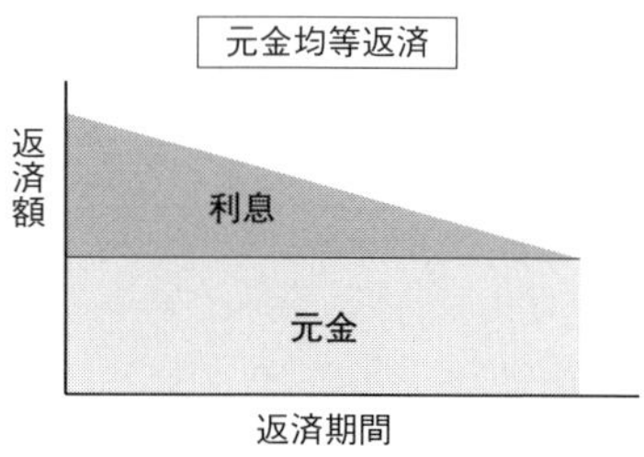

返済額は元金の減少に比例して利息分が減少していくため、徐々に総返済額が減少していくのが特徴。また、元金が均等に減るため元利均等返済と比較すると利息総額が少なくなるという結果になる。

元利均等返済（がんりきんとうへんさい）

毎回の返済額となる元金と利息の合計が、返済開始から決められた期間の終了で均等となる利息の算出方式。

元利均等返済

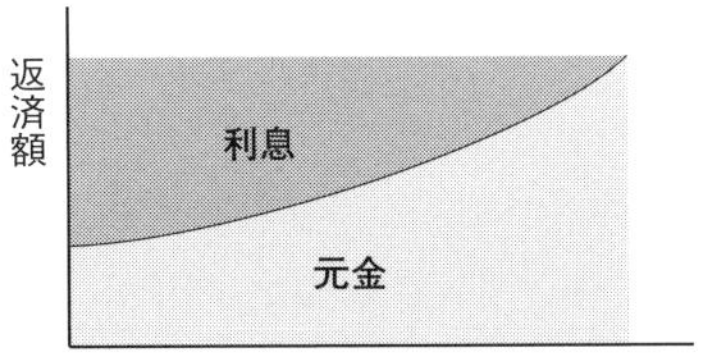

毎回の返済額が一定であるため、無理の無い返済が出来るのが特徴。その代わり当初は、返済額のうち利息の割合が高く、結果としては元金の減少が遅くなり、完済までの期間が長くなる。そのため、元金均等返済と比較すると利息総額が増えるという結果になる。

期日一括返済（きじついっかつへんさい）

返済期限の日に全額一括で返済する返済方式のこと。

協調融資（きょうちょうゆうし）

☞シンジケートローン

金銭消費貸借契約（きんせんしょうひたいしゃくけいやく）

☞23.貸付金管理

金融検査（きんゆうけんさ）

金融機関の業務の健全性や適切性の確保及び金融機関が金融仲介機能を適切に果たしているかなどの検証を目的として、金融庁が銀行法に基づき行う検査のこと。

金融検査マニュアル（きんゆうけんさマニュアル）

正式名称は、「預金等受入金融機関に係る検査マニュアル」。金融検査を実施する検査官の手引のことで、1999年に金融監督庁（現金融庁）により公表され、随時改訂されている。

金融検査マニュアルは検査に用いられるだけでなく、各金融機関の業務の健全性と適切性の確保に自主的に活用されることが期待されている。

コミットメントライン（Commitment Line）

金融機関が取引をしている企業に対して定めた融資枠のことで、金融機関と取引先の企業が予め融資の上限枠を協議しておき、この融資の枠内でなら一定期間いつでも審査を必要とせずに金融機関が企業に資金を提供することを保証（コミット）する制度をいう。1999年に「特定融資枠契約に関する法律」が制定されたことによって金融機関側の手数料の設定の自由度が高まったことがコミットメントラインの拡大につながった。

契約方法には、以下の二通りの方法がある。

①バイラテラル方式（相対型）

各金融機関と個別にコミットメントライン契約を締結する方法。

②シンジケート方式（協調型）

アレンジャー（幹事金融機関）を中心に、複数の金融機関と一つの契約書に基づき、同一条件でコミットメントライン契約を締結する方法。

債務免除益（さいむめんじょえき）

企業が経営不振等により欠損状態にある場合に、債権者が債権の一部又は全部の債権放棄を行うことによって債務者はその債務の一部又は全部を免除される。その場合の債務者が受ける利益をいう。

仕訳例

● 当社が経営不振により、親会社からの借入金50百万円が返済できない見通しである。そのため、親会社はその全額の債権放棄（債務免除）を行い、当社に通知した。

（長期借入金）50,000,000　（債務免除益）50,000,000

自己査定（じこさてい）

自己査定とは、金融機関が保有している貸出金、有価証券等の資産について、金融機関自身が検討・分析し、損失となる可能性を分類・区分することをいう。自己査定の目的は、金融機関の資産の健全性を確保し、資産内容を客観的に反映した適切な償却・引当てを行い、正確な財務諸表を作成することである。

具体的には債務者を次のとおり区分し、それぞれの債権につき引当を検討する。

債務者区分	内容
正常先	正常先とは、業況が良好であり、かつ、財務内容にも特段の問題がないと認められる債務者をいう。

要注意先	要注意先とは、金利減免・棚上げを行っているなど貸出条件に問題のある債務者、元本返済若しくは利息支払いが事実上延滞しているなど履行状況に問題がある債務者のほか、業況が低調ないしは不安定な債務者又は財務内容に問題がある債務者など今後の管理に注意を要する債務者をいう。
要管理先	要管理先は、要注意先の債務者のうち、当該債務者の債権の全部又は一部が要管理債権である債務者のことである。なお、要管理債権とは、3か月以上延滞債権及び貸出条件緩和債権を指す。
破綻懸念先	破綻懸念先とは、現状、経営破綻の状況にはないが、経営難の状態にあり、経営改善計画等の進捗状況が芳しくなく、今後、経営破綻に陥る可能性が大きいと認められる債務者（金融機関等の支援継続中の債務者を含む）をいう。
実質破綻先	実質破綻先とは、法的・形式的な経営破綻の事実は発生していないものの、深刻な経営難の状態にあり、再建の見通しがない状況にあると認められるなど実質的に経営破綻に陥っている債務者をいう。
破綻先	破綻先とは、法的・形式的な経営破綻の事実が発生している債務者をいい、例えば、破産、清算、会社整理、会社更生、民事再生、手形交換所の取引停止処分等の事由により経営破綻に陥っている債務者をいう。

自己査定に伴う償却や引当てが多額に上り、自己資本比率が大きく下がった場合には、金融庁から業務改善命令など早期是正措置を受けることになる。

資本性借入金（しほんせいかりいれきん）

会計上は借入金として負債に計上されるが、銀行が企業の財務状況等を判断するにあたっては、負債ではなく資本とみなすことができる借入金のこと。

2011年11月に金融庁は、金融検査マニュアルの運用の明確化を行い、震災の影響で資本が毀損している企業や急激な円高の進行等により財務内容が悪化している企業に対し、資本充実策の一環として「資本性借入金」（十分な資本的性質が認められる借入金）の積極的な活用を推進している。「資本性借入金」の条件は次の通り。

①償還条件は5年超。

②金利は業績によって利率が変化し、業績悪化時には金利が低くなる。

③無担保、無保証。仮に会社が倒産した場合、当該ローンは他の債務に劣後するため、返済の順位は最後になる（劣後ローン）。

証書貸付（しょうしょかしつけ）

金融機関等が融資するにあたって，借主から貸付金額，弁済期日，利率，担保物件などの貸付条件を表示した借用証書（金銭消費貸付契約証書）を差入れさせて行う貸付のこと。主として設備資金，長期運転資金などの貸付に利用される。

シンジケートローン（Syndicated Loan：協調融資）

大型の資金調達ニーズに対して、複数の金融機関が協調してシンジケート団を組成し、一つの融資契約書に基づき同一条件で行う融資のこと。具体的には、取りまとめ役（アレンジャー）の金融機関（主幹事）が、資金の調達側（企業等）と調整して利率や期間などを設定し、複数の金融機関と分担して融資する方式となっている。

借り手側としては、メインバンクに依存することなく、多額の資金を調達することができ、交渉や事務等の取引コストはアレンジャーが負担するため事務効率化が可能となる。一方、金融機関側も貸倒れのリスクを分散できる一方、主幹事行は、貸出金利に加えて、アレンジメントフィー（組成手数料）やエージェントフィー等の手数料収入が入るというメリットがある。

信用保証料（しんようほしょうりょう）

信用保証協会等による信用保証委託に応ずる対価のこと。

早期是正措置（そうきぜせいそち）

金融庁が金融機関の破たんを早期に防ぎ、経営の健全性を確保することを目的として、自己資本比率の基準を下回った金融機関に対して、業務の改善を図るために発動する行政措置のことをいう。具体的には、自己資本比率の水準に応じて4段階に区分され、それぞれの段階にしたがって、是正措置が講じられている。

区分	内容
第1区分	経営の健全性を確保するため改善計画の提出・実行の命令
第2区分	資本の増強に係る計画の提出・実行、配当又は役員賞与の禁止又は抑制、総資産の圧縮又は増加の抑制等
第2区分の2	自己資本の充実、大幅な業務の縮小、合併又は銀行業の廃止等の措置のいずれかを選択した上、当該選択に係る措置を実施
第3区分	業務の全部又は一部の停止命令

TIBOR（タイボー：Tokyo Inter-Bank Offered Rate）

東京銀行間取引金利のこと。TIBORの算出にあたっては、各リファレンス・バンク（レート呈示銀行）が、毎営業日の午前11時時点における1週間物、および1～12か月物の13種類について、市場実勢レートを全国銀行協会に呈示し、各期間の呈示レートについて、それぞれ上位2行と下位2行の値を除外して、それ以外の呈示レートを単純平均し、「TIBORレート」として、全銀協が認めた各情報提供会社を通じて公表している（全銀協TIBOR）。

短期プライムレート（たんきプライムレート）

「短プラ」とも呼ばれ、金融機関が優良企業向けに対して、短期（1年以内の期間）で貸し出す時に適用する最優遇貸出金利のことをいう。

かつては、各銀行が公定歩合に連動した金利をもとに信用リスクの大きさに応じて上乗せ金利を付け加えて決めていたが、1989年以降は、短期プライムレートは市中金利に連動して決定しており、これを新短期プライムレートという。

長期プライムレート（ちょうきプライムレート）

「長プラ」とも呼ばれ、金融機関が最も信用度の高い優良企業に対して、長期（1年以上の期間）で貸し出す際の最優遇貸出金利のことをいう。長期プライムレートは、金融機関が発行する5年もの普通社債の発行利率や市場で取引されるスワップレートなど、マーケットにおける資金調達レートを参考に、一定の利率を上乗せする方式で決定されている。

しかし、昨今短期金利が長期金利を上回る局面が続いていることから、短期プライムレートに連動する長期変動基準金利を設定（新長期プライムレート）し、これに基づき長期の貸し出しを行っている。

手形貸付（てがたかしつけ）

金融機関等が融資するにあたって、借用証書の代わりに借り主から貸し主あての約束手形を交付するもの。主に短期資金の金融に用いられる。

仕訳例

● A信用金庫から、運転資金として、手形貸付3,000,000円の融通を受けた。これに伴い、単名手形（期間3か月）を担保として差し出した。なお、融資にあたっては利息22,500円が差し引かれて入金された。

（当 座 預 金）2,977,500	（短期借入金）3,000,000
（支 払 利 息） 22,500	

（※）単名手形は、手形代金の支払銀行と名宛人が同一となる。手形の振出しは担保目的につき、仕訳は発生せず、借入処理となる。

- 借入日より3か月が経過したが、借入を継続することとし、手形を書き換え、新たに単名手形（期間3か月）を差し入れた。これに伴い利息22,500円を小切手により支払った。

（短期借入金）	3,000,000	（短期借入金）	3,000,000
（支払利息）	22,500	（当座預金）	22,500

（※）手形借入金の借り換えとなる仕訳を起票する。

- 借換日より3か月が経過したため、A信用金庫へ小切手を振り出して返済した。

（短期借入金）	3,000,000	（当座預金）	3,000,000

手形割引（てがたわりびき）

☞20. 手形・小切手管理

デットIR（デット・アイアール：Debt IR）

企業が金融機関からの融資や社債発行で資金を調達しようとする場合の，その債権者や格付け機関に対して行う財務状況や経営戦略などの説明活動をいう。通常のIR（インベスター・リレーションズ）活動が主に、資本市場の投資家向けに成長性などを説明するのに対し，デット IR は返済の確実性など安全性への理解を求めるために行われる。

当座貸越（とうざかしこし）

当座貸越とは、「当座貸越契約」に基づき金融機関と融資枠を設定し、その枠内で繰り返し利用できるもの。当座預金の残高がマイナスになっても、一定の限度額まで金融機関で支払いをしてくれるので、効率的な資金調達が可能となる。

当座借越（とうざかりこし）

「当座貸越」を借り手側からみた呼び名。

仕訳例

- 現在当社の当座預金残高が120,000円であるが、当座貸越契約を締結しているため、2,000,000円まで利用が可能である。そこでA社への買掛金320,000円につき小切手を振り出して決済した。

（買掛金）	320,000	（当座預金）	320,000

（※）当座預金残高がマイナスとなっても期中は通常、借入金への振替は行わない。

- 上記のまま決算を迎えた。

（当座預金）	200,000	（短期借入金）	200,000

（※）期末に借入金への振替を行う。

BIS規制（ビスきせい）

国際業務を行う銀行の自己資本比率に関する国際統一基準。BISは国際決済銀行（Bank for International Settlement）のことで、本部はスイスのバーゼルにあることから、バーゼル合意とも言う。BIS規制では、G 10諸国を対象に、自己資本比率の算出方法（融資等の信用リスクのみを対象とする）や、最低基準（8％以上）などが定められ、自己資本比率8％を達成できない銀行は、国際業務から事実上の撤退を余儀なくされる。

その後2004年に公表されたバーゼルⅡでは、従前の規制に加えて、格付けをはじめとする企業の信用力に応じて、銀行が融資額等の管理を徹底するように融資の質の向上を求めている。また、自己資本比率の最低基準は8％で変わらないものの、対象となるリスクの適用範囲が3つ（信用リスク、市場リスク、オペレーショナルリスク）に拡大している。

さらにリーマンショックを受け、2010年にバーゼルⅢが公表され、さらなる自己資本の質と量の見直しが図られている。

分割返済（ぶんかつへんさい）

一定の期間ごとに、融資金額を分割して返済期限までに返済する返済方式のこと。

LIBOR（ライボー：London Inter-Bank Offered Rate）

ロンドン銀行間取引金利のこと。現在、LIBORは、英国銀行協会（British Bankers' Association：BBA）により、一日に一度発表され、通貨別（USD、EUR、JPYなど）や期間別（1カ月、3カ月、6カ月、1年など）に表示され、金融機関の資金調達コストの目安となると共に、国際金融取引の基準値（国際的な融資取引やスワップ金利などデリバティブ商品の基準金利）としても利用されている。

利払日基準（りばらいびきじゅん）

発生主義とは異なり、利払日に借入金の利息につき費用を認識・測定する基準のこと。

両端入れ（りょうはいれ）

金利などを計算する場合の対象期間の数え方の一つであり、計算開始日を1日前として、計算終了日までの両方を数える方法。

25 社債管理

アキュムレーション（Accumulation）・アモチゼーション（Amortization）

額面金額と異なる価格で取得した債券を、償還までの期間に応じて利益又は損失計上して帳簿価額の変更を行うこと。取得価格＜額面の場合で利益を期間配分することをアキュムレーション、取得価格＞額面の場合で損失を期間配分することをアモチゼーションという。

一般債振替制度（いっぱんさいふりかえせいど）

証券会社等（口座管理機関）を介して行われた、国内で発行された国債以外の公社債（一般債）の売買等に伴う証券の権利の移転（決済）を、証券保管振替機構（振替機関）に設けられた振替口座簿上の振替（口座振替）で行う制度のこと。

一般債の券面は発行されない（ペーパーレス）が、一般債の保有者は、口座管理機関に口座を開設することで、振替債を保有することができる。

一般担保付社債（いっぱんたんぽつきしゃさい）

特別法に基づいて発行されるもので、特定の担保を付けなくとも、社債権者が社債の発行会社の全財産について、他の債権者に優先して弁済を受けられる権利のついた債券のことをいう。電力債、ＮＴＴ債、ＪＲ債、JT債などがある。

格付機関（かくづけきかん）

企業業績や財務内容などを分析し、企業が発行する債券の元本や利払い能力の安全度を順位付けすることを信用格付といい、格付を実施する機関のこと。

信用度	Moody's	S&P	R&I	JCR	
高	Aaa	AAA	AAA	AAA	投資適格
↑	Aa	AA	AA	AA	
	A	A	A	A	
	Baa	BBB	BBB	BBB	
	Ba	BB	BB	BB	投資非適格
	B	B	B	B	
	Caa	CCC	CCC	CCC	
	Ca	CC	CC	CC	
↓	C	—	C	C	
低	—	—	—	D	

期中事務代行会社（きちゅうじむだいこうかいしゃ）

社債の発行会社が行うべき期中事務（元利金支払基金関連事務、源泉徴収・納付事務等）を発行会社からの委託を受けて、発行会社に代わって行う会社のこと。通常は、社債管理者又は発行代理人・支払代理人がこれらを兼務するケースが多い。

金融商品取引業（きんゆうしょうひんとりひきぎょう）

金融商品取引法で定められた有価証券・デリバティブの販売・勧誘、投資助言・投資運用等の行為を業として行う行為。金融商品取引業を営むには、登録を受ける必要がある。従来の証券取引法で規定されていた証券業のほか、金融先物取引業、投資顧問業、投資信託委託業等を含む広い概念で、次の4種類が定められている。

金融商品取引業の種類

第一種金融商品取引業	株式や社債など主に金融商品取引法2条1項の有価証券の販売・勧誘業や顧客資産の管理業務等。業者として証券会社、外国為替証拠金取引（FX）業者等がある。
第二種金融商品取引業	ファンド（集団投資スキーム）など主に金融商品取引法2条2項の有価証券の販売・勧誘業務等。業者として証券会社・ファンド運営会社等がある。
投資助言・代理業	投資運用に関する業務。業者として投資顧問会社・投資信託委託会社等がある。
投資運用業	投資助言に関する業務や投資顧問契約又は投資一任契約の締結の代理・媒介。業者として投資顧問会社等がある。

現物債（げんぶつさい）

社債の券面が発行された債券をいう。

口座管理機関（こうざかんりきかん）

振替機関の下位機関として、投資家等の他の者のために社債の振替を行うための口座を開設する者をいい、第一種金融商品取引業者、銀行、信託会社等の金融機関に限定されている。

公募（こうぼ）

公募とは、一般的には、広く多数の投資家に有価証券の取得勧誘を行うことのことであるが、金融商品取引法上は「公募」という定義はなく、有価証券の取得勧誘のうち「募集」に該当するものをいう。

コベナンツ（Covenants）

無担保私募債の場合、担保が存在しないことから発行会社の財務内容、財務政策に対して一定の制限的な特約を付し、それに抵触した場合には、期限の利益を喪失させたり、担保付社債に切り替えを行うことにより社債権の保全を図る特約のことをいう。「財務上の特約」とも呼ばれる。

一般的に、コベナンツには、担保提供制限条項・利益維持条項・純資産額維持条項・配当制限条項・担保切替条項・資産譲渡制限条項・格付維持条項等様々なものがある（☞財務制限条項）。

財務上の特約（ざいむじょうのとくやく）

☞コベナンツ

財務制限条項（ざいむせいげんじょうこう）

社債の発行に際して、社債権者を保護するために発行会社に対して課せられた財務上の制約のことをいう。

1996年に「適債基準」が撤廃されるまでは、「財務制限条項」として社債の格付に応じて様々な条項を付していた。

投資家の自己責任原則の浸透などにより適債基準が撤廃された後は、「財務制限条項」も自由に内容を設定できることになり、現在ではこのような財務上の取り決めをコベナンツ（財務上の特約）と呼んでいる。

代表的な財務制限条項

担保提供制限条項	他の債権者への担保提供を制限する条項。ネガティブプレッジ条項ともいう。
純資産維持条項	一定の純資産を維持する条項
利益維持条項	一定の利益水準を維持する条項
配当制限条項	配当額に対する制限を定めた条項。「配当上限額を経常利益額＋一定額以内にする」といった形で定められることが多い。
担保切換条項	財務指標に一定の事由が生じた場合に、期限の利益を喪失する旨の特約を解除するために担保権を設定する旨の特約

財務代理人（ざいむだいりにん）

社債の発行・期中管理・元利金支払等事務手続を社債発行者に代わって行う者。但し、社債管理者のような権限を持っている訳ではない。

支払代理人（しはらいだいりにん）

一般債振替制度において、社債の発行者の代理人として、一般債に係る払込後から抹消までの手続を行う者をいう。通常は、社債管理者又は財務代理人が就任する。

私募（しぼ）

私募とは一般的には特定少数の投資家に有価証券の取得勧誘を行うことを指すが、金融商品取引法の定義上は有価証券の取得勧誘のうち、「募集」に該当しないものをいう。

私募債（しぼさい）

「私募」により発行される社債のこ

と。私募債の場合、公募債とは異なり、譲渡制限はあるものの、社債管理者の設置義務はなく、発行開示規制や販売・勧誘規制などが免除されるなど事務負担が大きく軽減されている。

社債（しゃさい）

事業債とも呼ばれ、企業（株式会社等の一般法人）が設備投資資金や運転資金、過去に発行した事業債等の償還資金などを調達するために発行する債券のこと。（下図参照）

● 社債関係者（社債管理者設置債のケース）

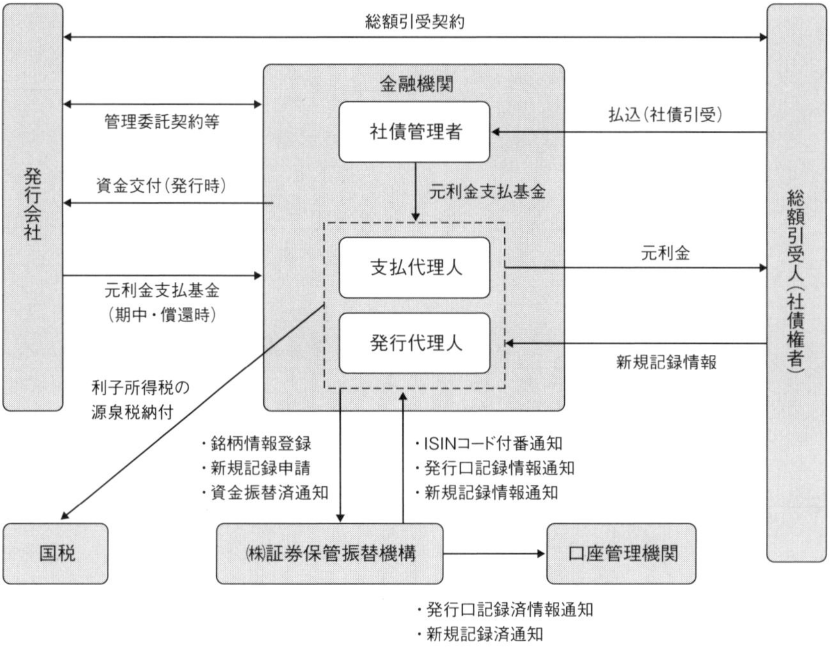

ポイント

社債の会計処理	会計上、金融債務は契約締結時に債務額をもって貸借対照表価額とするのが原則であるが、社債の場合、収入金額と債務額が異なる場合は、償却原価法でもって貸借対照表価額とする。時価評価は行わない。
社債の消滅の認識	社債は下記のいずれかのときに、消滅を認識（貸借対照表から除外）しなければならない。 ①債務者が契約上の義務を履行したとき ②契約上の義務が消滅したとき ③債務者が法的な手続きにより、負債に係る第一次債務者の地位から法的に免除されたとき
表示	貸借対照表上、固定負債の部に「社債」として表示する。但し、償還期限が決算日後1年以内になったものは、「1年以内償還社債」など流動負債の部に振り替える必要がある。

社債管理者（しゃさいかんりしゃ）

社債管理者とは、社債権者の利益の保護のために、社債に関する債権の弁済の受領、債権の保全その他の社債の管理を行う者をいう。社債管理者となることができる者は、銀行、信託会社などに限られている。会社法では、原則として社債管理者の設置が強制されるが、少人数私募債など一定の要件を満たす場合、社債管理者の設置義務が免除される。社債管理者が有する権限には、会社法に定めのある法定権限と社債発行会社との契約に基づく約定権限がある。社債管理者は社債権者のために公平かつ誠実に社債の管理を行わなければならない（公平・誠実義務）。また、社債管理者は、社債権者に対して、善良なる管理者の注意をもって社債の管理をする義務（善管注意義務）を負う。社債管理者が会社法又は社債権者集会の決議に違反する行為を行い、これによって社債権者に損害が生じた場合には、社債管理者は社債権者に対して損害賠償責任を負う。

社債権者集会（しゃさいけんしゃしゅうかい）

社債の種類ごとに社債権者によって組織される集会のことをいい、会社法に規定されている決議事項に加え、社債権者の利害に関する事項を決議することができる。具体的には、社債元利金支払い等を怠ったこと等による期限の利益の喪失（デフォルト）、資本金又は剰余金の減少、組織変更・合併・会社分割・株式交換・株式移転等に関する異議手続きなどの事項を決議する。社債権者集会は、同一種類の社債権者の共通の利益に関する事項について社債権者の総意を決定する機関で、社債権者全員の同意を必要とせず、多数決で決議され、その決議は社債権者全員を拘束することとなる。

社債原簿（しゃさいげんぼ）

社債及び社債権者に関し、会社法に定める一定の事項を記載する帳簿のこと。記載事項としては、募集社債の利率、償還の方法および期限、利息支払の方法および期限、社債の種類、種類ごとの社債の総額および各社債の金額、社債権者（無記名社債権者を除く）の氏名又は名称および住所と、その社債権者が各社債を取得した日などが規定されている。社債原簿はその本店（又は社債原簿管理人の営業所）に据え置かれ、社債権者・会社債権者などは、いつでも閲覧・謄写などの請求ができる。

社債発行費（しゃさいはっこうひ）

社債募集のための広告費、金融機関の取扱手数料、証券会社の取扱手数料、目論見書・社債券等の印刷費、社債の登記の登録免許税その他社債発行のため直接支出した費用のこと。

会計処理

- 原則：支出時に費用（営業外費用）として処理する（一括費用計上）。
- 容認：社債発行費は、繰延資産として資産に計上することができる。この場合には、社債の償還までの期間にわたり利息法により償却をしなければならない。なお、償却方法については、継続適用を条件として、定額法を採用することができる。

社債発行差金（しゃさいはっこうさきん）

社債を発行したときの額面金額と発行金額との差額をいう。プレミアム発行の場合には社債発行差金はプラスに、割引発行の場合には社債発行差金はマイナスになる。経済的には、市場金利よりも低く設定されたクーポン利回りに償還差益を加えて、社債の実質利回りを市場金利に近づけるという効果がある。

ポイント

- 会計処理上、社債発行差金は、2006年５月の会社法施行以前は、「繰延資産」として資産又は負債に計上し、償却していく処理であったが、改正後は、社債は、発行時は額面価額ではなく、発行価額でもって貸借対照表に計上し、償却原価法により発行価額に加減算することになったため、社債発行差金は「繰延資産」として認識されることはなくなった。

償還（しょうかん）

債券などで期限（期日）が到来して投資家に資金が返済されることをいう。

償還方法

満期一括償還	最終償還日に全額償還する方法で、現在はこの方式が主流となっている。
期中償還	発行体の償還負担を平準化するため、最終償還期限が到来する前に債券の一部を償還する方法をいう。期中償還にはさらに次の方法がある。 ①定時償還：一定の据置期間経過後に毎半年又は毎年に一定額を償還し、最終期限に残額を完済する方法。 ②任意償還：一定の据置期間経過後、会社が任意にその社債の全部又は一部を繰上償還する方法。

償却原価法（しょうきゃくげんかほう）

債券などを額面より高い価額又は低い価額で取得した場合、その差額が主に金利の調整部分に該当するときに、その差額を満期までの残存期間で按分して毎期損益に計上（アモチゼーション又はアキュムレーション）し、取得価額に加減させる方法。償却原価法には、利息法と定額法の二つの方法がある。満期保有目的債券の評価に用いられる。（下図参照）

少人数私募（しょうにんずうしぼ）

適格機関投資家や特定投資家以外の、50名未満の者を相手方として行う有価証券の取得勧誘で、50名以上のものに譲渡されるおそれが少ないものをいう。

担保付き社債（たんぽつきしゃさい）

社債券の担保のために物的担保が付せられた社債のこと。担保付社債は、一般担保付社債と物上担保付社債に分類される。

定額法（ていがくほう）

償却原価法の計算方法の一つで、他に利息法がある。債券などの金利調整

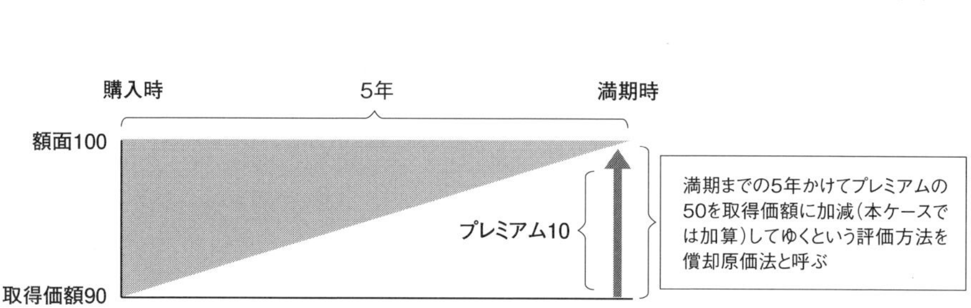

差額を発行日から償還日までの期間で除し、算出された一定額を各期の損益に配分する方法をいう。各期に配分される損益は月割で均等配分を行い、配分額は債券などの帳簿価額に加減する。

仕訳例

● 当社は以下の条件でX1年4月1日に社債を発行し、払込金を当座預金とした。当社は3月末日が決算日である。なお、償却原価法につき、定額法を採用している。

▶社債額面総額：100,000円

▶社債発行価額：額面100円につき97円

▶償還期限：3年（満期日一括償還）

▶年利率：2%（実効利子率　3.054%）

▶利払日：9月末・3月末

年月日	A.利払い	B.償却額	C.社債の簿価
X1/04/01			97,000
X1/09/30	1,000	500	97,500
X2/03/31	1,000	500	98,000
X2/09/30	1,000	500	98,500
X3/03/31	1,000	500	99,000
X3/09/30	1,000	500	99,500
X4/03/31	1,000	500	100,000

● X1/04/01社債発行時の仕訳

（当座預金）97,000　（社　債）97,000

（※）発行価額で記帳。100,000×97/100=97,000

● X1/09/30利払日における仕訳

（社債利息）1,500　（当座預金）1,000（＊1）

（社　債）500（＊2）

（＊1）100,000×2%×6/12＝1,000

（＊2）（100,000－97,000）/3年×6/12＝500

● X2/03/31利払日・決算日における仕訳

（社債利息）1,500　（当座預金）1,000

（社　債）500

適格機関投資家（てきかくきかんとうしか）

金融商品取引法上の用語で、有価証券に対する投資についての専門的知識および経験を有する者としての一定の投資家のこと。具体的には証券会社・投資信託委託業者・銀行・保険会社・認可を受けた投資顧問・年金資金運用基金などをいう。適格機関投資家を相手とする場合、その証券の発行者に対する有価証券届出書の提出、目論見書の交付などの発行開示規制が免除される。

適債基準（てきさいきじゅん）

会社が公募債市場にて社債を発行する際、満たさなければならない一定の基準のこと。数値基準や格付基準など発行要件のことで、元利金の債務不履行（デフォルト）のリスクを最小限におさえるための、投資家保護のためのものでもあったが、金融の自由化や国際化が進む中、適債基準は1996年1月に廃止された。

デフォルト（Default）

社債の場合、下記の事項に抵触した場合、デフォルト（期限の利益の喪失）事項となり、社債権者が当該債券の保全に入ることとなる。

- 当該社債の元利金について支払を遅延した場合
- 発行会社が法的手続の申立てをした場合、開始決定を受けた場合、解散した場合
- 発行会社が社債要項の重要な規定に違背した場合
- 発行会社がコベナンツ条項に違背した場合　等

登録債（とうろくさい）

社債等登録法に基づき、債券を発行する際に本券が発行されず、登録機関に債券の銘柄名・額面・記番号等が登録された債券のことをいう。2008年1月以降、登録債の新規発行はできなくなった。

特定投資家（とくていとうしか）

金融商品取引法上の用語で、機関投資家を中心としたいわゆるプロ投資家のこと。一般投資家の対義語。具体的には、適格機関投資家、国、日本銀行、上場会社（アマ選択も可）、一定の条件を満たす個人などが含まれる。特定投資家を相手方とする場合には、金融商品取引業者等に対する広告規制、契約締結前の書面交付義務、適合性原則などの販売・勧誘規制が、原則として、免除される。

特定投資家私募（とくていとうしかしぼ）

特定投資家のみを取得申込みの勧誘の相手方として勧誘を行う場合であって以下のすべての要件に該当する場合をいう。

- 取得勧誘の相手方が国、日本銀行および適格機関投資家以外の者である場合に、金融商品取引業者等が顧客（発行者）からの委託により、又は自己のために当該勧誘を行うこと
- 当該社債がその取得者から特定投資家及び一定の非居住者以外の者に譲渡されるおそれが少ないもの

発行事務代行会社（はっこうじむだいこうかいしゃ）

社債発行事務（社債申込書の作成、払込金の受領、発行代わり金の交付等）を社債発行者に代わって行う会社のこと。通常は、社債管理者又は発行代理人・支払代理人がこれらを兼務するケースが多い。

発行代理人（はっこうだいりにん）

一般債振替制度において、発行代理

人とは、社債発行者の代理人として、機構が定める業務規程の定めるところにより一般債に係る記録等の手続を行う者をいう。

引受（ひきうけ）

発行される有価証券が全部取得され、未取得部分を残さないことを発行者に、証券会社等が保証することをいう。資金調達が不成立に終わるなどの危険を引受会社の負担により排除し、有価証券の発行を確実にする機能を果たしており、このリスク負担を「引受責任」という。

物上担保（ぶつじょうたんぽ）

債権保全の手段の一つで、特定の物や権利といった財産によって債権を担保するものをいう。代表例として、抵当権や質権、譲渡担保などがある。

振替機関（ふりかえきかん）

一般振替制度に基づく振替に関する業務を営む者として主務大臣の指定を受けた株式会社をいい、具体的には、株式会社証券保管振替機構が指定されている。

振替債（ふりかえさい）

登録債に代わって、2006年1月より、社債等の振替に関する法律（社振法）に基づき、債券における投資家の権利移転をコンピューター上の振替口座簿（銀行・証券会社等の口座管理機関が管理）における残高の増減額記録により行う決済制度（一般振替制度）がスタートし、この制度にて扱う社債等を振替債という。

プロ私募（プロしぼ）

適格機関投資家のみを相手方として行う新たに発行される有価証券の取得の申込みの勧誘で、当該有価証券が適格機関投資家以外（アマ）に譲渡されるおそれが少ないもの。

募集（ぼしゅう）

金融商品取引法上の募集に該当する場合とは、新たに発行される有価証券の取得の申込みの勧誘であって、プロ私募、特定投資家私募、少人数私募のいずれにも該当しないものをいう。有価証券の募集にあっては発行開示が義務付けられている。

物上担保付社債（ぶつじょうたんぽつきしゃさい）

社債の発行会社が保有する特定の物的財産（土地、工場、機械設備、船舶など）を担保としている債券のこと。

無担保社債（むたんぽしゃさい）

担保が付されていない社債のこと。現在発行されているものの多くは無担保社債である。無担保社債が債務不履行になった場合は、額面金額や利払いは保証されない。

目論見書（もくろみしょ）

☞11.ディスクロージャー

有価証券届出書（ゆうかしょうけんとどけでしょ）

☞11.ディスクロージャー

有価証券報告書（ゆうかしょうけんほうこくしょ）

☞11.ディスクロージャー

利息法（りそくほう）

償却原価法の計算方法の一つで、他に定額法がある。債券などのクーポン利子額と金利調整差額との合計額が社債の帳簿価額に対し一定率（実効利子率）となるように、複利をもって各期の損益に配分する方法をいう。各期の損益に配分された配分額とクーポン利子額との差額（＝帳簿価額×実効利子率－債券額×クーポン利子率）を帳簿価額に加減する。

仕訳例

● 当社は以下の条件でX1年4月1日に社債を発行し、払込金を当座預金とした。当社は12月末日が決算日である。なお、償却原価法につき、利息法を採用している。

▶社債額面総額：100,000円

▶社債発行価額：額面100円につき97円

▶償還期限：3年（満期日一括償還）

▶年利率：2%（実効利子率　3.054%）

▶利払日：9月末・3月末

利払日	A.利払日簿価	B.社債利息	C.利払額	D.償却額(B－C)	E.償却原価(A＋D)
X1/09/30	97,000	1,481	1,000	481	97,481
X2/03/31	97,481	1,489	1,000	489	97,970
X2/09/30	97,970	1,496	1,000	496	98,466
X3/03/31	98,466	1,504	1,000	504	98,970
X3/09/30	98,970	1,511	1,000	511	99,481
X4/03/31	99,481	1,519	1,000	519	100,000

● X1/04/01社債発行時の仕訳

（当 座 預 金）97,000　（社　　債）97,000

（※）発行価額で記帳。100,000 × 97/100=97,000

● X1/09/30利払日における仕訳

（社 債 利 息）1,481（＊1）　（当 座 預 金）1,000（＊2）

（社　　債）481（＊3）

（＊1）97,000 × 3.054% × 6/12 = 1,481

（＊2）100,000 × 2% × 6/12 = 1,000

（＊3）1,481－1,000=481

● X2/03/31利払日・決算日における仕訳

（社 債 利 息）1,489（＊4）　（当 座 預 金）1,000（＊5）

（社　　債）489（＊6）

（＊4）（97,000+481）× 3.054% × 6/12 = 1,489

（＊5）100,000 × 2% × 6/12 = 1,000

（＊6）1,489－1,000=489

26 デリバティブ取引管理

相対取引（あいたいとりひき）

取引所を介さずに売買の当事者同士で売買を行う方法のこと。取引価格等取引条件は双方の合意により決定される。対義語は「取引所取引」。

アウト・オブ・ザ・マネー（OTM：Out of The Money）

オプションを行使したときに損失が出てしまう状態のオプションを、アウト・オブ・ザ・マネーにあるという。

アット・ザ・マネー（ATM：At The Money）

オプションを行使したときに利益がゼロの状態のオプションを、アット・ザ・マネーにあるという。

アービトラージ（Arbitrage）

☞裁定（さいてい）

洗替え方式（あらいがえほうしき）

☞21.有価証券管理

ISDA（イスダ：International Swaps and Derivatives Association, Inc.）

国際スワップ・デリバティブ協会。デリバティブの効率的かつ着実な発展を促進するため、1985年にニューヨークで設立されたデリバティブに関する世界的な組織（全世界的な業界団体）。

ISDAマスターアグリーメント（イスダ・マスターアグリーメント）

ISDA（国際スワップ・デリバティブ協会）が作成したデリバティブ取引の基本契約書。本契約書は、デリバティブ取引を相対で行う場合に、予め相手方と基本的なルールや枠組みを決めておこうという考え方に基づき、主に金融機関が参加するマーケットで一般的に利用されている。また、個々の取引については、取引毎に簡単な「取引明細（内容確認書：コンファメーション）」を交わし、基本契約書と合わせて、取引全体の契約書として機能させている。

イン・ザ・マネー（ITM：In The Money）

オプションを行使したときに利益が出る状態のオプションを、イン・ザ・マネーにあるという。

受渡決済（うけわたしけっさい）
約束の日に実際に対象商品と代金の受け渡しを行う決済方法のこと。

オプション取引（オプションとりひき）
原資産を、将来の一定期日までに、特定の価格（権利行使価格）で、売り付ける権利又は買い付ける権利（オプション）の取引のこと。売る権利をプット・オプション、買う権利をコール・オプションという。オプションには相対取引と取引所取引がある。

オプション料（オプションりょう）
オプション取引においてオプションの買い手が売り手に対して支払う対価で、売り手はオプション料を受け取る代わりに、買い手から権利行使の申し出があった場合その行使に応じなければならない義務を負う。「オプション・プレミアム」とも呼ばれる。

キャッシュ・フロー・ヘッジ（Cash Flow Hedge）
ヘッジ取引の一つ。金融商品会計実務指針では、「キャッシュ・フローを固定するヘッジ取引」という。「キャッシュ・フロー・ヘッジ」は国際会計基準・米国会計基準での呼び名である。
キャッシュ・フロー・ヘッジは、ヘッジ対象がキャッシュ・フローの変動リスクにさらされており、かつ、ヘッジ対象（原資産等）のキャッシュ・フロー変動とヘッジ手段（デリバティブ）のキャッシュ・フローの変動との間に密接な経済的相関関係があり、ヘッジ手段がヘッジ対象のキャッシュ・フローの変動リスクを減少させる効果を持つヘッジのことをいう。たとえば、変動金利連動借入金の金利変動リスクを減少させるための金利スワップなどがこれに相当する。

切放し方式（きりはなしほうしき）
☞21.有価証券管理

金利スワップの特例処理（きんりスワップのとくれいしょり）
本来金利スワップは時価評価を行うのが原則であるが、一定の要件を充足すれば、時価評価をせず、金銭の受払いの純額等を対象となる資産・負債に係る利息に加減して処理する方法が認められている。

繰延ヘッジ（くりのべヘッジ）
ヘッジ会計の原則的処理方法。時価評価されているヘッジ手段（デリバティブ）に係る損益又は評価差額を、ヘッジ対象（原資産等）に係る損益が認識されるまでは、「繰延ヘッジ損益」

勘定等を用いて、純資産の部において繰り延べる方法。繰延にあたっては、税効果会計を適用しなければならない。なお、連結財務諸表においては、包括利益会計基準により、繰延ヘッジ損益の当期の変動額については、「その他の包括利益」として、連結包括利益計算書等にも表示しなければならない。

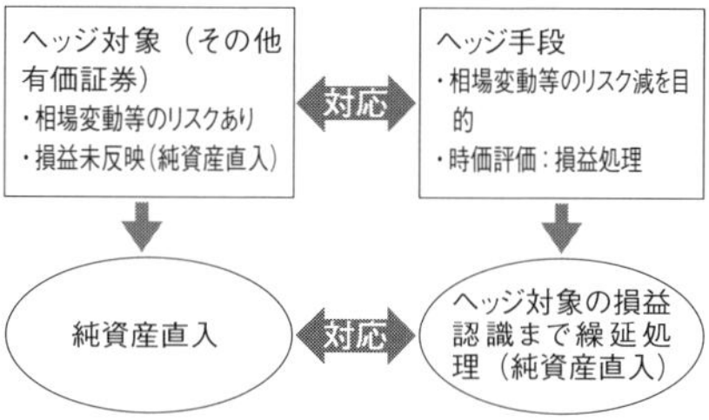

仕訳例

● 当社は額面100円につき100円で取得した総額100,000円の国債を保有している（簿価100,000円）。当社は、この国債の価格変動リスクをヘッジするため、X01年2月1日に国債先物（限月6月）100,000円の売建処理を行った。さらにX01年5月31日に当該国債を売却し、先物取引も決済した。なお、当社は国債を「その他有価証券」に分類（時価評価：純資産直入法）しており、決算日は3月31日とする。ヘッジ会計として「繰延ヘッジ」を採用している。保有する国債と先物取引の市場価格は下記の通りであった。但し税効果の影響は無視することとする。

	国債	先物取引
X01/2/1	@—	@100
X01/3/31	@98	@96
X01/5/31	@96	@94

● X01/2/1
—仕訳なし

● X01/3/31
—国債（ヘッジ対象）の評価

(その他有価証券評価差額金)(＊1) 2,000　(投資有価証券) 2,000(＊2)

(＊1) 純資産の部
(＊2) 評価差額＝(98－100)×1,000＝▲2,000

—債券先物取引（ヘッジ手段）の評価

(債券先物取引)(＊3) 4,000　(繰延ヘッジ損益) 4,000(＊4)

(＊3)「債券先物取引」は資産の部
(＊4) 評価差額＝（100－96）×1,000＝4,000

● X01/4/1

(投資有価証券)　2,000　(その他有価証券評価差額金)　2,000

(※) ヘッジ対象の洗替処理

● X01/5/31
—国債（ヘッジ対象）の売却

(現 金 預 金) 96,000　(投資有価証券) 100,000
(投資有価証券売却損) 4,000(＊5)

(＊5) 売却損益＝(96－100)×1,000＝▲4,000

—先物取引（ヘッジ手段）の決済

(債券先物取引)　2,000　(繰延ヘッジ損益)(＊6) 2,000
(現 金 預 金) 6,000(＊7)　(債券先物取引)　6,000

(＊6)「繰延ヘッジ損益」は純資産の部
(＊7) 決済差額＝（100－94）×1,000＝6,000

—繰延ヘッジ利益の戻入

(繰延ヘッジ損益)　6,000　(投資有価証券売却損)　4,000
　(債券先物利益)(P/L) 2,000

(※) 繰延ヘッジの場合は、決済までは損益計上が繰り延べられ、ヘッジ対象の損益（有価証券売却損益）を計上した時に、ヘッジ手段の損益（債券先物利益）がP/L上認識され、ヘッジ対象の損益と相殺されることとなる。

原資産（げんしさん）

デリバティブ取引の対象となる資産のことをいう。株式や株価指数、通貨、債券、商品、金利、信用リスクなど、多様なものが対象となる。

公正価値ヘッジ（こうせいかちヘッジ）

ヘッジ取引の一つ。金融商品会計実務指針では、「相場変動を相殺するヘッジ取引」という。「公正価値ヘッジ（Fair Value Hedge)」は国際会計基準・米国会計基準での呼び名である。

ヘッジ対象（原資産等）が、相場変動リスクにさらされており、かつ、ヘッジ対象の相場変動とヘッジ手段の相場変動との間に密接な経済的相関関係があり、ヘッジ手段（デリバティブ）がヘッジ対象の相場変動リスクを減少させる効果を持つヘッジをいう。固定利付債を変動利付債（又はその逆）に変える金利スワップなどがこれに相当する。

コール・オプション（Call Option）

オプション取引の対象となる商品等を「買う権利」のこと。

裁定（さいてい）

価格形成の歪みを利用して利益を獲得するものであり、「鞘取引」とも呼ばれる。

先物取引（さきものとりひき）

売買の当事者が取引所の定める基準等に従い、将来の一定の時期において特定の商品を、現時点で定めた約定価格で取引することを約する契約のこと。代表的な先物取引として、債券先物取引、通貨先物取引、商品先物取引、金利先物取引、株価指数先物取引などがある。先物取引は先渡取引と異なり、取引所取引であることから、取引条件が定型化されており、委託証拠金が必要となる。また、決済の方法として、差金決済の方法がとられることが多い。

先渡取引（さきわたしとりひき）

売買の当事者が取引所外で、将来の一定の時期において特定の商品を、現時点で定めた約定価格で取引することを約する契約のこと。代表的な先渡取引として為替予約取引、金利先渡取引（FRA：Forward Rate Agreement)、為替先渡取引（FXA：Forward Exchange Agreement）などがある。先渡取引は先物取引とは異なり、相対（取引所外）取引であることから、取引単位、受渡日、価格などを自由に決めることができる。また、先渡取引は、期限日に現物を渡すことが原則であることから、期限日までの間に取引の対象商品の値動きによって契約を変更したり、解約したりする場合、相手方との交渉が必要になる。

差金決済（さきんけっさい）

先物取引では、受け渡しを伴わずに、当初行った取引の反対の取引（反対売買）を行って決済することが多い。この場合、買値と売値の差額の受け渡しによって決済することになるが、このような差額での決済方法のことをいう。

時価（じか）

☞21.有価証券管理

時価ヘッジ（じかヘッジ）

ヘッジ会計の例外的処理方法。ヘッジ対象（原資産等）である資産又は負債に係る相場変動等を損益に反映させることにより、その損益とヘッジ手段（デリバティブ）に係る損益とを同一の会計期間に認識する方法。我が国ではヘッジ対象が「その他有価証券」の場合にのみ認められる処理。一方IFRSやUSGAAPでは公正価値でヘッジの場合、時価ヘッジの会計処理が強制される。

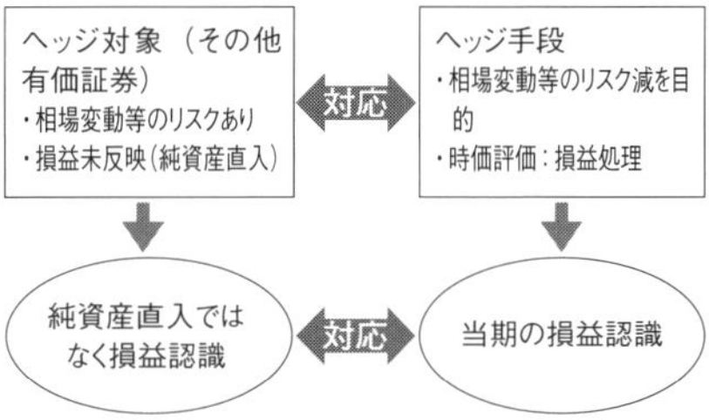

仕訳例

● 「繰延ヘッジ」の項に掲げた事例を用いて「時価ヘッジ」を採用した場合の仕訳例は次のとおりとなる。

● X01/2/1
（仕訳なし）

● X01/3/31
—国債（ヘッジ対象）の評価
(投資有価証券評価損益)(＊1) 2,000　(投資有価証券) 2,000 (＊2)
(＊1) P/Lに計上
(＊2) 評価差額＝(98－100)×1,000＝▲2,000
—債券先物取引（ヘッジ手段）の評価
(債券先物取引)(＊3) 4,000　(債券先物利益) 4,000 (＊4)
(＊3)「債券先物取引」は資産の部
(＊4) 評価差額＝（100－96）×1,000＝4,000をP/Lに計上

● X01/4/1
(投資有価証券)　2,000　(投資有価証券評価損益)　2,000
(※) ヘッジ対象の洗替処理

● X01/5/31
—国債（ヘッジ対象）の売却
(現 金 預 金) 96,000　(投資有価証券) 100,000
(投資有価証券売却損) 4,000 (＊5)
(＊5) 売却損益＝(96－100)×1,000＝▲4,000
—先物取引（ヘッジ手段）の決済
(債券先物取引)　2,000　(債券先物利益) (＊6) 2,000
(現 金 預 金) 6,000 (＊7)　(債券先物取引)　6,000
(＊6) P/L計上
(＊7) 決済差額＝（100－94）×1,000＝6,000
(※) 時価ヘッジの場合は、ヘッジ対象の損益（有価証券売却損益）も、ヘッジ手段の損益（債券先物利益）もP/L上認識されることとなる。

市場リスク（しじょうリスク）

金利や為替などが市場の変化により、デリバティブの価値が変動し、それに伴って損失が発生するリスクのこと。「マーケットリスク」、「価格変動リスク」と呼ぶこともある。

システミック・リスク（Systemic Risk）

一つの金融機関の破綻により連鎖的に他の金融機関の破綻にまでおよび金融システム全体の安定が損なわれるリスク。このリスクは政策当局・監督機関が対処すべき問題であるが、金融市場での相互依存性が高まっており、デリバティブ取引の拡大によりリスクは増加していく可能性がある。

信用リスク（しんようリスク）

☞21.有価証券管理

スペキュレーション（Speculation）

☞投機（とうき）

スワップ取引（スワップとりひき）

スワップとは「交換（swap）」を意味し、将来の一定期間に起こる経済価値が等価であると考えられる2つのキャッシュ・フローを相対する当事者間で合意した条件のもとで支払・受取をお互いに行う取引をいう。代表的なものに、金利スワップ、通貨スワップがある。スワップ取引は全て相対取引になる。

デリバティブ（Derivative）

一般的に「金融派生商品」とも呼ばれ、次のような商品がある。

（次頁表参照）

ポイント

原則的会計処理	会計上、デリバティブ取引から生じる正味の債権債務は時価評価を行い、評価差額は原則として当期の損益として処理する。
例外的会計処理	デリバティブ取引が一定のリスクヘッジを目的としている場合には、ヘッジの効果を会計に反映させるヘッジ会計が認められている。
法人税法上の取り扱い	企業会計上、デリバティブ取引が時価評価されることに合わせて、法人税法上でもデリバティブの評価損益を益金又は損金の額に算入するという取扱いになった。またヘッジ会計を適用している場合、繰延ヘッジ・時価ヘッジとも、基本的には、会計と税務で取扱いに大きな相違はないものの、切り放し方式は認められず、帳簿書類への記載要件等税法特有の要件もある。

●デリバティブ取引の種類

原資産	先渡（フォワード）	先物（フューチャー）	スワップ	オプション
金利	FRA（金利先渡）	金利先物	金利スワップ	金利オプション（キャップ・フロア・カラー）
債券		債券先物		債券オプション
通貨	為替予約，FXA（為替先渡）	通貨先物	通貨スワップ	通貨オプション
株式（株価指数）		株価指数先物	エクイティスワップ	株価指数オプション等
商品		商品先物	コモディティスワップ	商品オプション
その他				天候デリバティブ，クレジットデリバティブ等

投機（とうき）

投機とは、純粋にデリバティブ価格の値上がり、値下がりを見込んで取引を行い、短期間で利益を得ようとする取引のこと。投機は市場の撹乱要因になることもあるが、市場に厚みを与え、市場参加者がヘッジをしやすくするという長所もある。

取引所取引（とりひきじょとりひき）

取引所を通じて行われる取引のこと。取引条件は定型化されている。対義語は相対取引。

バック・オフィス（Back Office）

金融機関においては、フロント・オフィスで執行された取引の約定処理や基準価額の算出などの事務処理を行う部署をバック・オフィスと呼んでいる。

フォワード（Forward）

☞先渡し取引（さきわたしとりひき）

プット・オプション（Put Option）

オプション取引の対象となる商品等を「売る権利」のこと。

フューチャー（Future）

☞先物取引（さきものとりひき）

フロント・オフィス（Front Office）

金融機関においては、マーケットと相対し、株式や債券等の売買を行う部署をフロント・オフィスと呼んでいる。通常、ファンド・マネージャーが在籍し、アセット・アロケーションや銘柄選択を行う運用部門と売買の発注を行うトレーディング部門に分かれている。

ヘッジ（Hedge）

ヘッジとは、将来のリスクを少なくする、あるいは回避するための行動、取引のこと。デリバティブを利用して、現存の資産・負債や将来予定された取引が相場の変動やキャッシュ・フローの変動によって不利な状況に陥らないようにヘッジが可能となる。

ヘッジ会計（ヘッジかいけい）

ヘッジ会計とは、ヘッジ取引のうち一定の要件を満たすものについて、ヘッジ対象（リスクを抱えている資産等）に係る損益とヘッジ手段（ヘッジ目的のデリバティブ取引）に係る損益を同一の会計期間に認識し、ヘッジの効果を財務諸表に反映させるという会計処理をいう。これによって例えば、原資産が損失を発生したとしても、ヘッジが利益に計上され、損益が相殺される効果がある。

ヘッジ会計のポイント

ヘッジ会計の種類	公正価値ヘッジ（相場変動を相殺するヘッジ取引）とキャッシュ・フロー・ヘッジ（キャッシュ・フローを固定するヘッジ取引）の２種類がある。
ヘッジ会計の方法	繰延ヘッジと時価ヘッジとがある。
ヘッジ会計の要件	●ヘッジ取引開始時の要件（事前テスト） ヘッジ取引が企業のリスク管理方針に従ったものであることが、取引時に、次のいずれかによって客観的に認められることが必要となる。 ①取引が企業のリスク管理方針に従ったものであることが、取締役会議事録、稟議書等の文書により確認できること。 ②企業のリスク管理方針に関して明確な内部規程及び内部統制組織が存在し、当該取引がこれに従って処理されることが期待されること。 ●ヘッジ取引時以降の要件（事後テスト） ヘッジ取引時以降において、ヘッジ対象（原資産等）とヘッジ手段（デリバティブ）の損益が高い程度で相殺される状態又はヘッジ対象のキャッシュ・フローが固定されその変動が回避される状態が引き続き認められることによって、ヘッジ手段の効果が定期的に確認されていること。 （ヘッジ有効性の評価） ヘッジ対象に対するヘッジ手段の割合がおおむね80%から125%の範囲にあれば、ヘッジは有効とされる。

ヘッジ会計の中止・終了	●ヘッジ会計の中止 次の事態が発生した場合、ヘッジ会計の適用を中止しなければならない。 ①ヘッジ関係が企業のヘッジ有効性の評価基準を満たさなくなった場合 ②ヘッジ手段が満期、売却、終了又は行使のいずれかの事由により消滅した場合 ●ヘッジ会計の終了 ヘッジ対象（原資産等）が消滅したとき、又はヘッジ対象である予定取引が実行されないことが明らかになった場合、繰り延べられていたヘッジ手段に係る損益又は評価差額は当期の損益として処理しなければならない。

ヘッジ手段（ヘッジしゅだん）

ヘッジ会計において、相場変動による損失の可能性をヘッジするために行うデリバティブ取引のことをいう。

ヘッジ対象（ヘッジたいしょう）

ヘッジ会計において、価格変動、金利変動、為替変動等リスクを抱えている資産又は負債をいう。

ポジション（Position）

金融取引において「売り越し」又は「買い越し」の状態になっている持ち高のこと。金融商品を将来の時点で売買しようとすると、相場の変動により売買差益が変動するという市場リスクを負うことになる。金融商品を買っている状態を「ロングポジション（買い持ち）」と呼ぶ。一方、金融商品を売っている状態を、「ショートポジション（売り持ち）」と呼ぶ。

ミドル・オフィス（Middle Office）

金融機関においては、フロント・オフィスから独立した立場でその業務を監視する部署であり、パフォーマンス評価やリスク管理などを行っている。

約定日基準（やくじょうびきじゅん）

☞21.有価証券管理

リーガルリスク（Legal Risk）

取引の法律面での不備によって損失を被るリスクのこと。

流動性リスク（りゅうどうせいリスク）

☞21.有価証券管理

レバレッジ効果（レバレッジこうか）

デリバティブ取引では元本に相当する資金の払込が不要で、オプション料や証拠金のみで取引が可能なため、投下資本に対する損益の比率が従来のオンバランス取引と比較して拡大することになる。この結果、デリバティブ取引で得られる損益は、必要な元手と比較して大きなものとなる。これを「テコ（leverage）の原理」になぞらえて「レバレッジ効果」と呼ぶ。

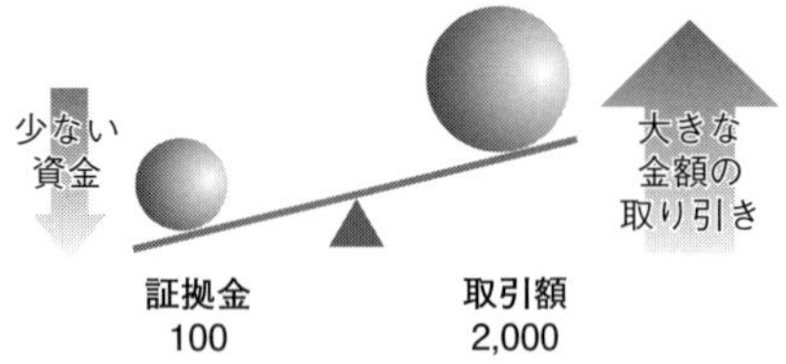

27 外貨建取引管理

インターバンク市場（インターバンクしじょう）

☞銀行間取引市場（ぎんこうかんとりひきしじょう）

外貨建取引（がいかだてとりひき）

売買価額その他取引価額が外国通貨で表示されている取引をいい、下記のようなものがある。

- 取引価額が外国通貨で表示されている物品の売買又は役務の授受
- 決済金額が外国通貨で表示されている資金の借入又は貸付
- 券面額が外国通貨で表示されている社債の発行
- 外国通貨による前渡金、仮払金の支払又は前受金、仮受金の受入
- 決済金額が外国通貨で表示されているデリバティブ取引等

（次頁表参照）

外貨預金（がいかよきん）

☞19.現金出納管理

外国為替（がいこくかわせ）

通貨を異にする国際間の貸借関係を、現金を直接送付することなく、為替手形や送金小切手などの信用手段によって決済する方法のこと。

外国為替市場（がいこくかわせしじょう）

外国為替の取引の場、即ち、円やドルなどの異なる通貨を交換（売買）する場をいう。「市場」といっても、証券取引所のように特定の場所を指すのではなく、特定の枠組みの中で行われる取引全体を示す抽象的な概念であり、多くの取引は電話や電子機器を通じて行われている。

外国為替相場（外国為替レート）（がいこくかわせそうば（がいこくかわせレート））

☞為替相場（かわせそうば）

為替相場（為替レート）（かわせそうば（かわせレート））

外国為替市場において異なる通貨が交換（売買）される際の交換比率のこと。「外国為替相場（外国為替レート）」ともいう。

為替ポジション（かわせポジション）

ある企業が外貨建ての資産（例、輸出売掛金、外貨預金等）と外貨建ての負債（例、輸入買掛金、外貨建借入金等）を保有している場合の差額残高の

外貨建取引の会計処理のポイント

取引発生時	原則として、取引発生時には取引発生時レートで円換算を行う。ただし、為替リスクのヘッジ手段として為替予約を付した場合でヘッジ会計（☞26.デリバティブ取引管理）の要件を満たす場合には、外貨建取引と為替予約を一体としてみる振当処理も認められている。
取引決済時	外貨建金銭債権債務の決済（外貨通貨の円転換も含む）に伴って生じた損益は、「為替差損益」勘定で処理する。
決算時	原則として、子会社及び関連会社株式以外は決算時レートで換算替えを行う。

●主な外貨建資産・負債の期末換算・評価

区　分	貸借対照表計上額	期末時換算レート	評価差額の処理	換算差額の処理
外国通貨	取得原価	決算時レート	なし	当期の損益
外貨預金	取得原価	決算時レート	なし	当期の損益
その他外貨建金銭債権債務	取得原価（＊1）	決算時レート	なし	当期の損益
有価証券				
売買目的有価証券	時価	決算時レート	当期の損益	当期の損益
満期保有目的債券	取得原価又は償却原価	決算時レート（＊2）	なし	当期の損益
子会社及び関連会社株式	取得原価	取得時レート	なし	なし
その他有価証券	時価	決算時レート（＊3）	純資産の部（税効果控除後）（＊3）	純資産の部（＊3）（＊4）
デリバティブ（原則）	時価	決算時レート	当期の損益	当期の損益

（＊1）債権にあっては，貸倒見積高を控除する。
（＊2）当期償却額は，期中平均レートで換算。
（＊3）債券については，外貨時価変動に係る換算差額を評価差額とし，それ以外の換算差額については当期の損益に計上する処理も可能。
（＊4）連結財務諸表においては，当期の増減を連結包括利益計算書に表示することになる。

税務との相違点

期末換算に関して、下記のとおり企業会計と法人税法と若干差異がある。

●期末換算方法（企業会計と法人税との比較）

<table>
<tr><th colspan="4">法人税</th><th colspan="2">企業会計（＊1）</th></tr>
<tr><th colspan="3">法人税上の区分</th><th>換算方法</th><th>企業会計上の区分</th><th>換算相場</th></tr>
<tr><td colspan="3">外貨建債権債務</td><td>発生時換算法又は期末時換算法（＊2）</td><td>外貨建金銭債権債務</td><td>決算時レート</td></tr>
<tr><td rowspan="4">外貨建有価証券</td><td colspan="2">売買目的有価証券</td><td>期末時換算法</td><td>売買目的有価証券</td><td>決算時レート</td></tr>
<tr><td rowspan="3">売買目的外有価証券</td><td>償還期限及び償還金額の定めのあるもの</td><td>発生時換算法又は期末時換算法（＊3）</td><td>満期保有目的の外貨建債券</td><td>決算時レート</td></tr>
<tr><td rowspan="2">上記以外</td><td rowspan="2">発生時換算法</td><td>その他有価証券</td><td>決算時レート</td></tr>
<tr><td>子会社株式及び関連会社株式</td><td>取得時レート</td></tr>
<tr><td colspan="3">外貨預金</td><td>発生時換算法又は期末時換算法（＊2）</td><td>外貨預金</td><td>決算時レート</td></tr>
<tr><td colspan="3">外国通貨</td><td>期末時換算法</td><td>外国通貨</td><td>決算時レート</td></tr>
</table>

（＊1）「外貨建取引等会計処理基準」に基づき作成
（＊2）法定換算方法は，短期のものが期末時換算法，長期のものが発生時換算法
（＊3）法定換算方法は，発生時換算法

こと。外貨建資産＞外貨建負債の場合、「買い持ち」（ロング・ポジション）と言い、逆に、外貨建資産＜外貨建負債の場合、「売り持ち」（ショート・ポジション）と言う。

また、両者がバランスしている状態を「スクエア」（スクエア・ポジション）又は「マリー」とも言う。「買い持ち」もしくは「売り持ち」の場合は、為替相場のリスクを受けることになるので、自社のリスク管理方針に従って、何らかの為替リスクを回避する方策を検討する必要がある。

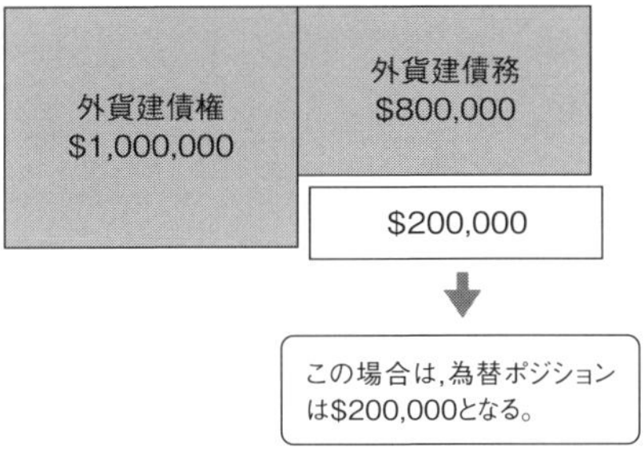

為替予約（かわせよやく）

☞先物為替予約（さきものかわせよやく）

為替リスク（かわせリスク）

外貨建資産・負債の保有者が為替相場の変動（下落・上昇）によって損失（為替差損）を被るリスクのことをいう。

銀行間為替相場（ぎんこうかんかわせそうば）

銀行間取引市場での為替相場のこと。世界中の銀行を相手に、24時間、電話やインターネットなどを通じてやり取りしている為替レート。同時刻における銀行間為替相場は多数存在し、すべて1対1の相対で取引される。

銀行間取引市場（ぎんこうかんとりひきしじょう）

銀行同士が直接、あるいは為替ブローカーを通じて外国為替取引を行っている取引の市場をいう。インターバンク市場とも呼ばれる。

繰延ヘッジ処理（くりのべヘッジしょり）

☞26.デリバティブ取引管理

先物為替予約（さきものかわせよやく）

将来の特定の日あるいは期間内に、外国為替の受渡しをする契約のことをいう。例えば、ドル建ての輸出をした場合、代金回収が3ヶ月後と取り決めをしたとすると、この3ヶ月の為替相場の変動により売上代金が大きく変動するリスクがある。この場合、先物為替の売り予約をすることで、予め円価額を確定することが可能となる。このように先物為替予約は、為替相場変動リスクを回避する手段として用いられている。なお、先物為替予約は相対取引になる。

なお、先物為替予約の会計処理として、独立処理、繰延ヘッジ処理（☞デリバティブ取引管理）及び振当処理の3方法がある。

先物相場（さきものそうば）

受渡が3営業日以降になる取引を「先物取引」といい、先物取引に適用される為替相場を「先物相場（フォワードレート）」または「予約レート」と呼ぶ。

直先差額（じきさきさがく）

為替予約等の締結時の直物為替相場と為替予約等の締結レートとの差額の円貨額をいう。振当処理の場合、直先差額は、予約等締結日の属する期から決済日の属する期までの期間にわたって合理的な方法により期間配分し、各期の損益として処理する。次期以降分は、「（長期）前払費用」「（長期）前受収益」勘定等で資産・負債に計上し、償却することとなる。

直々差額（じきじきさがく）

外貨建金銭債権債務等の取得または発生時から、為替予約等の締結時までに生じている直物為替相場の変動による円貨額をいう。振当処理の場合、直先差額は、予約等締結日の属する期の損益として処理する。

直物相場（レート）（じきものそうば（レート））

銀行間取引市場では、取引契約の締結日から2営業日以内後が受渡日になる取引を「直物取引」といい、直物取引に適用される為替相場（レート）を「直物相場（スポットレート）」と呼ぶ。なお、顧客市場では、直物取引は一般的に契約と同時に受渡が行われる。

15%ルール（じゅうごパーセントルール）

法人税法上の外国為替の売買相場が著しく変動した場合の期末換算方法の特例処理。税務上、下記割合が概ね15%以上になると、たとえ発生時換算法の外貨建資産等であっても、期末時（決算時）レートに換算替えを行うことができる。これを通称「15%ルール」と呼んでいる。

算式

$$\frac{\text{期末の外貨建資産等の額×期末時レート} - \text{期末の当該外貨建資産等の帳簿価額}}{\text{期末の外貨建資産等の額×期末時レート}} \geqq \text{概ね}15\%$$

これは異常な為替相場の変動が経営に与える影響を考慮されたものであるといえよう。

対顧客為替相場（たいこきゃくかわせそうば）

顧客市場での為替相場。日本では午前10時近くの銀行間為替相場を基準に仲値を決め、仲値に銀行の売買益（手数料）を加減してその日の対顧客相場を公示している。

対顧客市場（たいこきゃくしじょう）

個人や一般の企業等が外国為替取引を行っている取引の市場をいう。

TTS（ティーティーエス：Telegraphic Transfer Selling Rate）

☞電信売り相場（でんしんうりそうば）

TTM（ティーティーエム：Telegraphic Transfer Middle Rate）

TTSとTTBの仲値。法人税法上採用する原則の為替相場。

TTB（ティーティービー：Telegraphic Transfer Buying Rate）

☞電信買い相場（でんしんかいそうば）

電信売り相場（でんしんうりそうば）

顧客が金融機関で円貨を外国通貨に交換する際に適用される為替レート。「売り」は金融機関側からみた呼び名である。TTS（Telegraphic Transfer Selling Rate）とも呼ぶ。

電信買い相場（でんしんかいそうば）

顧客が金融機関で外国通貨を円貨に交換する際に適用される為替レート。「買い」は金融機関側からみた呼び名である。TTB（Telegraphic Transfer Buying Rate）とも呼ぶ。

独立処理（どくりつしょり）

為替予約の会計処理の原則的方法。為替予約取引それ自体を外貨建取引とは別個のデリバティブ取引（☞26.デリバティブ取引管理）として会計処理を行う方法。即ち、為替予約（ヘッジ手段）を期末に時価評価し、ヘッジ対象（☞26.デリバティブ取引管理）である外貨建金銭債権債務等も期末換算・評価を行うというもの。

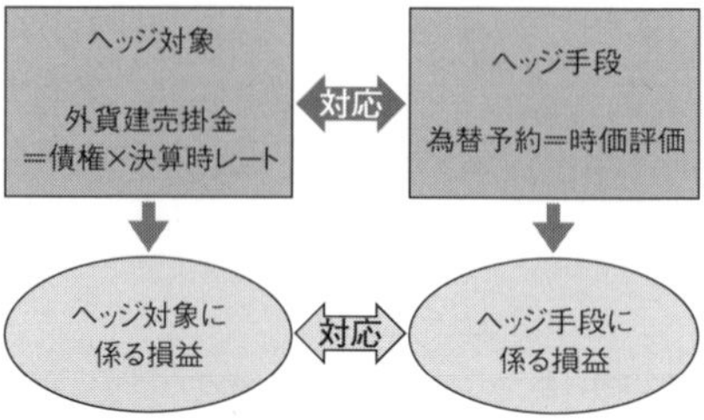

仕訳例

● 当社はX1年8月31日に自社商品1,000NZドル、ニュージーランドのC社に輸出する契約を締結した。当該商品を10月31日に船積みし、当社は売上を計上した。なお売掛金は3か月後のX2年1月31日に決済する。また11月30日に当該売掛金の円高リスクのヘッジのため、2か月先物のドル売り為替予約（1NZドル81円）を締結した。なお、為替レートは下記のとおりであった。当社の決算日は12月31日で、独立処理で当該取引を記帳する。

	内容	直物相場	先物相場
8/31	輸出契約締結	90	86
10/31	船積み（売上認識）	85	82
11/30	為替予約締結	84	81
12/31	決算日	80	79
1/31	決済日	83	—

直々差額
直先差額

● X1/8/31
（仕訳なし）

● X1/10/31

（売　掛　金）85,000　（売　　上）85,000

（※）1,000 NZドル×85円＝85,000円

● X1/11/30
（仕訳なし）
● X1/12/31
—売掛金の換算替え

（為替差損）	5,000	（売掛金）	5,000

（※）1,000 NZ ドル×（80円－85円）
＝△5,000円
—為替予約の時価評価

（為替予約資産）	2,000	（為替差益）	2,000

（※）1,000 NZ ドル×（81円－79円）
＝2,000円
● X2/1/31
—売掛金の決済

（現預金）	83,000	（売掛金）	80,000
		（為替差益）	3,000

（※）1,000 NZ ドル×83円＝83,000円
—為替予約の決済

（現預金）	81,000	（現預金）	83,000
（為替差損）	4,000	（為替予約資産）	2,000

仲値（なかね）

☞TTM（ティーティーエム）

ネッティング（Netting）

企業間取引等で、取引の都度決済を行うのではなく、一定期日に債権・債務をまとめて相殺し、差額決済をすることをいう。ネッティングにより、従来都度決済によりかさんでいた為替手数料などのコストが削減でき、資金の効率運用が可能になる等のメリットがある。 二者間での相殺をバイラテラル・ネッティング、三者以上にわたる相殺をマルチラテラル・ネッティングという。

振当処理（ふりあてしょり）

為替予約の会計処理の特例的方法。為替予約取引を外貨建取引に振当てて円換算額を算定する方法。為替予約等によって円貨でのキャッシュ・フローが固定されており、かつ、金融商品会計基準におけるヘッジ会計（☞26.デリバティブ取引管理）の要件を満たすものにつきその適用が認められている。振当処理の場合は、為替予約と外貨建取引を別個の処理とは考えず、一体としてみる経理処理といえる。

ポイント

● 取引発生時に為替予約が付された場合
原則として発生時レートではなく予約時レートで円換算を行う。
● 取引発生後に為替予約が付された場合
予約レートによる円換算額と外貨建て金銭債権債務の円換算額との差額（為替予約差額を直々差額と直先差額の二要因に分け、直々差額は、予約日の属する期に損益として計上する。一方、直先差額は、金利としての性質をもつことから、決済日にわたり期間配分し、次期以降分は、「（長期）前払費用」「（長期）前受収益」勘定等で資産・負債に計上し、償却する。

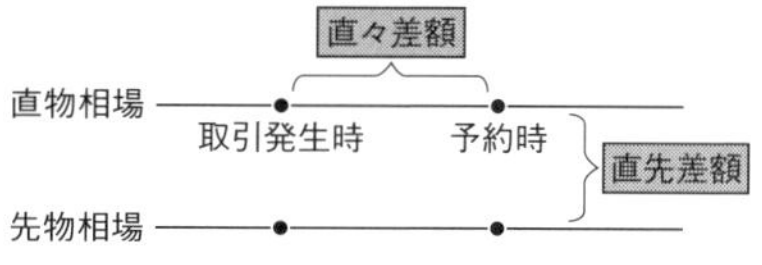

仕訳例

- 独立処理の項の事例を用いて、振当処理で行う。
- X1/8/31
  （仕訳なし）
- X1/10/31

（売　掛　金）85,000　（売　　上）85,000

（※）1,000 NZドル×85円＝85,000円

- X1/11/30

（為 替 差 損）1,000（＊1）　（売　掛　金）4,000（＊3）

（前 払 費 用）3,000（＊2）

（＊1）直々差額（84円－85円）×1,000 NZドル＝△ 1,000円。当期損益処理。

（＊2）直先差額（81円－84円）×1,000 NZドル＝△ 3,000円。期間配分処理。

（＊3）売掛金は為替予約レートで換算替え。

- X1/12/31
  —為替予約の期間配分

（為 替 差 損）1,500　（前 払 費 用）1,500

（※）3,000×1月/2月＝1,500円

- X2/1/31
  —売掛金の決済

（現　預　金）81,000　（売　掛　金）81,000

（為 替 差 損）1,500　（前 払 費 用）1,500

（※）為替予約後の81,000円を円で決済。未償却の直先差額残額を償却。

法定換算方法（ほうていかんざんほうほう）

法人税法上、外貨建取引を行った場合には、原則として確定申告書の提出期限までに、所轄税務署長宛てに、そのよるべき換算方法の届出をしなければならない。もしその届出を行わなかった場合には、下記の通り期末換算しなければならない。これを法定換算方法という。

区分	法定換算方法
外貨預金（短期）	期末時換算法
外貨預金（長期）	発生時換算法
外貨建債権債務（短期）	期末時換算法
外貨建債権債務（長期）	発生時換算法
満期保有目的債券	発生時換算法
満期保有目的外債券	発生時換算法

28 資金管理

IRR（アイアールアール：Internal Rate of Return）

☞内部収益率（ないぶしゅうえきりつ）

ROI（アールオーアイ：Return On Investment）

☞投下資本利益率（とうかしほんりえきりつ）

売上債権回転期間（うりあげさいけんかいてんきかん）

商品を販売してから売上債権（売掛金・受取手形）を回収するまでにかかる期間を月数または日数で示した指標。期間が短いほど現金化が早いことを意味するため、良いとされる。

算式

$$\text{売上債権回転期間（月）} = \frac{\text{売掛金＋受取手形}}{\dfrac{\text{売上高}}{12}}$$

売上債権回転率（うりあげさいけんかいてんりつ）

通常の営業取引から生じた売上債権（売掛金・受取手形）がどの程度滞留しているかをみるための指標。回転率が高ければ高いほど、売上債権回収までの期間が短いことを意味し、良いとされる。

算式

$$\text{売上債権回転率（回）} = \frac{\text{売上高}}{\text{売掛金＋受取手形}}$$

運転資金（資本）（うんてんしきん（しほん））

企業等が日々事業運営を行っていく中で必要な資金のことで、概ね、次の算式で計算される。

算式

運転資本＝売掛債権＋在庫－買掛債務

事業継続にあたって必要な資金ということから必要運転資金（資本）ともいわれる。また当期末の運転資金と前期末の運転資金の増減を、増加運転資金という。一方、流動資産（現預金を除く）から流動負債を控除したものを正味運転資金（資本）という。

NPV（エヌピーヴイ：Net Present Value）

☞割引現在価値法

回収期間法（かいしゅうきかんほう）

設備投資の投資効果を測定する財務的手法の一つ。初期投資額をその後のキャッシュ・フローにより回収するまでにどれくらいの回収期間がかかるかを算定する方法。

算式

$$回収期間（年）= \frac{投資額}{キャッシュ・フロー}$$

回収期間法のメリットは、計算が簡易で一定の有効性はあるものの、デメリットとしては、貨幣の時間的価値を考慮していないことや、投資回収後のキャッシュ・フローは無視される点などが挙げられる。

加重平均資本コスト（かじゅうへいきんしほんコスト）

自己資本と他人資本（負債）それぞれの期待収益率を構成比率により加重平均したもの。WACC（Weighted Average Cost of Capital）ともいう。

算式

$$WACC = \left(\frac{E}{D+E}\right) rE + \left(\frac{D}{D+E}\right)(1-t) \times rD$$

WACC ＝ 加重平均資本コスト
rE ＝ 自己資本コスト
t ＝ 法人税率
rD ＝ 負債コスト
D ＝ 負債総額
E ＝ 株式総額

投資判断をするときに、その投資から得られるIRR（内部収益率）がWACCを上回っていればそのプロジェクトは収益性が見込めることを意味する。

間接法（かんせつほう）

営業活動によるキャッシュ・フローの作成方法の一つで、当期純利益から非資金損益項目（減価償却費、引当金繰入額・戻入額等現金収入・支出の伴わない収益・費用項目）を加算して資産・負債の増加減少を逆算することにより間接的にキャッシュ・フローを計算する方法をいう。

間接法は、損益計算書の利益からスタートするので、損益計算書との関連が明らかであり、直接法と比べて作成が簡便というメリットがある。

キャッシュ・フロー計算書（キャッシュ・フローけいさんしょ）

一会計期間における資金（現金及び現金同等物）の増減（キャッシュ・フロー）の状況を一定の活動区分別（営業活動・投資活動・財務活動）にその算出過程を要約表示した計算書のこと。 その役割は、資金移動表と同じく、貸借対照表・損益計算書では、把握できない資金の流れを把握するために作成されるものである。

また、上場企業では2000年3月期から、開示書類の一つとして報告が義務づけられている。

● キャッシュ・フロー計算書の例

キャッシュ・フロー計算書

（単位：百万円）

	X01期	X02期
Ⅰ　営業活動によるキャッシュ・フロー		
税金等調整前当期純利益		
減価償却費		
貸倒引当金の増加額		
受取利息及び受取配当金		
支払利息		
有価証券売却益		
有形固定資産売却損		
売上債権の増加額		
棚卸資産の増加額		
仕入債務の増加額		
未払給与の増加額		
役員賞与の支払額		
小計		
利息及び配当金の受領額		
利息の支払額		
法人税等の支払額		
営業活動によるキャッシュ・フロー		
Ⅱ　投資活動によるキャッシュ・フロー		
有価証券の取得による支出		
有価証券の売却による収入		
有形固定資産の取得による支出		
有形固定資産の売却による収入		
貸付金の回収による収入		
投資活動によるキャッシュ・フロー		
Ⅲ　財務活動によるキャッシュ・フロー		
短期借入金の借入による収入		
短期借入金の返済による支出		
長期借入金の借入による収入		
長期借入金の返済による支出		
配当金の支払額		
財務活動によるキャッシュ・フロー		
Ⅳ　現金及び現金同等物の増減額		
Ⅴ　現金及び現金同等物の期首残高		
Ⅵ　現金及び現金同等物の期末残高		

ポイント	
営業活動によるキャッシュ・フロー	会社の本業から稼ぎ出した資金の増減を示すものである。営業損益計算の対象となった取引のほか、投資活動及び財務活動以外の取引によるキャッシュ・フローも記載される。
投資活動によるキャッシュ・フロー	有形・無形固定資産の購入といった設備投資や投資有価証券の購入、売却、資金の貸付、回収といった余剰資金の運用による成果を示したものである。会社が将来のためにどの程度資金を支出したのか、又はどの程度獲得したのかが分かる。
財務活動によるキャッシュ・フロー	借入や社債の発行といった資金調達やそれらの返済・償還といった会社のファイナンスに係る資金の増減を示すものである。配当金の支払いや自己株式の購入による支出も示される。

現金同等物（げんきんどうとうぶつ：Cash equivalents）

現金に類似するものとして、容易に換金可能であり、かつ価値の変動について僅少なリスクしか負わない短期投資のことをいい、キャッシュ・フロー計算書上キャッシュとして扱う。具体的には、定期預金（3ヶ月以内のもの）、譲渡性預金（CD）、コマーシャル・ペーパー（CP）などがこれに含まれる。

黒字倒産（くろじとうさん）

損益計算書上では黒字の状態であるにもかかわらず、資金繰りの関係で資金不足（資金ショート）となり法人などが倒産してしまうことをいう。「勘定合って、銭足らず」の状況のことをいう。

固定資金（こていしきん）

資金運用表上、利益・減価償却、固定資産・負債の増減、税金・配当金支払を表す。

固定長期適合率（こていちょうきてきごうりつ）

固定比率を拡張した指標で、固定資産への投資が、長期資金（自己資本＋固定負債）の枠内で賄われているかどうかを示す指標。

算式

$$\text{固定長期適合率（\%）} = \frac{\text{固定資産}}{\text{（自己資本＋固定負債）}} \times 100$$

一般的に100％以下が望ましいとされている。100％を超える場合、設備投資等を短期の返済資金でもって調達していることを意味し、資金繰りに問題があるといえる。

固定比率（こていひりつ）

固定資産への投資が、自己資本の枠内で賄われているかどうかを示す指標。

算式

$$\text{固定比率}(\%) = \frac{\text{固定資産}}{\text{自己資本}} \times 100$$

固定資産は回収に長い期間を要することから固定比率は100%以下が望ましいとされているが、現実には借入金等固定負債で調達することも多く、100%以下の企業は必ずしも多くはない。

在庫（棚卸資産）回転期間（ざいこ（たなおろししさん）かいてんきかん）

☞3. 在庫管理

在庫（棚卸資産）回転率（ざいこ（たなおろししさん）かいてんりつ）

☞3. 在庫管理

財務資金（ざいむしきん）

資金運用表上、固定資金および運転資金の不足分をどのような資金調達手段で賄っているのか（借入金、割引手形、社債等）を示すもの。

資金移動表（しきんいどうひょう）

資金繰表、資金運用表とともに資金3表のうちの一つ。発生主義で作成される損益計算書を、現金主義に引き直した表であり、損益計算書の利益と、貸借対照表の在高増減を結び付けて収支をとらえたもので、実際の事業活動のキャッシュ・フローに近い表である。（次頁上表参照）

資金移動表は、資金繰表と資金運用表のデメリットをカバーしたものであり、実際の事業活動の資金フローに近い表である。また、資金移動表は、現状の企業の支払能力を調査する時や、予算作成時に予算ベースの支払能力を確認する際にも利用されている。

資金運用表（しきんうんようひょう）

資金繰表、資金移動表とともに資金3表のうちの一つ。連続する2期分の貸借対照表を比較し、各科目の増減を資金の運用及び調達に区分して示した表のことで、1年間にいくら資金を調達（収入）し、どこに、いくら運用（支出）したかを示すものである。

資金はさらに、①固定資金、②運転資金及び③財務資金の3つに区分することで、より原因分析が明確になる。（次頁下表参照）

資金運用表のメリットは、資金余剰・資金不足の原因究明ができる点にある。例えば、運転資金不足になった場合は、左側（運用）にその原因が示

● 資金移動表の例

資金移動表

（自平成　年　月　日　至平成　年　月　日）

	支出			収入		
経常収支	経常支出			経常収入		
	売上原価	P/L		売上高	P/L	
	人件費	P/L		売上債権増加	B/S	
	諸経費	P/L				
	営業外費用	P/L				
	棚卸資産増加	B/S				
	仕入債務減少	B/S				
	減価償却費	P/L				
	その他資産増加	B/S				
	その他負債減少	B/S		経常収支尻①		
	合計		0	合計		0
経常外収支	経常外支出			経常外収入		
	税金	P/L		有形固定資産売却	B/S	
	配当金	P/L		借入金返済	B/S	
	有形固定資産購入	B/S				
	投融資	B/S		経常外収支尻②		
	合計		0	合計		0
総合収支	経常収支尻①			総合収支尻		
	経常外収支尻②					

● 資金運用表の例

資金運用表

（自平成　年　月　日　至平成　年　月　日）

	運用		調達	
運転資金	売上債権増加		売上債権減少	
	仕入債務減少		仕入債務増加	
	商品在庫増加		商品在庫減少	
	運転資金余剰①		運転資金不足②	
	合計	0	合計	0
固定資金	法人税等支払		税引前当期純利益	
	配当金支払		減価償却費	
	固定資産増加		固定資産減少	
	固定負債増加		固定負債減少	
	固定資金余剰③		固定資金不足④	
	合計	0	合計	0
財務資金	運転資金不足②		運転資金余剰①	
	固定資金不足④		固定資金余剰③	
	資本の減少		増資	
	短期借入金減少		短期借入金増加	
	長期借入金減少		長期借入金増加	
	現金・預金増加		現金・預金減少	
	合計	0	合計	0

され、売上債権の増加、仕入債務の減少、商品在庫の増加という形で現れる。売上債権の増加であれば、売上が増加したのか、債権回収が遅れているのか等を調査することができる。

資金繰り（しきんぐり）

一定期間の収入と支出を一定の区分に従い集計し、資金の過不足の調整をとることをいう。

資金繰表（しきんぐりひょう）

資金運用表、資金移動表とともに資金3表のうちの一つ。資金繰り表は、将来の資金の過不足を管理するため会社内部で作成する資料のこと。資金がいつの時点でいくらになるのかを予測するため月単位で作成するのが一般的である。

資金繰り表には、次のようなものがある。

● 一部制資金繰表

収入・支出の内訳を特に分類しない一番シンプルな資金繰表のこと。

● 二部制資金繰表

収入・支出を、大きく①営業収支と②財務収支の2区分に分けた資金繰表のこと。

● 三部制資金繰表

収入・支出を、①経常収支、②経常外収支（設備関係等収支）及び③財務収支に3区分に分けた資金繰表のこと。（次頁表参照）

資金繰り表は、資金残高がマイナスにならないように常時資金残高を示すのに重点をおいている一方で、どうして過不足が生じているかという原因把握まではできないというデメリットがある。

自己金融（じこきんゆう）

会社等が事業で獲得した収益の一部を内部留保して、会社内部で自らの必要資金を賄うことである。また減価償却費も資金流出のない費用項目であるため、自己金融創出効果があるといわれる。

資本コスト（しほんコスト）

企業が事業を行う際に調達した資本に対して支払うことが期待されるリターン、つまり見返りのコストのこと。資本コストは、自己資本（株式）コストと他人資本（負債）コストの二つに大別される。

自己資本の提供者は株主であり、株主が株式に対して出資した金額に対して期待するリターンが自己資本（株式）コストである。一方、他人資本の提供者は社債の保有者や借入金の貸出者であり、これら債権者が要求するリターン、つまり社債の利回りや借入金

● 三部制資金繰表の例

資金繰り表

（自平成　年　月　至平成　年　月）

（単位：百万円）

				期首	年月	年月	年月	年月	年月	年月	合計
前期繰越現金・当座預金			（A）		0.0	0.0	0.0	0.0	0.0	0.0	
経常収支	収入	売上代金	現金売上								0.0
			売掛金現金回収								0.0
			（手形回収）								0.0
			手形期日落								0.0
			手形割引								0.0
			（割引手形落込）								0.0
											0.0
		その他収入									0.0
		収入合計	（B）		0.0	0.0	0.0	0.0	0.0	0.0	0.0
	支出	仕入代金	現金仕入								0.0
			買掛金現金支払								0.0
			（手形支払）								0.0
			手形決済								0.0
											0.0
		賃金給与									0.0
		その他経費									0.0
		支払利息・割引料									0.0
		支出合計	（C）		0.0	0.0	0.0	0.0	0.0	0.0	0.0
	差引過不足		（D＝B－C）		0.0	0.0	0.0	0.0	0.0	0.0	0.0
経常外収支	収入	固定資産等売却収入									0.0
											0.0
		収入合計	（E）		0.0	0.0	0.0	0.0	0.0	0.0	0.0
	支出	税金・役員賞与配当									0.0
		固定資産等購入支払（除く支手）									0.0
		（固定資産等手形支払）									0.0
		固定資産等購入支払手形決済									0.0
		支出合計	（F）		0.0	0.0	0.0	0.0	0.0	0.0	0.0
	差引過不足		（G＝E－F）		0.0	0.0	0.0	0.0	0.0	0.0	0.0
財務収支	収入	長期借入金調達									0.0
		短期借入金調達									0.0
		定期性預金取り崩し									0.0
		増資									0.0
		収入合計	（H）		0.0	0.0	0.0	0.0	0.0	0.0	0.0
	支出	長期借入金返済									0.0
		短期借入金返済									0.0
		定期性預金預け入れ									0.0
		支出合計	（I）		0.0	0.0	0.0	0.0	0.0	0.0	0.0
	差引過不足		（J＝H－I）		0.0	0.0	0.0	0.0	0.0	0.0	0.0
翌月繰越現金・当座預金			（A＋D＋G＋J）		0.0	0.0	0.0	0.0	0.0	0.0	
残高	売掛金				0.0	0.0	0.0	0.0	0.0	0.0	
	受取手形				0.0	0.0	0.0	0.0	0.0	0.0	
	買掛金				0.0	0.0	0.0	0.0	0.0	0.0	
	支払手形				0.0	0.0	0.0	0.0	0.0	0.0	
	設備支手等営業外手形				0.0	0.0	0.0	0.0	0.0	0.0	
	短期借入金				0.0	0.0	0.0	0.0	0.0	0.0	
	長期借入金				0.0	0.0	0.0	0.0	0.0	0.0	
	割引手形				0.0	0.0	0.0	0.0	0.0	0.0	

利が他人資本（負債）コストである。

正味運転資金（資本）（しょうみうんてんしきん（しほん））

☞運転資金（資本）（うんてんしきん（しほん））

直接法（ちょくせつほう）

営業活動によるキャッシュ・フローの作成方法の一つで、商品の販売や仕入、給料の支払い、経費の支払いなどの主要な取引ごとにキャッシュ・フローを総額表示する方法をいう。

直接法では、収支ベースで作成されるものの、損益計算書との紐付きが不明となることや、実務上手間がかかるというデメリットがある。

DCF（ディーシーエフ：Discounted Cash Flow）

☞割引現在価値法（わりびきげんざいかちほう）

投下資本利益率法（とうかしほんりえきりつほう）

設備投資の投資効果を測定する財務的手法の一つ。投資に対する収益性で判定する方法。ROI（Return on Investment）ともいう。

算式

$$\text{投下資本利益率（\%）} = \frac{\text{投資利益（＊1）}}{\text{投資額（＊2）}} \times 100$$

（＊1）投資利益：会計上の税引前当期純利益を使用するのが一般的だが、フリー・キャッシュ・フローを用いることもある。
（＊2）投資額：新規投資額のみならず、追加投資額を加える場合もある。

この指標のメリットとしては、投資収益性が判断できるので、規模の異なる投資の比較に有効になるという点が挙げられる。一方で、長期投資の場合は貨幣の時間的価値が反映されていないことがデメリットとして挙げられる。

内部収益率（ないぶしゅうえきりつ）

IRR（Internal Rate of Return）ともいい、正味現在価値（NPV）＝0となるような割引率を指す。

IRRは、投資額と投資に伴うキャッシュ・フローが同金額となる場合に0%となり、キャッシュ・フローが投資額を上回る場合にプラスとなる。IRRは、投資額が同じ場合、キャッシュ・フローの金額が多いほど、また回収期間が早いほど高くなる傾向がある。 （次頁図参照）

● IRRの考え方

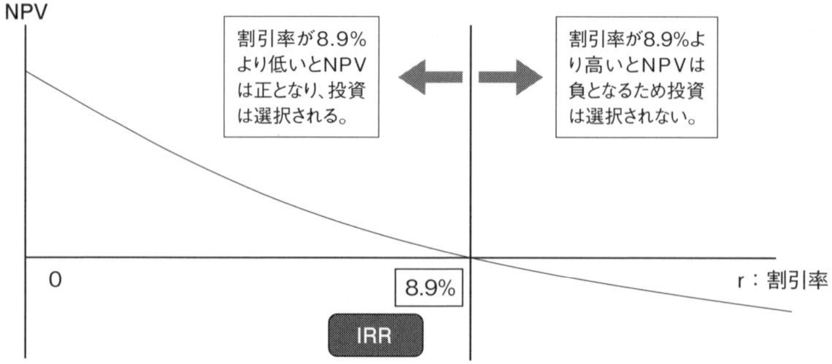
NPV
割引率が8.9%より低いとNPVは正となり、投資は選択される。
割引率が8.9%より高いとNPVは負となるため投資は選択されない。
0
8.9%
r：割引率
IRR

PP（ピーピー：Payback Period Method）

☞回収期間法（かいしゅうきかんほう）

フリー・キャッシュ・フロー（FCF：Free Cash Flow）

キャッシュ・フロー計算書で営業キャッシュ・フローから投資キャッシュ・フローを差引いたものをいう。一般的には、次の算式で算出する。

算式

FCF＝税引後営業利益＋減価償却費等－設備投資－正味運転資本増加額

FCF は企業活動の継続に必要な資本（運転資本，設備投資）を再投資した後の余剰資金であり，経営者が自由に処分できる手元資金を指す。つまり、内部留保するのか、投資家に還元するのか等は経営者の腕次第といえる。

WACC（ワック：Weighted Average Cost of Capital）

☞加重平均資本コスト（かじゅうへいきんしほんコスト）

割引現在価値法（わりびきげんざいかちほう）

設備投資の投資効果を測定する財務的手法の一つで、DCF（Discounted Cash Flow）法ともいう。将来のキャッシュ・フローを一定の割引率を用いて現在価値（PV：Present Value）に換算することで初期投資額と比較し、投資採算を算定する方法。将来のキャッシュ・フロー現在価値の累計から初期投資額を控除したものを正味現在価値（NPV：Net Present Value）という。

算式

$$\text{正味現在価値(NPV)} = \frac{C_1}{1+r} + \frac{C_2}{(1+r)^2} + \cdots + \frac{C_n}{(1+r)^n} - C_0$$

C：キャッシュ・フロー
r：割引率
n：投資期間

通常、割引率にはその企業の資本コストを用いる。要するに、初期投資額（C_0）がどれだけの価値を純額で創出したかを表すもので、NPV＞0となれば、投資以上の価値を創出しており、逆にNPV＜0となれば、採算割れが生じていることを意味する。

● NPVの考え方

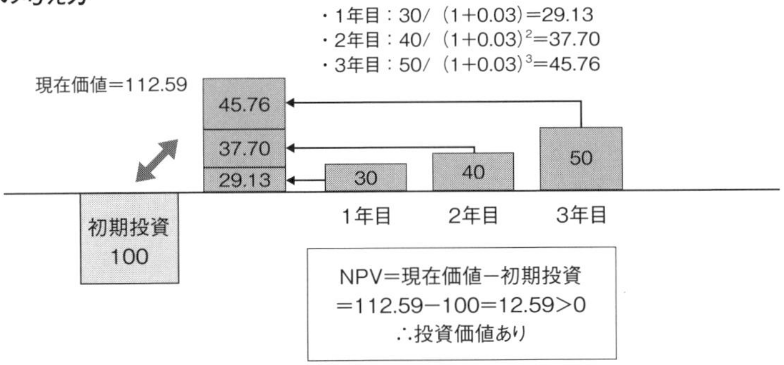

29 資産流動化業務

アセットファイナンス（Asset Finance）

企業の信用力・収益力により資金調達を行うことをコーポレートファイナンスと呼ぶのに対して、特定の資産そのものの信用力・収益力により、資金調達を行うことをいう。

アセット・マネージャー（AM：Asset Manager）

投資用資産の管理を実際の所有者・投資家に代行して行う業者のことである。不動産流動化の場合、主たる役割は、投資家に代わって、どの物件に幾らで投資すべきか、いつ売却するか等の運営を代行する。また実際の物件の管理を行うプロパティマネージャー（PM）に対して、管理の委託を行うと同時に、PMに対して適時指図を行い、投資家に対して物件の維持管理及び収益の最大化にコミットする。

RMBS（アールエムビーエス：Residential Mortgage Backed Securities）

住宅ローン債権担保証券。住宅ローンをプールして、それを担保に証券化した商品のこと。具体的には、銀行等が住宅ローンを出し、それをプールした上で特別目的会社（SPC）に売却。SPCはそれを担保にしてAAA格付をはじめとする数種類のトランシェに分けた証券を発行して引受、投資家に販売していくスキームである。

ウォーターフォール（Waterfall）

資産流動化において、契約上、特別目的会社（SPC）等からのオペレーションコストの支払、キャッシュの分配につき順序の定めがあり、一定の準備金を確保した上で、トリガー事由に該当しなければ最終的にエクイティ投資家に分配可能とさせている。このような計算を通称ウォーターフォールと呼んでいる。

● ウォーターフォール

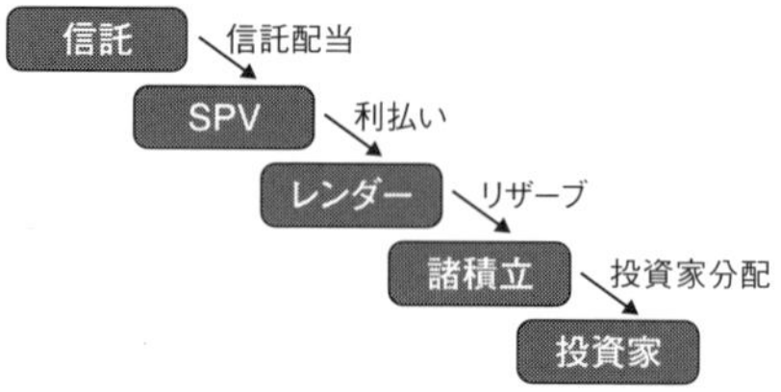

影響力基準（えいきょうりょくきじゅん）

☞10.連結決算管理

エクイティ（Equity）

企業における資金調達の一方法で、

新株発行、新株予約権付社債の発行など株主資本（エクイティ）の増加をもたらす資金調達のこと。エクイティ・ファイナンスともいう。発行会社から見ると、原則として返済の義務のない資金調達であり、財務体質を強固にする効果がある。

SPE（エスピーイー：Special Purpose Entity）

☞特別目的事業体（とくべつもくてきじぎょうたい）

SPC（エスピーシー：Special Purpose Company）

☞特別目的会社（とくべつもくてきかいしゃ）

SPV（エスピーヴィー：Special Purpose Vehicle）

☞特別目的事業体（とくべつもくてきじぎょうたい）

NK（エヌケー：Nini Kumiai）

☞任意組合（にんいくみあい）

LPS（エルピーエス：Limited Partnership）

☞投資事業有限責任組合（とうしじぎょうゆうげんせきにんくみあい）

オリジネーター（Originator）

流動化対象資産の原所有者のこと。

開発型SPV（かいはつがたエスピーヴィー）

商業用ビル、マンション、ショッピングモール等の不動産プロジェクトの開発資金の調達を目的とした証券化で設立される特別目的事業体（SPV）。開発型スキームは、不動産がキャッシュ・フローを生み出す前の段階、つまり不動産の開発段階において証券化の手法を活用し開発資金の調達を行うことを目的としている。

金融資産の消滅の認識（きんゆうしさんのしょうめつのにんしき）

☞21.有価証券管理

金融資産の発生の認識（きんゆうしさんのはっせいのにんしき）

☞21.有価証券管理

金融取引（きんゆうとりひき）

不動産流動化において、対象不動産の譲渡が真正売買とはみなされなかった場合の取引のことをいう。

（次頁図参照）

流動化前　　流動化後（金融取引の場合）

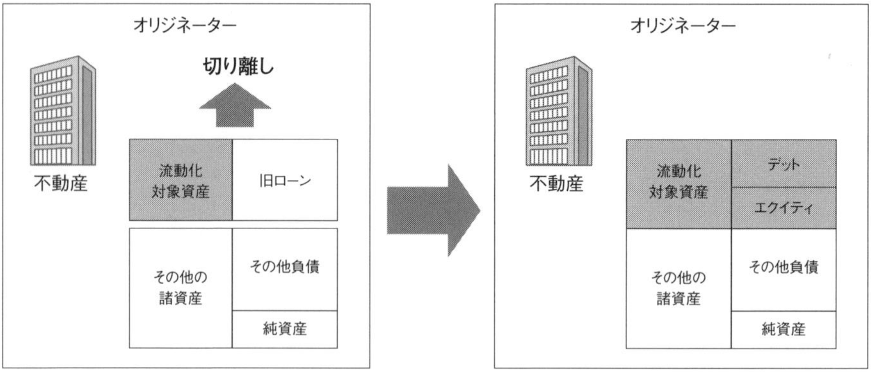

オリジネーターは不動産を流動化して旧ローンを返済することで、バランスシートの圧縮を考えている。

金融取引の場合、流動化によって得た資金で旧ローンを返済したとしても不動産は依然残り、新たに資金調達したデットとエクイティが加わり、意図したバランスシート圧縮につながることはない。

ケイマンSPC（ケイマンエスピーシー）

英国領ケイマン諸島に設立される特別目的会社のこと。不動産証券化において、オリジネーター（原保有者）と国内SPCとの倒産隔離の仕組みとして慈善信託と組み合わせて利用されることが多い。また法人税・源泉所得税がかからないことや、設立事務手続きの利便性が高いなどの理由で、ケイマン諸島が好まれて利用されている。

合同会社（ごうどうかいしゃ）

会社法において定められる持分会社の一つで、GK（Godo Kaisya）とも略される。社員は全員有限責任であり、会社の内部関係については組合的規律が適用され、機関設計や社員の権利などについて、内部自治が認められている。GK-TKスキームとして、私募ファンドで利用されることが多い。

財務構成要素アプローチ（ざいむこうせいようそアプローチ）

☞21.有価証券管理

CMBS（シーエムビーエス：Commercial Mortgage Backed Securities）

商業用不動産ローン担保証券。賃貸マンション、ホテル、倉庫、オフィスビル、スーパーなど商業不動産に対して実施した貸付金をプールして、それを担保に証券化した商品のこと。具体的には、銀行等が商業用不動産ローンを出し、それをプールした上で特別目的会社（SPC）に売却。SPCはそれを担保にしてAAA格付をはじめとする数種類のトランシェに分けた証券を発行して引受、投資家に販売していくスキームである。

J-REIT（ジェイリート）

☞不動産投資信託（ふどうさんとうししんたく）

GK（ジーケー：Godo Kaisya）

☞合同会社（ごうどうかいしゃ）

GK-TKスキーム（ジーケーティーケースキーム）

SPVとして会社法のGK（合同会社）を利用し、導管性確保の観点からSPVを営業者とするTK（匿名組合）を組み合わせた不動産流動化スキームの通称。SPVとしてGKが用いられるのは、KK（株式会社）よりコストが安い、有限責任、会社更生法の適用がないことなどの理由による。

（下図参照）

流動化対象資産としては不動産特定共同事業法の適用を回避する観点から不動産信託受益権を利用されることが多い。デットの資金調達手段としてはノンリコースローン、エクイティの資金調達手段としては、匿名組合出資が

● GK－TKスキーム

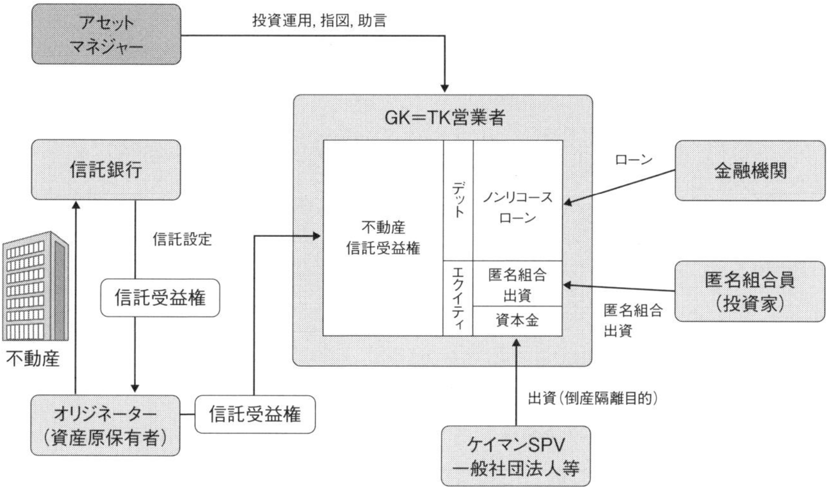

利用される。

GK-TKスキームでは、営業者であるGKがTK出資者（匿名組合員）に分配すべき利益は損金算入されるため、GKではほとんど課税が行われず、TK出資者の段階で課税されるというパススルー型の導管性が確保されている。またTMKスキームのような硬直性がなく、柔軟性がある点で好まれる。

資産運用型スキーム（しさんうんようがたスキーム）

まず「資金ありき」の資産運用目的の不動産証券化スキームのことをいう。いわゆる不動産ファンドを組成し、まず投資家から資金を集め、不動産に投資し、収益を獲得し、投資家に還元することを目的としたもので、不動産投資信託（J-REIT）や私募ファンドなどがある。中身の資産は継続的に売買して入れ替えを行う。一般的には、ファンドマネージャーの腕次第で投資収益が変わり得る。

資産証券化（しさんしょうけんか）

オリジネーターと呼ばれる原資産所有者から、仕組み上の器（ビークル）である特別目的事業体（SPV）が資産を譲り受け、それらの資産から生じるキャッシュ・フローを裏づけとして、ABS（Asset-Backed Securities）と呼ばれる証券を発行することをいう。その商品を投資家側からみて証券化商品と呼ぶ。

資産流動化（しさんりゅうどうか）

企業が保有する資産の信用力・収益力をもとに資金調達を行う手法のこと。対象となる資産をSPVに譲渡して資産を企業から切り離すことで、その企業の信用力に左右されることなく、純粋にその資産の生み出すキャッシュ・フローを原資として資金調達を行うことが可能となる。資産証券化と基本的に同じ仕組みは同様ながら、調達手法が証券発行に限られず、ローンや特定債権法上の小口債権など主に相対型のものも含めた広義の概念である。

流動化の対象となる資産には、金銭債権（売掛金、受取手形、住宅ローン、貸付債権等）、不動産、その他知的財産や設備資産（船舶や航空機等）ほか様々なものがある。（次頁図参照）

資産流動化型スキーム（しさんりゅうどうかがたスキーム）

まず「資産ありき」で、資金調達や資産処分による財務体質の改善を目的として、特定の不動産の流動化を目的とする不動産証券化スキームのことを

● 不動産流動化の基本的なスキーム

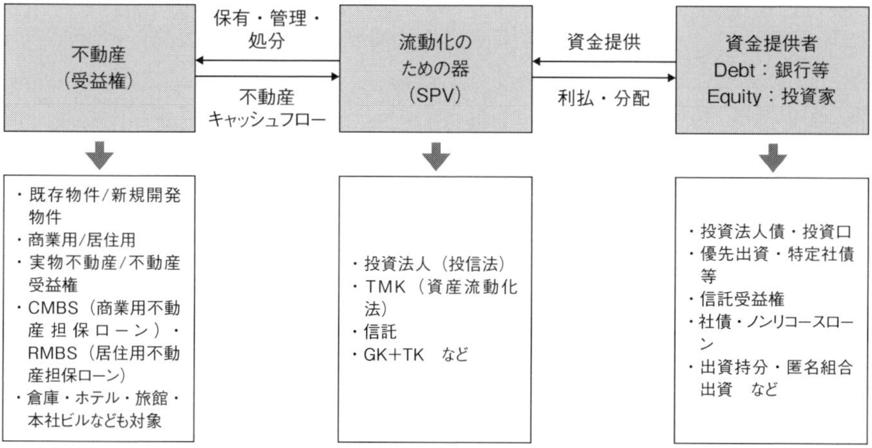

いう。資産の中身は特定されており、基本的には資産運用型のように入れ替えは行われることはない。投資家は当該資産のリスクと経済価値に対して投資をして果実を受け取る。

資産流動化計画（しさんりゅうどうかけいかく）

特定目的会社（TMK）による資産の流動化に関する基本的な事項を定めた計画のこと。TMK が資産の流動化に関する業務を行う場合には、資産流動化計画を作成し、事前に管轄財務局に届け出る必要がある。

資産流動化計画には資産の流動化に関する計画期間、資産対応証券の総口数の最高限度、特定資産の内容・取得の時期及び譲渡人、特定資産の管理及び処分の方法等の事項を記載しなければならない。

資産流動化法（しさんりゅうどうかほう）

「資産の流動化に関する法律」の略称。特定目的会社又は特定目的信託によって資産の流動化が適切に行われる制度を確立するとともに、資産の流動化により発行される証券を購入する投資家の保護を図る目的で制定された法律。1998年施行の「特定目的会社による特定資産の流動化に関する法律」（旧SPC法）が2000年に改正されて成立した。

慈善信託（じぜんしんたく）

ケイマンSPCなど海外に設立され

たSPVの普通株式を無償譲渡された海外の信託会社が信託宣言を利用して、自ら委託者兼受託者となり、信託期間満了時に海外SPVの残余財産を慈善団体に寄付することを契約する信託のことをいう。不動産証券化においては、オリジネーターと国内SPCの倒産隔離を図る手法として用いられる。

支配力基準（しはいりょくきじゅん）

☞10.連結決算管理

私募ファンド（しぼファンド）

不動産ファンドの場合、有価証券の取得勧誘の観点からは、公募型と私募型に大別される、このうち、適格機関投資家向け等私募（☞25.社債管理）の形態で資金を募るファンドのことをいう。具体的には、G-TKスキームやTMKスキームを使った出資等による直接投資の形態で行われる。

真正売買（しんせいばいばい）

不動産流動化において、対象資産をオリジネーター（原保有者）からSPVに譲渡する際、その譲渡が法的かつ会計上の有効な売買として取り扱われ、単なる譲渡担保等の金融取引とみなされないことをいう。不動産の譲渡後も譲渡人がその不動産に継続的に関与し続けるような場合には、その実態は資金の供与を受ける取引（譲渡担保）と変わらず、当該不動産を譲渡人の倒産等から隔離できないからである。そこで、譲渡が真の売買であると判断することが必要になる。

真正売買であるかどうかは、当事者の意思（不動産の買戻特約や修繕費負担の有無、リスクの移転の程度)、取引価額の適正さ、所有権移転登記などを考慮して判断すべきとされる。

信託（しんたく）

委託者が信託行為（信託契約、遺言等）によって受託者（信託銀行等）に対して、金銭や土地などの財産を移転し、受託者は委託者が設定した信託目的に従って受益者のためにその財産（信託財産）の管理・処分などをする制度をいう。（次頁図参照）

信託受益権（しんたくじゅえきけん）

信託において、委託者が信託財産から発生する経済的利益を受け取る権利のことをいう。

金融商品取引法上、信託受益権は「有価証券」（第2条第2項の有価証券）に該当するものの、企業会計上は一部（優先劣後等のように質的に分割されており、信託受益権の保有者が複数である場合など）を除き「有価証券」と

● 信託の仕組み

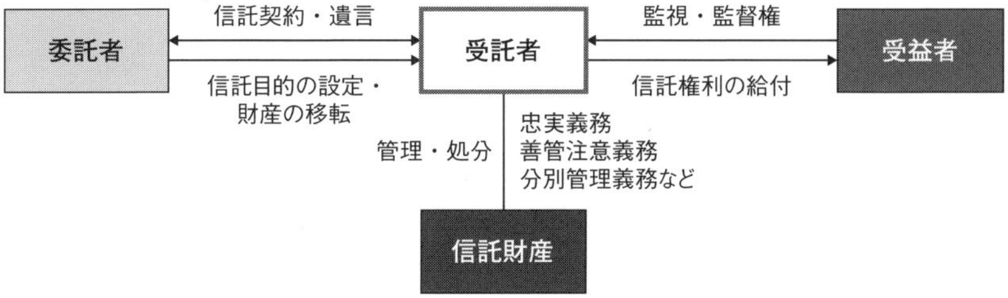

して扱わないものとされている。

信託配当（しんたくはいとう）

信託において受託者から受益者に支払われる収益の分配金のことをいう。不動産流動化においては、信託の委託者（オリジネーター）は不動産を信託銀行に信託することにより、登記上も信託設定登記として受託者に移転登記される。そして、信託銀行はこの不動産を管理して、賃貸ビルであればテナントから賃料等を回収して、そこから管理費、借入金利息や修繕費用等を控除して信託報酬を取得し、残額を信託配当として委託者兼受益者に支払うこととなる。

信用補完（しんようほかん）

不測の事態に備えて資産流動化スキームそのものの信用力を強化したり、流動性を補完したりする仕組みのことをいう。具体例としては下記の方法がある。

- トランチング：優先劣後構造に切り分けること。
- キャッシュコラテラル：キャッシュ・フロー不足に対する現金担保のこと
- キャッシュリザーブ：余剰金を積み立てること
- 第三者による保証：銀行や損保会社など第三者による保証

ストラクチャード・ファイナンス（Structured Finance）

資産流動化・証券化などの仕組みを使って市場リスク、信用リスク等をコントロールする金融技術のこと。かつては金融機関等が一体的に金融仲介サービスを提供してきたが、ストラクチャード・ファイナンスの普及に伴って市場を通じた資金調達が発達し、金融仲介サービスの機能分化（アンバンドリング）が進んでいる。

● TMKスキーム

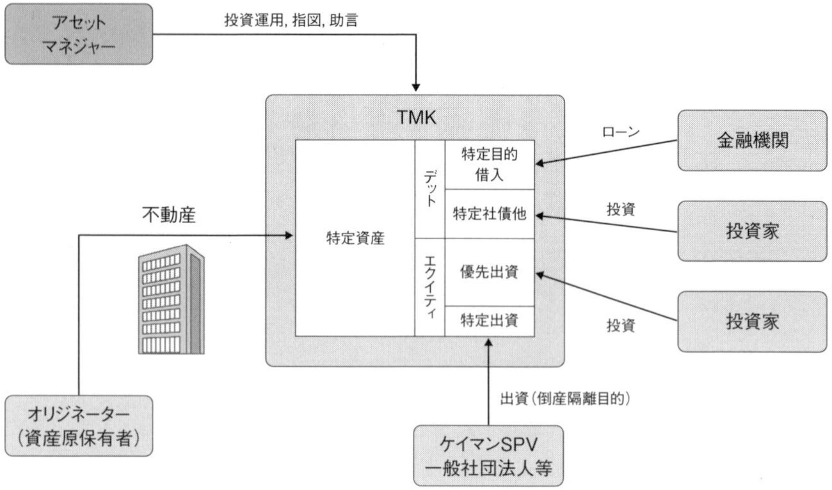

TMK（ティーエムケー：Tokutei Mokuteki Kaisha）

☞特定目的会社（とくていもくてきかいしゃ）

TMKスキーム（ティーエムケースキーム）

SPVとして資産流動化法の特定目的会社（TMK）を利用する不動産流動化スキームの総称。資産流動化法に基づきTMKの設立・運営には資産流動化計画を策定し、業務開始届出書を所轄財務局に届出が必要になるなどの諸手続きが必要となってくる。

（上図参照）

TMKの投資対象は実物不動産、不動産信託受益権等財産権一般である。デットの資金調達としては、特定目的借入、特定社債、特定約束手形などがある。エクイティの資金調達としては、優先出資の方法がある。

また、TMKは一定の要件の具備を前提に支払配当金が損金算入されるなど、それ自体で導管性を確保できる特徴がある（ペイスルー型の導管性）。

このようにTMKスキームは資産流動化法に基づいており安定性がある反面、手続きが煩雑かつ硬直的、一定の導管性要件を満たさなければ損金算入ができなくなるというデメリットもある。

TK（ティーケー：Tokumei Kumiai）

☞匿名組合（とくめいくみあい）

出口戦略（でぐちせんりゃく）

投資資金の回収戦略のこと。投資期間が定められた不動産投資商品の場合、一定期間後に売却してキャピタルゲインを確定する投資スタイルとなる。組成時においても投資対象不動産の売却時期・売却方法などについて戦略的に検討しておくことがポイントとなる。

デット（Debt）

企業における資金調達の一方法で、社債発行や銀行借入など、他人資本の増加になる調達のことをいう。デット・ファイナンスともいう。返済期限のある資金調達手段である。

デューディリジェンス（Due Diligence）

資産の買い手などが投資対象の適格性を把握するために行う資産の調査活動のこと。不動産流動化の場合、不動産の価値に影響を及ぼす法的、物理的、経済的事実関係の調査がある。実務上は、弁護士事務所、不動産鑑定事務所等専門家に委託し、レポート（法律意見書、不動産鑑定評価書、エンジニアリングレポート、マーケットレポート等）を入手して判断する。

導管性（どうかんせい）

不動産流動化では、不動産からの収益を最大限に投資家に分配することが重要であり、SPVが課税主体とならないようなシンプルな税務上の仕掛けが必要となる。要するにSPV・投資家の両サイドでの二重課税を回避する仕組みが必要となり、この仕掛けを「導管性」といい、導管性を持ったSPVのことを「導管体」と呼ぶ。

具体的には、信託、任意組合、匿名組合のようなもともと非課税な器を使用するという方法（パススルー型の導管性）と、一定の要件を満たせば投資家への分配・配当等を損金算入できる特定目的会社（TMK）や投資法人といったSPVを用いるという方法（ペイスルー型の導管性）がある。

倒産隔離（とうさんかくり）

資産証券化に当たってSPVが満たすべきとされる要件の一つで、その保有・運用する資産（不動産）を関係者の倒産等のリスクから切り離すことをいう。具体的な倒産隔離の方法は次のとおりである。

対象資産がオリジネーター（原保有者）の倒産からの影響を受けないよう

にするという意味での倒産隔離に対しては、SPVの出資者を、慈善信託スキームを用いたケイマンSPCや一般社団法人（かつては中間法人）、SPC法の特定社員等に限定する。また、そのSPVの役員を弁護士・公認会計士・税理士等に委託し、オリジネーターからの独立性を確保する、などの方策がある。

次に、不動産を保有するSPVが倒産手続きに入らないようにするという意味での倒産隔離に対しては、SPVの定款上不動産流動化業務に限定し、SPVの役員・株主に倒産申立権を放棄させることで、SPVに倒産手続きをさせない仕掛けを用意するという方策がある。

投資事業組合（とうしじぎょうくみあい）

組合員たる投資家から資金を集め、出資先企業に対し、主として出資の形で資金を提供する任意団体のことをいう。投資事業組合の形態としては、投資事業有限責任組合契約に関する法律による投資事業有限責任組合（LPS）や、民法上の任意組合（NK）、商法上の匿名組合（TK）のほか、これに準ずる外国のパートナーシップ等がある。

投資事業有限責任組合（とうしじぎょうゆうげんせきにんくみあい）

「投資事業有限責任組合契約に関する法律」において定められている組合。LPS（Limited Partnership）ともいう。この法律の制定前までは投資事業において任意組合（NK）が利用されていたが、出資者の無限責任を負うことになるため、結果として投資行動に制限が生じていた。そこで業務を執行する無限責任組合員（GP：General Partnership）と、出資のみを行う有限責任組合員（LP：Limited Partnership）に区別することで投資ファンドの組成を活発化させようと、1998年に中小企業等投資事業有限責任組合契約に関する法律（ファンド法）が施行された。その後2004年にこの法律名に改正された。

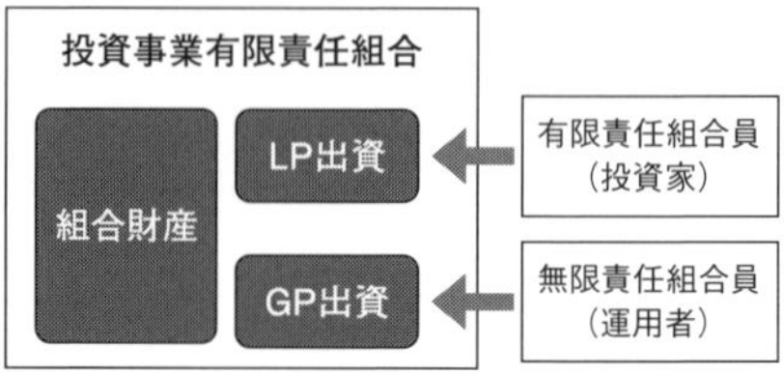

特定社債（とくていしゃさい）

資産流動化法に定める債券で、流動化対象資産（特定資産）を特定目的会社（TMK）に譲渡し、当該資産から発生するキャッシュ・フローを裏付けとして特定目的会社（TMK）が発行する債券。

特定目的会社（とくていもくてきかいしゃ）

特別目的会社（SPC）の一形態で、資産流動化法に基づいて、資産の流動化を目的として設立される法人をいう。TMK（Tokutei Mokuteki Kaisya）と略される。特定目的会社は資産流動化法に基づく資産流動化業務を行うための会社ともいえる。そのため、会社の機関設計や資金調達方法など様々な定めがあり、さらに、資産流動化計画の策定そしてこれに基づいた運用が求められている。また、業務内容の制限、他業の禁止、余資運用の制限等が課されている。

税務上は、一定の要件を前提に、支払配当金は損金算入が可能となっている。また特定目的会社が受ける利益の配当の額には益金不算入の規定が適用されない。

特定目的借入（とくていもくてきかりいれ）

資産流動化法に定める、特定目的会社（TMK）が行う資金借入。原則としては、特定目的会社（TMK）は資金の借入ができないが、特定資産（資産流動化スキームで対象となる資産）の取得のための資金に限り、取締役の決定により資金借入を行うことができる。

特別目的事業体（とくべつもくてきじぎょうたい）

SPV（Special Purpose Vehicle）・SPE（Special Purpose Entity）ともいい、資産流動化・証券化の目的のために設立される器（ビークル）の総称。SPC（Special Purpose Company）は会社形態に限られるに対して、特別目的事業体は、会社形態のほか、信託、組合、パートナーシップ等も利用される。

特別目的会社（とくべつもくてきかいしゃ）

SPC（Special Purpose Company）ともいい、資産の原保有者（オリジネーター）から資産の譲渡を受け、株式や債券を発行する等資産流動化・証券化のような特別の目的のために設立される会社のこと。特定目的会社（TMK）はその内の一形態である。

匿名組合（とくめいくみあい）

匿名組合とは、商法において定められている組合のことで、TK（Tokumei Kumiai）と略される。匿名組合契約は、当事者の一方が相手方の営業のために出資をし、その営業から生ずる利益を分配することを約することによって、その効力を生ずる。出資財産は匿名組合員ではなく営業者に帰属する。匿名組合員同士は一切の契約関係にないため、匿名性が確保される訳である。

匿名組合契約に基づく組合事業に係る所得は任意組合とは異なり、匿名組合員に直接帰属するのではなく、一旦営業者に帰属し、その後営業者から匿名組合員に利益又は損失が分配されて組合員の段階で課税される。

不動産流動化の場合、投資家（匿名組合出資者）が匿名組合員となって営業者である合同会社（GK）と匿名組合（TK）契約を締結し、GKが得た利益の大部分を匿名組合出資者に分配するというスキーム（GK-TKスキーム）を活用することが多い。

トランチング（Tranching）

デットとエクイティには利益・資産の分配について優先順位があり、これを優先劣後構造と呼んでいる。デットやエクイティをさらにいくつかの種類（トランシェ：Tranche）に分け、ローリスク・ローリターンのものからハイリスク・ハイリターンのものまでそれぞれ投資家の嗜好に合ったタイプに準備するのが一般的である。このような技術のことをトランチングと呼ぶ。例えば、社債の場合、最も安全性の高い社債を優先債（シニア債）、中程度の社債をメザニン債、最も安全性の低い社債を劣後債と呼ぶ。

トリガー（Trigger）

債権者や投資家が裏付資産の劣化や関係者の倒産等のリスクに備えるために、キャッシュ・フローの流出を防ぐべく設けた指標。代表的なものに次のようなものがある。

- DSCR（Debt Service Coverage Ratio）：単年度の純収入（NOI：Net Operating Income）を借入金の元利返済額（年額）で割り戻した数値で、この数値が高いほど支払い余裕があることを示す。期中のキャッシュ・フローを監視する指標といえる。
- LTV（Loan to Value）：対象不動産の資産価値を借入元本金額で割った数値で、この数値が高いほど安全性が高いことを示す。期中の担保資産評価額を監視する指標といえる。

任意組合（にんいくみあい）

任意組合とは、民法において定められる組合で、2名以上の当事者が出資を行い、共同事業を営む旨の合意を行うことによって成立する。NK（Nini Kumiai）と略される。任意組合は法人ではないため、法人格を有しない。組合に出資された財産は各出資者の共有持分となり、組合の債務については組合員が直接債権者に対して無限責任を負う。

また税務上、組合事業から生ずる利益又は損失については各組合員に帰属する。

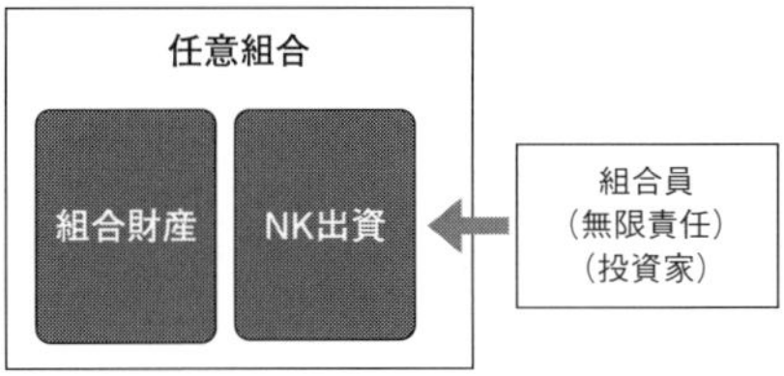

ノンリコースローン（Non-Recourse Loan）

個人や法人などが保有する特定の事業や資産（責任財産）から生ずる収益（キャッシュフロー）のみを返済原資とし、その範囲を超えての返済義務を課さない非遡及型の融資をいう。資産流動化においてよく利用されるデットの資金調達手段である。

パートナーシップ（Partnership）

英米法で認められている共同企業形態の一種で，2人以上の人間が金銭，労務，技術などを出資してなされる共同の営利行為関係又はその契約。

売買取引（ばいばいとりひき）

不動産流動化において、対象不動産の譲渡が真正売買である場合の取引のこと。（下図参照）

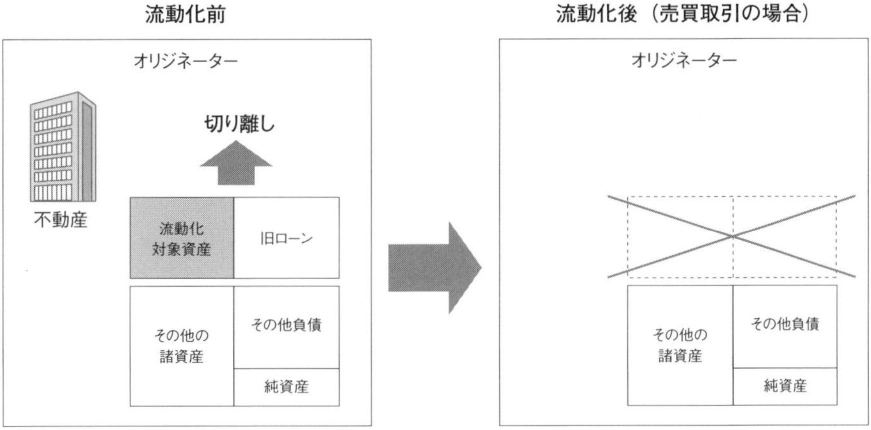

オリジネーターは不動産を流動化して旧ローンを返済することで、バランスシートの圧縮を考えている。

売買取引の場合、意図したとおり、不動産も旧ローンもなくなり、バランスシート圧縮となり、資産効率が改善する。

不動産投資信託（ふどうさんとうししんたく）

不動産投資信託とは、投資家から集めた資金などをもとに不動産に投資し、投資した不動産から得られる賃料収入や売却益を投資家に分配することを目的とした投資商品をいう。J-REIT（Japan Real Estate Investment Trust）とも呼ばれる。

2000年11月に「投資信託及び投資法人に関する法律」が改正され、不動産投資信託の組成が可能となり、2001年3月には東京証券取引所が不動産投資信託証券市場を開設された。

J-REITは投資口（株式に相当）を発行し、上場によって資金調達を行う。投資法人が不動産投資の器としての機能を果たすが、実際の運用は資産運用会社に委託している。投資法人は投資口のほか、金融機関からの借入や投資法人債という社債でも資金調達を行い、不動産などに投資を行う。

（下図参照）

J-REITには、投資主総会（株主総会に相当）や執行役員（社長に相当）・役員会（取締役会に相当）などの一般の株式会社と類似の組織があり、ガバナンスが確保されている。

TMKと同様、投資法人にも一定の要件を満たした場合の支払配当金の損金算入が認められており、ペイスルー型の導管性が確保されている。

不動産特定共同事業法（ふどうさんとくていきょうどうじぎょうほう）

投資家の保護を目的として1995年4月に施行された法律。不動産特定共同事業を営む事業者の許可制を義務付け、投資家の保護を図る規定が定められ、投資家への情報開示が義務付けら

● J-REITの基本的スキーム

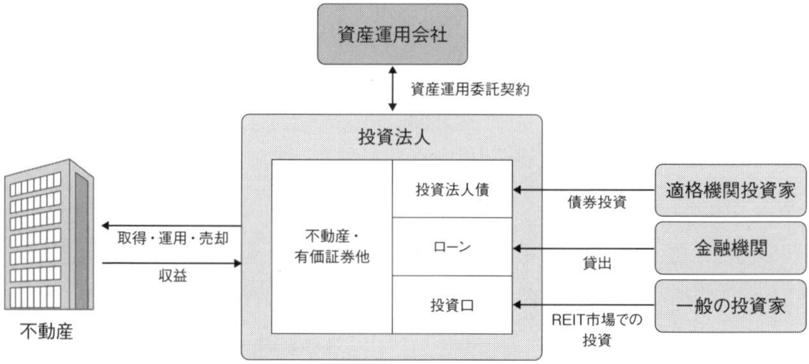

れている。

不動産特定共同事業とは、複数の投資家が出資し、不動産会社などの専門家が不動産事業を行い、その運用収益を投資家に分配する事業のことをいう。

プロパティマネージャー（PM：Property Manager）

アセットマネージャー（AM）からの委託により、物件の現場管理の統括を行い、現場での管理に責任を持つ任務を負う。具体的には、賃貸管理業務、建物修繕・設備更新提案業務、月次報告書作成などの業務がある。

優先出資（ゆうせんしゅっし）

資産流動化法に定める、特定目的会社（TMK）が一般投資家等から募る出資。株式会社の株式に相当する。出資者は優先出資証券を受け取り、特定社員（発起人）よりも優先的に利益の配当や残余財産の分配を受ける権利を有するが、社員総会での議決権は持たない。

法人が特定目的会社から受け取る優先出資の利益の配当の額については、益金不算入の規定は適用されない。

リスク・経済価値アプローチ（リスク・けいざいかちアプローチ）

☞21.有価証券管理

30 内部統制

IT環境（アイティーかんきょう）

組織が活動する上で必然的に関わる内外のITの利用状況のこと。すなわち、社会及び市場におけるITの浸透度、組織が行う取引等におけるITの利用状況及び組織が選択的に依拠している一連の情報システムの状況等をいう。

IT業務処理統制（アイティーぎょうむしょりとうせい）

業務を管理するシステムにおいて、承認された業務がすべて正確に処理、記録されることを確保するために業務プロセスに組み込まれた内部統制のこと。

具体例として次のものがある。

- 入力情報の完全性、正確性、正当性等を確保する統制
- 例外処理（エラー）の修正と再処理
- マスターデータの維持管理
- システムの利用に関する認証、操作範囲の限定などアクセスの管理

（※）これらの業務処理統制は、手作業により実施することも可能だが、システムに組み込むことにより、より効率的かつ正確な処理が可能となる。

IT全社的統制（アイティーぜんしゃてきとうせい）

企業集団全体を対象としたITに関わる内部統制のこと。IT全社的統制が一定水準に保たれているならば、IT全般統制、IT業務処理統制の評価は容易になる。評価項目として、経営者はITに関する適切な戦略、計画等を定めているか、経営者は内部統制を整備する際にIT環境を適切に理解しこれを踏まえた方針を明確にしているか、などがある。

IT全般統制（アイティーぜんぱんとうせい）

財務情報の信頼性に直接関連する業務処理統制を有効に機能させる環境を実現するための統制活動のこと。通常、複数の業務処理統制に関係する方針と手続をいう。

具体例としては次のものがある。

- ＩＴの開発、保守に係る管理
- システムの運用・管理
- 内外からのアクセス管理などシステムの安全性の確保
- 外部委託に関する契約の管理

IT統制目標（アイティーとうせいもくひょう）

ITの統制を有効なものとするために経営者が設定する目標のこと。

ITの利用及び統制（アイティーのりようおよびとうせい）

組織内において、内部統制の他の基本的要素の有効性を確保するためにITを有効かつ効率的に利用することや組織内において業務に体系的に組み込まれて様々な形で利用されているITに対して、組織目標を達成するために、予め適切な方針及び手続きを定め、内部統制の他の基本的要素をより有効に機能させることをいう。

ITへの対応（アイティーへのたいおう）

組織目標を達成するために、予め適切な方針及び手続を定め、業務の実施において組織内外のITに対し適切に

業務記述書（例）

事業Ａに係る卸売販売プロセス

1. 受注
   (1) 電話による注文の場合は、販売担当者が受注メモを作成する。
   (2) 販売管理システムの受注入力は、得意先マスタに登録されている得意先の注文のみ入力することができる。
   (3) 受注入力後、販売管理システムから出荷指図書及び注文請書が出力され、受注メモ又は注文書と照合された後、販売責任者の承認が行われる。
   (4) 出荷指図書は受注メモ又は注文書を添付して出荷部門へ回付する。

2. 出荷
   (1) 出荷担当者は、出荷責任者の承認を受けた後、出荷指図書に基づき商品の出荷をする。
   ・
   ・
   ・

3. 売上計上
   (1) 出荷入力された出荷データは、売上データへ変換される。売上データは、会計システムへ転送され、売上伝票が出力される。
   ・
   ・
   ・

4. 請求
   (1) 出力された請求書は販売担当者へ回付され、販売担当者は売上伝票と照合する。
   ・
   ・
   ・

対応することをいう。特に、組織の業務内容がITに大きく依存している場合や情報システムがITを高度に取り入れている場合等には、内部統制の目的を達成するための不可欠の要素となる。

開示すべき重要な不備（かいじすべきじゅうようなふび）

財務報告に重要な影響を及ぼす可能性が高い財務報告に係る内部統制の不備をいう。すなわち、一定の金額を上回る虚偽記載又は質的に重要な虚偽記載をもたらす可能性が高いものをいう。

過去に存在したことのあるリスク（かこにそんざいしたことのあるリスク）

リスクの分類の一つ。過去に生じたリスクのことで、未経験のリスクと対になる。リスクの影響を推定できる。なお、時の経過とともに状況等が変化し、影響の度合いが変化している可能性がある。

業務記述書（ぎょうむきじゅつしょ）

企業の業務に関して、手順や作業内容を文章化したもの。ポイントを絞って記述することが大事である。

（前頁図参照）

業務フロー図（ぎょうむフローず）

企業の特定の業務や取引が部門内や部門間でどのような関連で手続を行っているかについて図表形式にしたもの。図表化したものであるため、手続の同時性や順序、関係を把握しやすい。（右頁図参照）

業務プロセスのリスク（ぎょうむプロセスのリスク）

組織の各業務プロセスにおける目標の達成を阻害するリスクをいう。業務プロセスのリスクについては、通常、業務の中に組み込まれた統制活動等で対応することになる。

虚偽記載（きょぎきさい）

企業が財務諸表等の記載内容について、意図的に事実を隠したり、ごまかしたりすることをいう。

誤謬（ごびゅう）

財務諸表の意図的でない虚偽の表示をいう。金額又は開示の脱漏を含む。

財務報告（ざいむほうこく）

財務諸表及び財務諸表の信頼性に重要な影響を及ぼす開示事項等に係る外部報告をいう。

● 事業Aに係る卸売販売プロセス

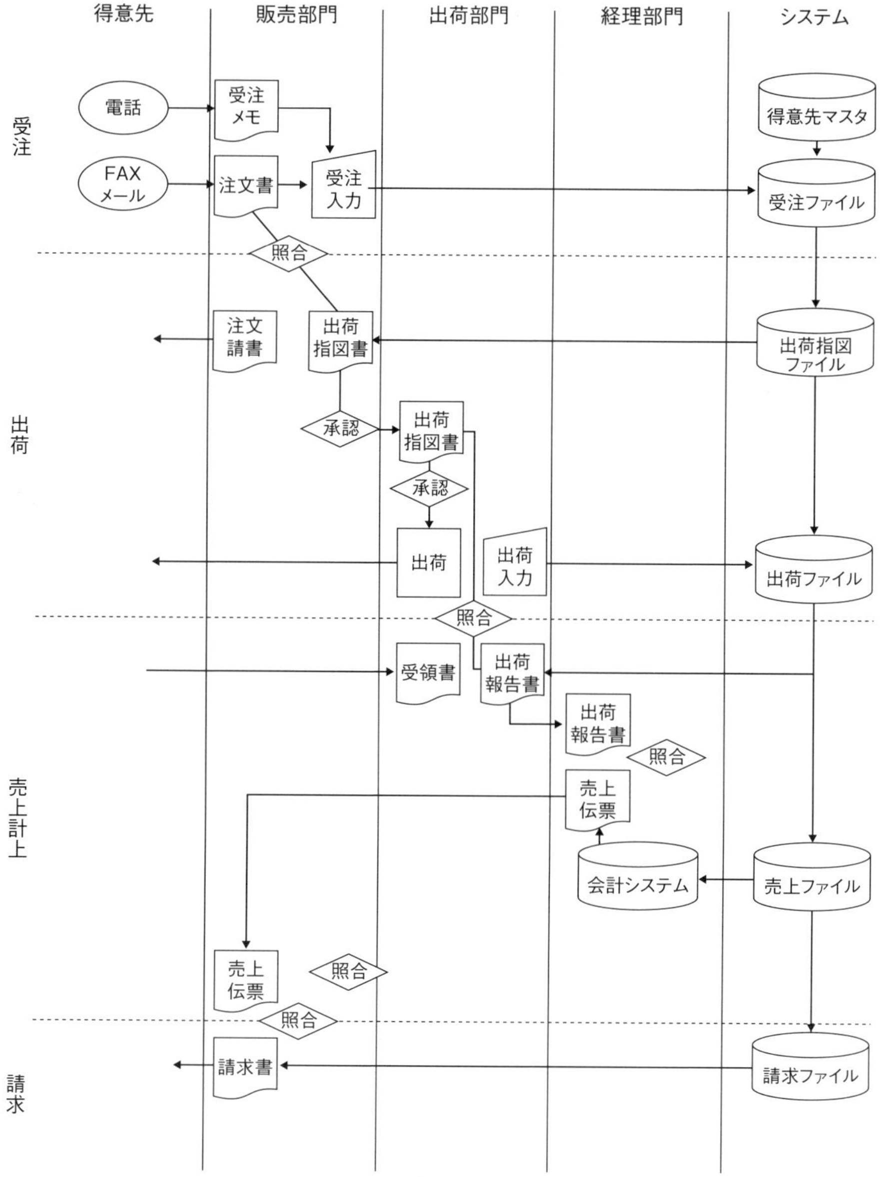

(注) より詳細な記述を要する場合には、表中に注記を行ったり、前述の業務記述書(例)を別途、作成することも考えられる。

財務報告に係る内部統制（ざいむほうこくにかかるないぶとうせい）

財務報告の信頼性を確保するための内部統制をいう。

内部統制が適切な内部統制の枠組みに準拠して整備及び運用されており、当該内部統制に開示すべき重要な不備がなければ、財務報告に係る内部統制は“有効”である。

重要な不備（じゅうようなふび）

監査人が職業的専門化として、監査役等の注意を促すに値するほど重要と判断した内部統制の不備又は不備の組み合わせをいう。

情報と伝達（じょうほうとでんたつ）

必要な情報が識別、把握及び処理され、組織内外や関係者相互間に正しく伝えられることを確保することをいう。

伝達には、次の２種類がある。

内部伝達	経営者及び組織内の適切な管理者に適時かつ適切に伝達される仕組みを整備することが重要。また、経営者の方針は組織内のすべての者に適時かつ適切に伝達される必要もある。
外部伝達	株主、監督機関その他の外部の関係者に対する報告や開示等において、適正に情報を提供していく必要がある。また、組織の外部からも情報が提供されることがあるため、組織の外部からの情報を入手するための仕組みも整備することも重要である。

全社的なリスク（ぜんしゃてきなリスク）

組織全体の目標の達成を阻害するリスクをいう。例えば、特定の取引先・製品・技術等への依存、重要な訴訟事件等の発生、経営者個人への依存等が挙げられる。全社的なリスクについては、明確な経営方針及び経営戦略の策定、取締役会及び監査役等の機能の強化、内部監査部門などのモニタリングの強化等、組織全体を対象とする内部統制を整備、運用して対応することが必要となる。

統制活動（とうせいかつどう）

経営者や部門責任者などの命令及び指示が適切に実行されることを確保するために定める方針や手続のことをいう。

統制環境（とうせいかんきょう）

組織の気風を決定し、組織内のすべ

ての者の統制に対する意識に影響を与え、他の内部統制の基本的要素に影響を及ぼす基盤のこと。

具体的には、次の事項があげられる。

- ・誠実性及び倫理観
- ・経営者の意向及び姿勢
- ・経営方針及び経営戦略
- ・取締役会及び監査役等の有する機能
- ・組織構造及び慣行
- ・権限及び職責
- ・人的資源に対する方針と管理

独立的評価（どくりつてきひょうか）

日常的モニタリングでは発見できないような経営上の問題がないかを、通常の業務から独立した視点で定期的又は随時に行われるもの。経営者、取締役会、監査役、内部監査部門等を通じて実施される。

内部通報制度（ないぶつうほうせいど）

法令等の遵守等をはじめとする問題について、組織のすべての構成員から経営者や取締役会又は弁護士等の外部の窓口に直接、情報を伝達できるようにする仕組みのこと。

内部統制（ないぶとうせい）

企業の目的を達成するために必要な仕組みのこと。すなわち、基本的に次の４つの目的が達成されているとの合理的な保証を得るために、業務に組み込まれ、組織内のすべての者によって遂行されるプロセスをいう。

目的	内容
①業務の有効性・効率性	事業活動の目的達成のため、業務の有効性及び効率性を高めること。
②財務報告の信頼性	財務諸表及び財務諸表に重要な影響を及ぼす可能性のある情報の信頼性を確保すること。
③法令等の遵守	事業活動に関わる法令その他の規範の遵守を促進すること。
④資産の保全	資産の取得、使用及び処分が正当な手続及び承認のもとで行われるように、資産の保全を図ること。

経営者は、健全なコーポレートガバナンスを維持していくため、内部統制を構築し有効性と効率性を維持する責任がある。

内部統制監査（ないぶとうせいかんさ）

経営者の作成した内部統制報告書が一般に公正妥当と認められる内部統制の評価の基準に準拠して、適正に作成されているかについて、監査人が意見表明すること。

内部統制監査においては、内部統制の有効性の評価結果という経営者の主張を前提に、これに対する監査人の意見を表明するもので、監査人が直接、内部統制の整備及び運用状況を検証するという形はとっていない。但し、内部統制監査において監査人が意見を表明するに当たって、監査人は自ら、十分かつ適切な監査証拠を入手し、それに基づいて意見表明することとされており、その限りにおいて、監査人は、企業等から、直接、監査証拠を入手していくこととなる。

内部統制の基本的要素（ないぶとうせいのきほんてきようそ）

内部統制の目的を達成するために必要とされる内部統制の構成部分をいう。次の6つからなる。

①統制環境
②リスクの評価と対応
③統制活動
④情報と伝達
⑤モニタリング
⑥ITへの対応

内部統制の限界（ないぶとうせいのげんかい）

内部統制が本来有する制約のため有効に機能しなくなること。すなわち、適切に整備され運用されている内部統制であっても、内部統制の目的を常に完全に達成するものとはならない場合があるということ。

次のような固有の限界がある。

- 判断の誤り、不注意、複数の担当者による共謀によって有効に機能しなくなる場合がある。
- 当初想定していなかった組織内外の環境の変化や非定型的な取引等には、必ずしも対応しない場合がある。
- 内部統制の整備及び運用に際しては、費用と便益との比較衡量が求められる。
- 経営者が不当な目的のために内部統制を無視ないし無効ならしめることがある。

内部統制の不備（ないぶとうせいのふび）

整備上の不備と運用上の不備をいう。

整備上の不備	・内部統制が存在しない ・規定されている内部統制では内部統制の目的を十分に果たすことができない などの不備をいう。
運用上の不備	・整備段階で意図したように内部統制が運用されていない ・運用上の誤りが多い ・内部統制を実施する者が統制内容や目的を正しく理解していない などの不備をいう。

内部統制報告書（ないぶとうせいほうこくしょ）

☞11. ディスクロージャー

日常的モニタリング（にちじょうてきモニタリング）

内部統制の有効性を監視するために、経営管理や業務改善等の通常の業務に組み込まれて行われる活動をいう。すなわち、通常の業務に組み込まれた一連の手続を実施することで、内部統制の有効性を継続的に検討・評価することをいう。業務活動を遂行する部門内で実施される内部統制の自己点検ないし自己評価も日常的モニタリングに含まれる。

不正（ふせい）

財務諸表の意図的な虚偽の表示であって、不当又は違法な利益を得るために他者を欺く行為を含み、経営者、取締役等、監査役等、従業員又は第三者による意図的な行為をいう。

未経験のリスク（みけいけんのリスク）

リスクの分類の一つ。組織にとっていまだ経験したことのないリスクである。過去に存在したことのあるリスクと対になる。どういう影響が生じるかということについて不透明であることが多いと考えられることから、その影響について、より慎重に検討する必要がある。

モニタリング（Monitoring）

内部統制が有効に機能していることを継続的に評価するプロセスをいう。モニタリングにより、内部統制は常に監視・評価され、是正されることになる。

業務に組み込まれて行われる「日常的モニタリング」及び業務から独立した視点から実施される「独立的評価」がある。両者は個別に又は組み合わせて行われる場合がある。

リスク（Risk）

組織目標の達成を阻害する要因をいう。例えば、次のようなものがある。

外部的要因	・天災 ・盗難 ・市場競争の激化 ・為替や資源相場の変動
内部的要因	・情報システムの故障、不具合 ・会計処理の誤謬・不正行為の発生 ・個人情報及び高度な経営判断に関わる情報の流失又は漏洩

リスク・コントロール・マトリックス（RCM）

企業が抽出したリスクに対して、企業がどのような統制を行っているかをまとめた表。リスクと統制の対応が確認できる。 （次頁表参照）

リスクと統制の対応（例）

業務	リスクの内容	統制の内容	要件						評価	評価内容
			実在性	網羅性	権利と義務の帰属	評価の妥当性	期間配分の適切性	表示の妥当性		
受注	受注入力の金額を誤る	注文請書、出荷指図書は、販売部門の入力担当者により注文書と照合される。全ての注文書と出荷指図書は、販売責任者の承認を受けている	○	○					○	—
受注	与信限度額を超過した受注を受ける	受注入力は、得意先の登録条件に適合した注文のみ入力できる				○			○	—
・ ・ ・										
出荷	出荷依頼より少ない数量を発送する	出荷部門の担当者により出荷指図書と商品が一致しているか確認される	○		○				△	不規則的な出荷に担当者が対応できなかった。
出荷	出荷指図書の日程どおりに商品が出荷されない	出荷指図書の日付と出荷報告書の日付が照合される					○		○	—
・ ・ ・										
・ ・ ・										

リスクの評価と対応（リスクのひょうかとたいおう）

組織目標の達成に影響を与える事象について、組織目標の達成を阻害する要因をリスクとして識別、分析及び評価し、当該リスクへの適切な対応を行う一連のプロセスをいう。

リスクの評価と対応の実務は、個々の組織が置かれた環境や事業の特性等によって異なる。

リスクへの対応として次のものがある。

リスクの回避	リスクの原因となる活動を見合わせ又は中止することをいう。
リスクの低減	リスクの発生可能性や影響を低くするため、新たな内部統制を設けるなどの対応を取ること。
リスクの移転	保険への加入やヘッジ取引の締結などリスクの全部又は一部を組織の外部に転嫁すること。
リスクの受容	リスクを受け入れるという決定を行うこと。すなわち、リスクの発生可能性や影響に変化を及ぼすような対応を取らないこと。 リスクが許容水準以下であったり、リスクが顕在化した後でも対応が可能であると判断した場合が当てはまる。

索引

あ行

アービトラージ（Arbitrage）‥ ☞裁定（さいてい）
RMBS（アールエムビーエス：Residential Mortgage Backed Securities）……… 250
ROI（アールオーアイ：Return On Investment）…☞投下資本利益率（とうかしほんりえきりつ）
ROE（アールオーイー：Return On Equity）……☞自己資本利益率（じこしほんりえきりつ）
ROA（アールオーエー：Return On Assets）…… ☞総資産利益率（そうしさんりえきりつ）
IRR（アイアールアール：Internal Rate of Return）………☞内部収益率（ないぶしゅうえきりつ）
相対取引（あいたいとりひき）…………… 221
IT環境（アイティーかんきょう）………… 266
IT業務処理統制（アイティーぎょうむしょりとうせい）……………………………… 266
IT全社的統制（アイティーぜんしゃてきとうせい）……………………………… 266
IT全般統制（アイティーぜんぱんとうせい）… 266
IT統制目標（アイティーとうせいもくひょう）……………………………… 266
ITの利用及び統制（アイティーのりようおよびとうせい）……………………………… 267
ITへの対応（アイティーへのたいおう）…… 267
IFRS（アイファース：International Financial Reporting Standards）……………… 79
アウト・オブ・ザ・マネー（OTM：Out of The Money）……………………………… 221
アウトソーシング（Outsourcing）………… 98
青色申告（あおいろしんこく）…………… 130
赤字決算（あかじけっさん）……………… 64
アキュムレーション（Accumulation）・アモチゼーション（Amortization）…………… 210
アセットファイナンス（Asset Finance）… 250
アセット・マネージャー（AM：Asset Manager）……………………………… 250
圧縮記帳（あっしゅくきちょう）………… 23
アット・ザ・マネー（ATM：At The Money）……………………………… 221
後入先出法（あといれさきだしほう）……… 17
アニュアルレポート（Annual Report）…… 90
洗替え方式（あらいがえほうしき）………… 173
安全性（あんぜんせい）…………………… 173
EV/EBITDA倍率（イーヴィー・イービットディーエーばいりつ）………………… 174
EVA（イーブイエー：Economic Value Add）‥ 98
異議申立て（いぎもうしたて）…………… 147
ISDAマスターアグリーメント（イスダ・マスターアグリーメント）………………… 221
ISDA（イスダ：International Swaps and Derivatives Association, Inc.）……… 221
委託販売（いたくはんばい）……………… 1
一時差異（いちじさい）…………………… 106
一年基準（いちねんきじゅん）…………… 64
一括償却資産（いっかつしょうきゃくしさん）‥ 23
一括評価金銭債権（いっかつひょうかきんせんさいけん）……………………………… 1
一括評価の貸倒引当金（いっかつひょうかのかしだおれひきあてきん）………………… 1
一括比例配分方式（いっかつひれいはいぶんほうしき）……………………………… 115
一般債権（いっぱんさいけん）…………… 1
一般債振替制度（いっぱんさいふりかえせいど）‥ 210
一般担保付社債（いっぱんたんぽつきしゃさい）‥ 210
移動平均法（いどうへいきんほう）… 17, 43, 173
インカムゲイン（Income Gain）………… 174
インサイダー取引（インサイダーとりひき）‥ 174
イン・ザ・マネー（ITM：In The Money）‥ 221
インターネットバンキング（IB：Internet Banking）……………………………… 156
インターバンク市場（インターバンクしじょう）‥☞銀行間取引市場（ぎんこうかんとりひきしじょう）
インタレスト・カバレッジ・レシオ（Interest Coverage Ratio）…………………… 174
インフレリスク（Inflation Risk）………… 175
インプレストシステム（Imprest System）………………………☞定額資金前渡制度（ていがくしきんまえわたしせいど）
ウォーターフォール（Waterfall）………… 250
受取手形（うけとりてがた）……………… 164
受取手形期日別管理台帳（うけとりてがたきじつべつかんりだいちょう）………………… 164
受取手形台帳（うけとりてがただいちょう）‥ 164

受取手形の更改（うけとりてがたのこうかい）‥164
受渡決済（うけわたしけっさい）‥‥‥‥‥‥222
裏書（うらがき）‥‥‥‥‥‥‥‥‥‥‥‥164
売上計上基準（うりあげけいじょうきじゅん）‥2
売上債権回転期間（うりあげさいけんかいてんきかん）‥‥‥‥‥‥‥‥‥‥‥‥‥‥‥239
売上債権回転率（うりあげさいけんかいてんりつ）‥‥‥‥‥‥‥‥‥‥‥‥‥‥‥‥239
売上高（うりあげだか）‥‥‥‥‥‥‥‥‥‥2
売上高営業利益率（うりあげだかえいぎょうりえきりつ）‥‥‥‥‥‥‥‥‥‥‥‥‥‥175
売上高利益率（うりあげだかりえきりつ）‥‥195
売上げに係る対価の返還等に係る消費税額（うりあげにかかるたいかのへんかんとうにかかるしょうひぜいがく）‥‥‥‥‥‥‥‥‥115
売上値引（うりあげねびき）‥‥‥‥‥‥‥‥2
売上割引（うりあげわりびき）‥‥‥‥‥‥‥2
売上割戻（うりあげわりもどし）‥‥‥‥‥‥3
売掛金（うりかけきん）‥‥‥‥‥‥‥‥‥‥3
売掛金元帳（うりかけきんもとちょう）‥‥‥‥3
運転資金（資本）（うんてんしきん（しほん））‥239
ABC分析（エービーシーぶんせき）‥‥‥‥‥98
永久差異（えいきゅうさい）‥‥‥‥‥‥‥‥106
影響力基準（えいきょうりょくきじゅん）‥‥‥79
営業力分析（えいぎょうりょくぶんせき）‥‥‥98
エイジングテスト（Aging test）‥‥‥‥‥‥‥☞年齢調べ（ねんれいしらべ）
益金（えききん）‥‥‥‥‥‥‥‥‥‥‥‥130
役務の提供（えきむのていきょう）‥‥‥‥‥115
エクイティ（Equity）‥‥‥‥‥‥‥‥‥‥250
SPE（エスピーイー：Special Purpose Entity）‥☞特別目的事業体（とくべつもくてきじぎょうたい）
SPV（エスピーヴィー：Special Purpose Vehicle）‥☞特別目的事業体（とくべつもくてきじぎょうたい）
SPC（エスピーシー：Special Purpose Company）‥☞特別目的会社（とくべつもくてきかいしゃ）
EDINET（エディネット）‥‥‥‥‥‥‥‥‥90
NK（エヌケー：Nini Kumiai）‥‥‥‥‥‥‥‥☞任意組合（にんいくみあい）
NCD（エヌシーディー：Negotiable Certificate of Deposit）‥☞譲渡性預金（じょうとせいよきん）
NPV（エヌピーヴイ：Net Present Value）‥‥‥‥‥‥‥‥‥‥‥‥☞割引現在価値法
FOB（エフオービー：Free On Board）‥‥‥12
LPS（エルピーエス：Limited Partnership）‥‥‥‥‥‥‥‥‥☞投資事業有限責任組合
（とうしじぎょうゆうげんせきにんくみあい）
延滞金（えんたいきん）‥‥‥‥‥‥‥‥‥147
延滞税（えんたいぜい）‥‥‥‥‥‥‥‥‥147
押し込み販売（おしこみはんばい）‥‥‥‥‥64
オプション取引（オプションとりひき）‥‥‥222
オプション料（オプションりょう）‥‥‥‥‥222
オペレーティング・リース取引（オペレーティング・リースとりひき）‥‥‥‥‥‥‥‥‥24
親会社（おやがいしゃ）‥‥‥‥‥‥‥‥‥79
親会社等状況報告書（おやがいしゃとうじょうきょうほうこくしょ）‥‥‥‥‥‥‥‥‥‥90
オリジネーター（Originator）‥‥‥‥‥‥251

か行

買掛金（かいかけきん）‥‥‥‥‥‥‥‥‥12
外貨建取引（がいかだてとりひき）‥‥‥‥‥231
外貨預金（がいかよきん）‥‥‥‥‥‥‥‥156
会議費（かいぎひ）‥‥‥‥‥‥‥‥‥‥‥51
会計監査人（かいけいかんさにん）‥‥‥‥‥90
会計監査人設置会社（かいけいかんさにんせっちがいしゃ）‥‥‥‥‥‥‥‥‥‥‥‥‥64
会計参与（かいけいさんよ）‥‥‥‥‥‥‥‥90
会計処理の統一（かいけいしょりのとういつ）‥79
外形標準課税（がいけいひょうじゅんかぜい）‥130
外国貨物（がいこくかもつ）‥‥‥‥‥‥‥116
外国為替（がいこくかわせ）‥‥‥‥‥‥‥231
外国為替市場（がいこくかわせしじょう）‥‥231
外国為替相場（外国為替レート）（がいこくかわせそうば（がいこくかわせレート））‥‥‥‥231
外国税額控除（がいこくぜいがくこうじょ）‥175
開始仕訳（かいししわけ）‥‥‥‥‥‥‥‥79
開示すべき重要な不備（かいじすべきじゅうようなふび）‥‥‥‥‥‥‥‥‥‥‥‥‥‥268
会社法監査（かいしゃほうかんさ）‥‥‥‥‥91
会社法決算（かいしゃほうけっさん）‥‥‥‥91
回収可能価額（かいしゅうかのうかがく）‥‥24
回収可能性（かいしゅうかのうせい）‥‥‥‥107
回収期間法（かいしゅうきかんほう）‥‥‥‥239
回収期限到来基準（かいしゅうきげんとうらいきじゅん）‥‥‥‥‥‥‥‥‥‥‥‥‥‥‥3
回収基準（かいしゅうきじゅん）‥‥‥‥‥‥3
外注加工費（がいちゅうかこうひ）‥‥‥‥‥43
開発型SPV（かいはつがたエスピーヴィー）‥251
会費（かいひ）‥‥‥‥‥‥‥‥‥‥‥‥‥51
外部環境分析（がいぶかんきょうぶんせき）‥‥99
価格変動リスク（かかくへんどうリスク）‥‥175

架空売り上げ（かくううりあげ）・・・・・・・・・・・・64
格付機関（かくづけきかん）・・・・・・・・・・・・・・・・210
確定決算主義（かくていけっさんしゅぎ）・・・・130
確認書（かくにんしょ）・・・・・・・・・・・・・・・・・・・・91
過去に存在したことのあるリスク（かこにそんざいしたことのあるリスク）・・・・・・・・・・・・・・・・268
貸倒懸念債権（かしだおれけねんさいけん）・・・・3
貸倒実績率（かしだおれじっせきりつ）・・・・・・・・4
貸倒損失（かしだおれそんしつ）・・・・・・・・・・・・4
貸倒れに係る消費税額（かしだおれにかかるしょうひぜいがく）・・・・・・・・・・・・・・・・・・・・・・・・116
貸倒引当金（かしだおれひきあてきん）・・・・・・・・4
貸倒引当金繰入額（かしだおれひきあてきんくりいれがく）・・・・・・・・・・・・・・・・・・・・・・・・・・・・・・4
貸付金（かしつけきん）・・・・・・・・・・・・・・・・・・・・195
貸付金台帳（かしつけきんだいちょう）
・・・・・・・・・・・・・☞融資台帳（ゆうしだいちょう）
貸付金利息（かしつけきんりそく）・・・・・・・・・・196
加重平均資本コスト（かじゅうへいきんしほんコスト）・・・・・・・・・・・・・・・・・・・・・・・・・・・・・・240
過少申告加算税（かしょうしんこくかさんぜい）・・147
課税売上げ（かぜいうりあげ）・・・・・・・・・・・・・・116
課税売上高（かぜいうりあげだか）・・・・・・・・・・116
課税売上割合（かぜいうりあげわりあい）・・・・116
課税貨物（かぜいかもつ）・・・・・・・・・・・・・・・・・・117
課税期間（かぜいきかん）・・・・・・・・・・・・・・・・・・117
課税区分（かぜいくぶん）・・・・・・・・・・・・・・・・・・117
課税仕入れ（かぜいしいれ）・・・・・・・・・・・・・・・・117
課税事業者（かぜいじぎょうしゃ）・・・・・・・・・・118
課税所得（かぜいしょとく）・・・・・・・・・・・・・・・・107
課税処分（かぜいしょぶん）・・・・・・・・・・・・・・・・147
課税対象外取引（かぜいたいしょうがいとりひき）・・118
課税取引（かぜいとりひき）・・・・・・・・・・・・・・・・119
課税標準（かぜいひょうじゅん）・・・・・・・・・・・・119
過怠税（かたいぜい）・・・・・・・・・・・・・・・・・・・・・・148
片端入れ（かたはいれ）・・・・・・・・・・・・・・・・・・・・202
割賦販売（かっぷはんばい）・・・・・・・・・・・・・・・・5
株価収益率（かぶかしゅうえきりつ）・・・・・・・・175
株価純資産倍率（かぶかじゅんしさんばいりつ）・・176
株式利回り（かぶしきりまわり）・・・・・・・・・・・・176
株主資本等変動計算書（かぶぬししほんとうへんどうけいさんしょ）・・・・・・・・・・・・・・・・・・・・・・・・64
株主総会参考書類（かぶぬしそうかいさんこうしょるい）・・・・・・・・・・・・・・・・・・・・・・・・・・・・・・91
借入金（かりいれきん）・・・・・・・・・・・・・・・・・・・・202
借入金台帳（かりいれきんだいちょう）・・・・・・202
仮受金（かりうけきん）・・・・・・・・・・・・・・・・・・・・64
仮受消費税等（かりうけしょうひぜいとう）・・119
仮勘定（かりかんじょう）・・・・・・・・・・・・・・・・・・66
仮計上（かりけいじょう）・・・・・・・・・・・・・・・・・・156
仮決算（かりけっさん）・・・・・・・・・・・・・・・・・・・・66
仮払金（かりばらいきん）・・・・・・・・・・・・・・・・・・66
仮払消費税等（かりばらいしょうひぜいとう）119
為替相場（為替レート）（かわせそうば（かわせレート））・・・・・・・・・・・・・・・・・・・・・・・・・・・・231
為替手形（かわせてがた）・・・・・・・・・・・・・・・・・・165
為替変動リスク（かわせへんどうリスク）・・・・176
為替ポジション（かわせポジション）・・・・・・・・231
為替予約（かわせよやく）
・・・・・・☞先物為替予約（さきものかわせよやく）
為替リスク（かわせリスク）・・・・・・・・・・・・・・・・234
簡易課税方式（かんいかぜいほうしき）・・・・・・119
元金均等返済（がんきんきんとうへんさい）・・202
関係会社（かんけいがいしゃ）・・・・・・・・・・・・・・80
監査（かんさ）・・・・・・・・・・・・・・・・・・・・・・・・・・・・67
監査報告書（かんさほうこくしょ）・・・・・・・・・・67
監査役（かんさやく）・・・・・・・・・・・・・・・・・・・・・・66
監査役会（かんさやくかい）・・・・・・・・・・・・・・・・66
監査役設置会社（かんさやくせっちがいしゃ）・66
勘定科目内訳表（かんじょうかもくうちわけひょう）・・67
間接経費（かんせつけいひ）・・・・・・・・・・・・・・・・43
間接材料費（かんせつざいりょうひ）・・・・・・・・43
間接支配（かんせつしはい）・・・・・・・・・・・・・・・・80
間接費（かんせつひ）・・・・・・・・・・・・・・・・・・・・・・43
間接法（かんせつほう）・・・・・・・・・・・・・・・・・・・・240
間接労務費（かんせつろうむひ）・・・・・・・・・・・・43
完全支配関係（かんぜんしはいかんけい）・・・・144
カントリーリスク（Country Risk）・・・・・・・・176
元利均等返済（がんりきんとうへんさい）・・・・203
関連会社（かんれんがいしゃ）・・・・・・・・・・・・・・80
関連会社株式（かんれんがいしゃかぶしき）・・176
関連会社の範囲（かんれんがいしゃのはんい）・・80
機械装置（きかいそうち）・・・・・・・・・・・・・・・・・・24
企業支配株式等（きぎょうしはいかぶしきとう）・・177
企業審査（きぎょうしんさ）・・・・・・・・・・・・・・・・196
偽計取引（ぎけいとりひき）・・・・・・・・・・・・・・・・177
期限の利益の喪失（きげんのりえきのそうしつ）・・196
期日一括返済（きじついっかつへんさい）・・・・203
期日別債権管理（きじつべつさいけんかんり）・・5
期日別債務残高管理（きじつべつさいむざんだかかんり）・・・・・・・・・・・・・・・・・・・・・・・・・・・・13
技術力分析（ぎじゅつりょくぶんせき）・・・・・・・99

基準期間（きじゅんきかん）……………… 120
基準操業度（きじゅんそうぎょうど）……… 43
期ズレ（きずれ）……………………… 131
期中事務代行会社（きちゅうじむだいこうかいしゃ）……………………… 210
機能的減価（きのうてきげんか）…………… 24
寄附金（きふきん）……………………… 51
キャッシュ・フロー計算書（キャッシュ・フローけいさんしょ）…………………… 240
キャッシュ・フロー・ヘッジ（Cash Flow Hedge）……………………………… 222
キャッシュ・フロー見積法（キャッシュフローみつもりほう）……………………… 5
95％ルール（95パーセントルール）……… 129
求償権（きゅうしょうけん）……………… 190
級数法（きゅうすうほう）………………… 24
旧定額法（きゅうていがくほう）………… 24
給料（きゅうりょう）…………………… 51
競合環境分析（きょうごうかんきょうぶんせき）‥ 99
強制調査（きょうせいちょうさ）………… 148
協調融資（きょうちょうゆうし）…………………… ☞シンジケートローン
共通費の配賦基準（きょうつうひのはいふきじゅん）‥ 68
業務記述書（ぎょうむきじゅつしょ）……… 268
業務フロー図（ぎょうむフローず）……… 268
業務プロセスのリスク（ぎょうむプロセスのリスク）‥ 268
虚偽記載（きょぎきさい）……………… 268
拒絶証書（きょぜつしょうしょ）………… 165
切放し方式（きりはなしほうしき）……… 177
銀行間為替相場（ぎんこうかんかわせそうば）‥ 234
銀行勘定調整表（ぎんこうかんじょうちょうせいひょう）………………… ☞預金残高調整表（よきんざんだかちょうせいひょう）
銀行間取引市場（ぎんこうかんとりひきしじょう）‥ 234
銀行取引停止（ぎんこうとりひきていし）…… 165
銀行振込（ぎんこうふりこみ）…………… 156
金種表（きんしゅひょう）……………… 156
金銭債権（きんせんさいけん）…………… 165
金銭消費貸借契約（きんせんしょうひたいしゃくけいやく）………………………… 197
均等割（きんとうわり）………………… 131
緊密な者（きんみつなもの）……………… 81
金融検査（きんゆうけんさ）……………… 203
金融検査マニュアル（きんゆうけんさマニュアル）‥203
金融資産の消滅の認識（きんゆうしさんのしょうめつのにんしき）……………………… 177
金融資産の発生の認識（きんゆうしさんのはっせいのにんしき）……………………… 177
金融商品取引業（きんゆうしょうひんとりひきぎょう）………………………… 211
金融取引（きんゆうとりひき）…………… 251
金利スワップの特例処理（きんりスワップのとくれいしょり）……………………… 222
金利変動リスク（きんりへんどうリスク）…… 177
偶発債務（ぐうはつさいむ）……………… 190
繰延税金資産・繰延税金負債の表示（くりのべぜいきんしさん・ふさいのひょうじ）……… 108
繰延税金資産（くりのべぜいきんしさん）…… 108
繰延税金負債（くりのべぜいきんふさい）…… 108
繰延ヘッジ（くりのべヘッジ）…………… 222
グルーピング（Grouping）……………… 25
グループ法人税制（グループほうじんぜいせい）………………………………… 144
黒字決算（くろじけっさん）……………… 68
黒字倒産（くろじとうさん）……………… 242
クロス取引（クロスとりひき）…………… 177
経営指導念書（けいえいしどうねんしょ）…… 190
経営者保証（けいえいしゃほしょう）……… 190
経過勘定（けいかかんじょう）…………… 68
経済的利益（けいざいてきりえき）………… 52
計算書類（けいさんしょるい）…………… 91
計算書類の備置き（けいさんしょるいのそなえおき）‥ 68
形式上の貸倒れ（けいしきじょうのかしだおれ）‥ 6
継続記録法（けいぞくきろくほう）………… 17
経費（けいひ）…………………………… 44
ケイマンSPC（ケイマンエスピーシー）…… 252
決済（けっさい）……………………… 13, 165
決算（けっさん）………………………… 68
決算公告（けっさんこうこく）…………… 92
決算書（けっさんしょ）………………… 68
決算短信（けっさんたんしん）…………… 92
決算手続き（けっさんてつづき）………… 68
決算取締役会（けっさんとりしまりやくかい）‥ 69
決算の承認（けっさんのしょうにん）……… 69
決算発表（けっさんはっぴょう）………… 69
決算日（けっさんび）…………………… 69
決算日の統一（けっさんびのとういつ）…… 81
決算報告（けっさんほうこく）…………… 69
決算方針（けっさんほうしん）…………… 69
月次業績報告（げつじぎょうせきほうこく）… 61
月次決算（げつじけっさん）……………… 61
月次決算整理（げつじけっさんせいり）…… 62

月次損益計算書（げつじそんえきけいさんしょ）‥62
月次貸借対照表（げつじたいしゃくたいしょうひょう）‥62
月次棚卸（げつじたなおろし）‥62
月次予算（げつじよさん）‥62
月次予算実績差異分析（げつじよさんじっせきさいぶんせき）‥62
決定（けってい）‥148
限界利益率（げんかいりえきりつ）‥99
原価計算（げんかけいさん）‥44
原価差異分析（げんかさいぶんせき）‥44
原価差額（げんかさがく）‥44
減価償却累計額（げんかしょうきゃくるいけいがく）‥25
原価法（げんかほう）‥17
研究開発費（けんきゅうかいはつひ）‥52
現況調査（げんきょうちょうさ）‥149
現金（げんきん）‥157
現金過不足（げんきんかぶそく）‥157
現金出納帳（げんきんすいとうちょう）‥157
現金同等物（げんきんどうとうぶつ：Cash equivalents）‥242
原材料（げんざいりょう）‥17
検索の抗弁権（けんさくのこうべんけん）‥191
原資産（げんしさん）‥223
検収（けんしゅう）‥13
検収基準（けんしゅうきじゅん）‥6, 13
建設仮勘定（けんせつかりかんじょう）‥25
源泉所得税（げんせんしょとくぜい）‥131
原則課税方式（げんそくかぜいほうしき）‥120
減損（げんそん）‥26
減損処理（げんそんしょり）‥26
減損損失（げんそんそんしつ）‥26
減損損失の測定（げんそんそんしつのそくてい）‥27
減損損失の認識（げんそんそんしつのにんしき）‥26
減損の兆候（げんそんのちょうこう）‥27
現物給与（げんぶつきゅうよ）‥52
現物債（げんぶつさい）‥211
現預金月商比率（げんよきんげっしょうひりつ）‥197
権利確定日（けんりかくていび）‥189
権利確定日基準（けんりかくていびきじゅん）‥178
コール・オプション（Call Option）‥224
公開会社（こうかいがいしゃ）‥92
工具・器具及び備品（こうぐ・きぐおよびびひん）‥27
広告宣伝費（こうこくせんでんひ）‥53
交際費（こうさいひ）‥53
口座管理機関（こうざかんりきかん）‥211
工事完成基準（こうじかんせいきじゅん）‥6
公示催告（こうじさいこく）‥166
工事進行基準（こうじしんこうきじゅん）‥6
控除対象外消費税等（こうじょたいしょうがいしょうひぜいとう）‥120
更正（こうせい）‥149
公正価値ヘッジ（こうせいかちヘッジ）‥224
更正の請求（こうせいのせいきゅう）‥149
構築物（こうちくぶつ）‥27
合同会社（ごうどうかいしゃ）‥252
購入業務／購買業務（こうにゅうぎょうむ／こうばいぎょうむ）‥13
公認会計士監査（こうにんかいけいしかんさ）‥92
後発事象（こうはつじしょう）‥70
公募（こうぼ）‥211
子会社（こがいしゃ）‥81
子会社株式（こがいしゃかぶしき）‥178
小切手（こぎって）‥166
小切手帳（こぎってちょう）‥166
小切手の呈示（こぎってのていじ）‥166
小切手要件（こぎってようけん）‥167
国際財務報告基準（こくさいざいむほうこくきじゅん）‥☞IFRS（アイファース）
小口現金（こぐちげんきん）‥157
小口現金出納帳（こぐちげんきんすいとうちょう）‥157
5千円基準（ごせんえんきじゅん）‥54
固定資金（こていしきん）‥242
固定資産（こていしさん）‥27
固定資産除却損（こていしさんじょきゃくそん）‥28
固定資産税（こていしさんぜい）‥28
固定資産台帳（こていしさんだいちょう）‥28
固定資産売却益／固定資産売却損（こていしさんばいきゃくえき／こていしさんばいきゃくそん）‥28
固定長期適合率（こていちょうきてきごうりつ）‥242
固定費（こていひ）‥44
固定比率（こていひりつ）‥243
誤謬（ごびゅう）‥268
個別帰属額の届出書（こべつきぞくがくのとどけでしょ）‥144
個別原価計算（こべつげんかけいさん）‥44
個別対応方式（こべつたいおうほうしき）‥121
個別注記表（こべつちゅうきひょう）‥70
個別評価金銭債権（こべつひょうかきんせんさいけん）‥7

個別評価の貸倒引当金（こべつひょうかのかしだおれひきあてきん）……7
個別法（こべつほう）……17, 45
コベナンツ（Covenants）……197, 211
コミットメントライン（Commitment Line）……203
コンテンツ（Contents）……38

さ行

在外子会社（ざいがいこがいしゃ）……81
在外子会社の財務諸表の円換算（ざいがいこがいしゃのざいむしょひょうのえんかんざん）……82
債権・債務の消去（さいけんさいむのしょうきょ）……82
債権残高確認（さいけんざんだかかくにん）……7
債権残高確認書（さいけんざんだかかくにんしょ）……8
債権放棄（さいけんほうき）……198
債権保全（さいけんほぜん）……167
在庫（棚卸資産）回転率（ざいこ（たなおろししさん）かいてんりつ）……18
催告の抗弁権（さいこくのこうべんけん）……191
最終仕入原価法（さいしゅうしいれげんかほう）……18
裁定（さいてい）……224
債務確定主義（さいむかくていしゅぎ）……131
財務構成要素アプローチ（ざいむこうせいようそアプローチ）……178
財務資金（ざいむしきん）……243
財務上の特約（ざいむじょうのとくやく）……☞コベナンツ
財務制限条項（ざいむせいげんじょうこう）……212
財務代理人（ざいむだいりにん）……212
財務内容評価法（ざいむないようひょうかほう）……8
財務報告（ざいむほうこく）……268
財務報告に係る内部統制（ざいむほうこくにかかるないぶとうせい）……270
債務保証（さいむほしょう）……191
債務保証契約（さいむほしょうけいやく）……192
債務保証損失引当金（さいむほしょうそんしつひきあてきん）……192
債務保証料（さいむほしょうりょう）……193
債務免除益（さいむめんじょえき）……204
財務レバレッジ（ざいむレバレッジ）……198
材料費（ざいりょうひ）……45
材料費差異分析（ざいりょうひさいぶんせき）……45
先入先出法（さきいれさきだしほう）……19
先日付小切手（さきひづけこぎって）……167
先物為替予約（さきものかわせよやく）……234
先物相場（さきものそうば）……234
先物取引（さきものとりひき）……224
先渡取引（さきわたしとりひき）……224
差金決済（さきんけっさい）……225
雑給（ざっきゅう）……54
残存価額（ざんそんかがく）……28
残高確認（ざんだかかくにん）……8
残高証明書（ざんだかしょうめいしょ）……158
CMBS（シーエムビーエス：Commercial Mortgage Backed Securities）……252
GK（ジーケー：Godo Kaisya）……☞合同会社（ごうどうかいしゃ）
GK-TKスキーム（ジーケーティーケースキーム）……253
CD（シーディー：Certificate of Deposit）……☞譲渡性預金（じょうとせいよきん）
仕入（しいれ）……14
仕入控除税額（しいれこうじょぜいがく）……121
仕入先別債務残高管理（しいれさきべつさいむざんだかかんり）……15
仕入先別元帳（しいれさきべつもとちょう）……15
仕入税額控除（しいれぜいがくこうじょ）……121
仕入値引（しいれねびき）……14
仕入の計上基準（しいれのけいじょうきじゅん）……14
仕入割引（しいれわりびき）……15
仕入割戻し（しいれわりもどし）……14
J-REIT（ジェイリート）……☞不動産投資信託（ふどうさんとうししんたく）
時価（じか）……178
仕掛品（しかかりひん）……45
時価ヘッジ（じかヘッジ）……225
直先差額（じきさきさがく）……234
直々差額（じきじきさがく）……235
直物相場（レート）（じきものそうば（レート））……235
事業環境分析（じぎょうかんきょうぶんせき）……99
事業税（じぎょうぜい）……132
事業報告（じぎょうほうこく）……93
資金移動表（しきんいどうひょう）……243
資金運用（しきんうんよう）……178
資金運用表（しきんうんようひょう）……243
資金繰り（しきんぐり）……245
資金繰表（しきんぐりひょう）……245
自己株式（じこかぶしき）……178
自己株式買付状況報告書（じこかぶしきかいつけじょうきょうほうこくしょ）……93
自己金融（じこきんゆう）……245
自己査定（じこさてい）……204
自己資本比率（じこしほんひりつ）……179

自己資本利益率（じこしほんりえきりつ）‥‥ 180
自己振出小切手（じこふりだしこぎって）‥‥ 167
資産運用型スキーム（しさんうんようがたスキーム）‥ 254
資産証券化（しさんしょうけんか）‥‥‥‥‥‥ 254
資産除去債務（しさんじょきょさいむ）‥‥‥‥ 29
資産の貸付け（しさんのかしつけ）‥‥‥‥‥ 122
資産の譲渡（しさんのじょうと）‥‥‥‥‥‥ 122
資産の譲渡等（しさんのじょうととう）‥‥‥ 122
資産の評価基準（しさんのひょうかきじゅん）‥ 70
資産流動化（しさんりゅうどうか）‥‥‥‥‥ 254
資産流動化型スキーム（しさんりゅうどうかがたスキーム）‥‥‥‥‥‥‥‥‥‥‥‥‥‥ 254
資産流動化計画（しさんりゅうどうかけいかく）‥ 255
資産流動化法（しさんりゅうどうかほう）‥‥ 255
事実上の貸倒れ（じじつじょうのかしだおれ）‥ 8
自社利用のソフトウェア（じしゃりようのソフトウェア）‥‥‥‥‥‥‥‥‥‥‥‥‥‥‥ 38
市場環境分析（しじょうかんきょうぶんせき）‥ 99
市場販売目的のソフトウェア（しじょうはんばいもくてきのソフトウェア）‥‥‥‥‥‥‥‥ 39
市場リスク（しじょうリスク）‥‥‥‥‥‥‥ 226
システミック・リスク（Systemic Risk）‥‥ 226
事前確定届出給与（じぜんかくていとどけいできゅうよ）‥‥‥‥‥‥‥‥‥‥‥‥‥‥‥ 54
慈善信託（じぜんしんたく）‥‥‥‥‥‥‥‥ 255
事前通知（じぜんつうち）‥‥‥‥‥‥‥‥‥ 150
仕損品（しそんじひん）‥‥‥‥‥‥‥‥‥‥ 19
下請代金支払遅延等防止法（したうけだいきんしはらいちえんとうぼうしほう）‥‥‥‥‥‥ 14
市町村民税（しちょうそんみんぜい）‥‥‥‥ 132
実現主義（じつげんしゅぎ）‥‥‥‥‥‥‥‥ 8
実際原価（じっさいげんか）‥‥‥‥‥‥‥‥ 45
実際原価計算（じっさいげんかけいさん）‥‥ 46
実質的に債権とみられない金額（じっしつてきにさいけんとみとめられないきんがく）‥‥‥‥ 8
実地棚卸（じっちたなおろし）‥‥‥‥‥‥‥ 19
実地調査（じっちちょうさ）‥‥‥‥‥‥‥‥ 150
質問検査権（しつもんけんさけん）‥‥‥‥‥ 150
使途秘匿金（しとひとくきん）‥‥‥‥‥‥‥ 54
支配力基準（しはいりょくきじゅん）‥‥‥‥ 82
支払精査（しはらいせいさ）‥‥‥‥‥‥‥‥ 158
支払代理人（しはらいだいりにん）‥‥‥‥‥ 212
支払手形（しはらいてがた）‥‥‥‥‥‥‥‥ 167
支払伝票（しはらいでんぴょう）‥‥‥‥‥‥ 158
支払保証（しはらいほしょう）
‥‥‥‥‥‥‥‥ ☞債務保証（さいむほしょう）
四半期決算（しはんきけっさん）‥‥‥‥‥‥ 71
四半期報告書（しはんきほうこくしょ）‥‥‥ 94
CIF（シフ：Cost,Insurance and Freight）‥ 15
私募（しぼ）‥‥‥‥‥‥‥‥‥‥‥‥‥‥ 212
私募債（しぼさい）‥‥‥‥‥‥‥‥‥‥‥ 212
私募ファンド（しぼファンド）‥‥‥‥‥‥‥ 256
資本コスト（しほんコスト）‥‥‥‥‥‥‥‥ 245
資本性借入金（しほんせいかりいれきん）‥‥ 205
資本的支出（しほんてきししゅつ）‥‥‥‥ 29, 54
資本連結（しほんれんけつ）‥‥‥‥‥‥‥‥ 83
資本割（しほんわり）‥‥‥‥‥‥‥‥‥‥ 132
社外流出（しゃがいりゅうしゅつ）‥‥‥‥‥ 132
借地権（しゃくちけん）‥‥‥‥‥‥‥‥‥‥ 29
社債（しゃさい）‥‥‥‥‥‥‥‥‥‥‥‥ 213
社債管理者（しゃさいかんりしゃ）‥‥‥‥‥ 214
社債権者集会（しゃさいけんしゃしゅうかい）‥ 214
社債原簿（しゃさいげんぼ）‥‥‥‥‥‥‥‥ 215
社債発行差金（しゃさいはっこうさきん）‥‥ 215
社債発行費（しゃさいはっこうひ）‥‥‥‥‥ 215
車輌運搬具（しゃりょううんぱんぐ）‥‥‥‥ 29
収益性（しゅうえきせい）‥‥‥‥‥‥‥‥‥ 180
収益的支出（しゅうえきてきししゅつ）‥‥ 29, 54
重加算税（じゅうかさんぜい）‥‥‥‥‥‥‥ 150
15%ルール（じゅうごパーセントルール）‥‥ 235
修正受渡日基準（しゅうせいうけわたしびきじゅん）‥ 181
修正申告（しゅうせいしんこく）‥‥‥‥‥‥ 150
修繕費（しゅうぜんひ）‥‥‥‥‥‥‥‥‥‥ 29
修繕費（しゅうぜんひ）‥‥‥‥‥‥‥‥‥‥ 55
住民税（じゅうみんぜい）‥‥‥‥‥‥‥‥‥ 132
重要な不備（じゅうようなふび）‥‥‥‥‥‥ 270
受注制作のソフトウェア（じゅちゅうせいさくのソフトウェア）‥‥‥‥‥‥‥‥‥‥‥‥‥ 39
出荷基準（しゅっかきじゅん）‥‥‥‥‥‥‥ 9
出向者の給与（しゅっこうしゃのきゅうよ）‥‥ 55
取得原価（しゅとくげんか）‥‥‥‥‥‥‥‥ 30
受忍義務（じゅにんぎむ）‥‥‥‥‥‥‥‥‥ 151
主要材料費（しゅようざいりょうひ）‥‥‥‥ 46
準備調査（じゅんびちょうさ）‥‥‥‥‥‥‥ 151
少額減価償却資産（しょうがくげんかしょうきゃくしさん）‥‥‥‥‥‥‥‥‥‥‥‥‥‥ 30
使用価値（しようかち）‥‥‥‥‥‥‥‥‥‥ 31
償還（しょうかん）‥‥‥‥‥‥‥‥‥‥‥ 216
償還請求権（しょうかんせいきゅうけん）‥‥ 167
償還有価証券（しょうかんゆうかしょうけん）181
使用基準（しようきじゅん）‥‥‥‥‥‥‥‥ 15
償却原価法（しょうきゃくげんかほう）‥‥‥ 216

償却限度額（しょうきゃくげんどがく）……31
償却超過額（しょうきゃくちょうかがく）……31
償却不足額（しょうきゃくふそくがく）……31
招集通知（しょうしゅうつうち）……94
上場会社（じょうじょうがいしゃ）……94
証書貸付（しょうしょかしつけ）……206
少数株主持分（しょうすうかぶぬしもちぶん）……83
譲渡性預金（じょうとせいよきん）……158
少人数私募（しょうにんずうしぼ）……216
試用販売（しようはんばい）……9
消費数量（しょうひすうりょう）……46
消費税（しょうひぜい）……122
消費税の確定申告（しょうひぜいのかくていしんこく）……122
消費税の還付申告（しょうひぜいのかんぷしんこく）……123
消費税の中間申告（しょうひぜいのちゅうかんしんこく）……123
消費単価（しょうひたんか）……46
証憑（しょうひょう）……71
商標権（しょうひょうけん）……31
商品（しょうひん）……19
情報と伝達（じょうほうとでんたつ）……270
正味運転資金（資本）（しょうみうんてんしきん（しほん））
☞運転資金（資本）（うんてんしきん（しほん））
正味売却価額（しょうみばいきゃくかがく）……19, 31
消耗品費（しょうもうひんひ）……55
賞与（しょうよ）……55
剰余金の処分（じょうよきんのしょぶん）……71
剰余金の配当等（じょうよきんのはいとうとう）……71
賞与引当金（しょうよひきあてきん）……56
賞与引当金繰入額（しょうよひきあてきんくりいれがく）……56
将来加算一時差異（しょうらいかさんいちじさい）……108
将来減算一時差異（しょうらいげんさんいちじさい）……109
将来の収益獲得又は費用削減が確実であること（しょうらいのしゅうえきかくとくまたはひようさくげんがかくじつであること）……40
除権決定（じょけんけってい）……167
所得金額（しょとくきんがく）……134
所得税額控除（しょとくぜいがくこうじょ）……181
所得割（しょとくわり）……134
所有権移転外ファイナンス・リース取引（しょゆうけんいてんがいファイナンス・リースとりひき）……32
所有権移転ファイナンス・リース取引（しょゆうけんいてんファイナンス・リースとりひき）……32
申告是認（しんこくぜにん）……151
申告調整（しんこくちょうせい）……134
審査請求（しんさせいきゅう）……151
シンジケートローン（Syndicated Loan：協調融資）……206
真正売買（しんせいばいばい）……256
信託（しんたく）……256
信託受益権（しんたくじゅえきけん）……256
信託配当（しんたくはいとう）……257
新聞図書費（しんぶんとしょひ）……56
信用調査（しんようちょうさ）……9
信用補完（しんようほかん）……257
信用保証料（しんようほしょうりょう）……206
信用リスク（しんようリスク）……181
随時補給制度（ずいじほきゅうせいど）……158
出納（すいとう）……159
水道光熱費（すいどうこうねつひ）……56
SWOT分析（スウォットぶんせき）……99
スケジューリング（Scheduling）……109
スケジューリング不能な一時差異（スケジューリングふのうないちじさい）……109
ステークホルダー（Stakeholder）……94
ストラクチャード・ファイナンス（Structured Finance）……257
スペキュレーション（Speculation）……☞投機（とうき）
スワップ取引（スワップとりひき）……226
正規の減価償却（せいきのげんかしょうきゃく）……32
税金費用（ぜいきんひよう）……109
制限税率（せいげんぜいりつ）……135
税効果会計（ぜいこうかかいけい）……109
税効果会計とB/S（ぜいこうかかいけいとびーえす）……109
税効果会計とP/L（ぜいこうかかいけいとぴーえる）……110
税効果会計の注記（ぜいこうかかいけいのちゅうき）……111
税込経理方式（ぜいこみけいりほうしき）……124
生産高比例法（せいさんだかひれいほう）……32
生産力分析（せいさんりょくぶんせき）……100
正常営業循環基準（せいじょうえいぎょうじゅんかんきじゅん）……72
製造原価（せいぞうげんか）……46
製造原価明細書（せいぞうげんかめいさいしょ）……46
製造費用（せいぞうひよう）……46
製造部門（せいぞうぶもん）……47
税抜経理方式（ぜいぬきけいりほうしき）……124
税抜経理方式と税込経理方式の違い（ぜいぬきけいりほうしきとぜいこみけいりほうしきのちがい）……124
製品（せいひん）……47

た行

製品分析（せいひんぶんせき）・・・・・・・・・・・100
製品別原価計算（せいひんべつげんかけいさん）・・47
製品マスター（せいひんマスター）・・・・・・・・・40
製品ライフサイクル（せいひんらいふさいくる）・・100
税務調査（ぜいむちょうさ）・・・・・・・・・・・・・151
セグメント情報（セグメントじょうほう）・・・83
節税（せつぜい）・・・・・・・・・・・・・・・・・・・・152
是認通知（ぜにんつうち）・・・・・・・・・・・・・・152
全社的なリスク（ぜんしゃてきなリスク）・・・・270
専担者売買有価証券（せんたんしゃばいばいゆう
　かしょうけん）・・・・・・・・・・・・・・・・・・・181
線引き小切手（せんびきこぎって）・・・・・・・・168
全部純資産直入法（ぜんぶじゅんしさんちょく
　にゅうほう）・・・・・・・・・・・・・・・・・・・・182
全面時価評価法（ぜんめんじかひょうかほう）・・83
早期是正措置（そうきぜいそち）・・・・・・・・・206
操業度（そうぎょうど）・・・・・・・・・・・・・・・103
送金為替手形（そうきんかわせてがた）・・・・・159
送金小切手（そうきんこぎって）・・・・・・・・・159
総合原価計算（そうごうげんかけいさん）・・・・47
相殺（そうさい）・・・・・・・・・・・・・・・・・・・199
総資産（総資本）回転率（そうしさん（そうしほ
　ん）かいてんりつ）・・・・・・・・・・・・・・・・199
総資産利益率（そうしさんりえきりつ）・・・・・182
相場操縦（そうばそうじゅう）・・・・・・・・・・182
総平均法（そうへいきんほう）・・・・・・・・20, 183
租税回避行為（そぜいかいひこうい）・・・・・・152
租税公課（そぜいこうか）・・・・・・・・・・・・・・56
その他有価証券（そのたゆうかしょうけん）・・183
ソフトウェア（Software）・・・・・・・・・・・・・40
ソフトウェア仮勘定（ソフトウェアかりかんじょう）
　・・・・・・・・・・・・・・・・・・・・・・・・・・・・・41
ソフトウェアの著しい改良（ソフトウェアのいち
　じるしいかいりょう）・・・・・・・・・・・・・・・42
損益計算書（そんえきけいさんしょ）・・・・・・・72
損益分岐点売上高（そんえきぶんきてんうりあげ
　だか）・・・・・・・・・・・・・・・・・・・・・・・・199
損金（そんきん）・・・・・・・・・・・・・・・・・・・135
損金経理（そんきんけいり）・・・・・・・・・・・・135

大会社（だいがいしゃ）・・・・・・・・・・・・・・・72
対顧客為替相場（たいこきゃくかわせそうば）・・235
対顧客市場（たいこきゃくしじょう）・・・・・・235
貸借対照表（たいしゃくたいしょうひょう）・・・72
退職給付引当金（たいしょくきゅうふひきあてきん）・・56

退職給付費用（たいしょくきゅうふひよう）・・・57
退職金（たいしょくきん）・・・・・・・・・・・・・・57
滞納処分（たいのうしょぶん）・・・・・・・・・・152
代表取締役（だいひょうとりしまりやく）・・・・73
ダイバーシティ・マネジメント（Diversity
　Management）・・・・・・・・・・・・・・・・・・101
TIBOR（タイボー：Tokyo Inter-Bank Offered
　Rate）・・・・・・・・・・・・・・・・・・・・・・・・206
耐用年数（たいようねんすう）・・・・・・・・・・・33
滞留買掛金（たいりゅうかいかけきん）・・・・・・16
滞留債権（たいりゅうさいけん）・・・・・・・・・199
滞留在庫（たいりゅうざいこ）・・・・・・・・・・・20
大量保有報告書（たいりょうほゆうほうこくしょ）・・183
他勘定振替高（たかんじょうふりかえだか）・・・47
タックス・クッション・・・・・・・・・・・・・・・135
タックスプランニング（Tax Planning）・・・・111
脱税（だつぜい）・・・・・・・・・・・・・・・・・・・152
建物（たてもの）・・・・・・・・・・・・・・・・・・・・33
建物附属設備（たてものふぞくせつび）・・・・・・33
棚卸計算法（たなおろしけいさんほう）・・・・・・20
棚卸原票（たなおろしげんぴょう）・・☞たな札（たなふだ）
棚卸減耗損（たなおろしげんもうそん）・・・・・・20
棚卸資産（たなおろししさん）・・・・・・・・・・・21
棚卸資産の評価基準（たなおろししさんのひょう
　かきじゅん）・・・・・・・・・・・・・・・・・・・・21
棚卸資産の評価方法（たなおろししさんのひょう
　かほうほう）・・・・・・・・・・・・・・・・・・・・21
棚卸資産評価損（たなおろししさんひょうかそん）・・21
たな札（たなふだ）・・・・・・・・・・・・・・・・・・21
他人振出小切手（たにんふりだしこぎって）・・168
短期貸付金（たんきかしつけきん）・・・・・・・・199
短期売買有価証券（たんきばいばいゆうかしょう
　けん）・・・・・・・・・・・・・・・・・・・・・・・・183
短期プライムレート（たんきプライムレート）・・207
担保（たんぽ）・・・・・・・・・・・・・・・・・・・・168
担保付き社債（たんぽつきしゃさい）・・・・・・216
チェックライター（check writer）・・・・・・・168
遅延損害金（ちえんそんがいきん）・・・・・・・・200
地方消費税（ちほうしょうひぜい）・・・・・・・・125
地方法人税（ちほうほうじんぜい）・・・・・・・・135
地方法人特別税（ちほうほうじんとくべつぜい）・・136
中間決算（ちゅうかんけっさん）・・・・・・・・・・73
中小法人等（ちゅうしょうほうじんとう）・・・・137
中長期計画（ちゅうちょうきけいかく）・・・・・101
超過税率（ちょうかぜいりつ）・・・・・・・・・・137
長期貸付金（ちょうきかしつけきん）・・・・・・200

長期割賦販売等（ちょうきかっぷはんばいとう）‥ 9
長期大規模工事（ちょうきだいきぼこうじ）‥‥ 9
長期プライムレート（ちょうきプライムレート）‥ 207
調査課所管法人（ちょうさかしょかんほうじん）‥ 152
直接経費（ちょくせつけいひ）‥‥‥‥‥‥‥‥ 47
直接原価計算（ちょくせつげんかけいさん）‥‥ 47
直接材料費（ちょくせつざいりょうひ）‥‥‥‥ 48
直接支配（ちょくせつしはい）‥‥‥‥‥‥‥‥ 84
直接費（ちょくせつひ）‥‥‥‥‥‥‥‥‥‥‥ 48
直接賦課（ちょくせつふか）‥‥‥‥‥‥‥‥‥ 48
直接法（ちょくせつほう）‥‥‥‥‥‥‥‥‥‥ 247
直接労務費（ちょくせつろうむひ）‥‥‥‥‥‥ 48
貯蔵品（ちょぞうひん）‥‥‥‥‥‥‥‥‥‥‥ 22
直課（ちょっか）‥ ☞直接賦課（ちょくせつふか）
賃借料（ちんしゃくりょう）‥‥‥‥‥‥‥‥‥ 57
通貨代用証券（つうかだいようしょうけん）‥ 159
通信費（つうしんひ）‥‥‥‥‥‥‥‥‥‥‥‥ 57
通知預金（つうちよきん）‥‥‥‥‥‥‥‥‥‥ 159
手当（てあて）‥‥‥‥‥‥‥‥‥‥‥‥‥‥‥ 57
TMK（ティーエムケー：Tokutei Mokuteki Kaisha）
‥‥ ☞特定目的会社（とくていもくてきかいしゃ）
TMKスキーム（ティーエムケースキーム）‥‥ 258
TK（ティーケー：Tokumei Kumiai）
‥‥‥‥‥‥‥ ☞匿名組合（とくめいくみあい）
DCF（ディーシーエフ：Discounted Cash Flow）
‥ ☞割引現在価値法（わりびきげんざいかちほう）
TTS（ティーティーエス：Telegraphic Transfer Selling Rate）‥‥‥‥ ☞電信売り相場（でんしんうりそうば）
TTM（ティーティーエム：Telegraphic Transfer Middle Rate）‥‥‥‥‥‥‥‥ 236
TTB（ティーティービー：Telegraphic Transfer Buying Rate）‥‥‥‥ ☞電信買い相場（でんしんかいそうば）
定額小為替証書（ていがくこがわせしょうしょ）‥ 159
定額資金前渡制度（ていがくしきんまえわたしせいど）‥‥‥‥‥‥‥‥‥‥‥‥‥‥‥‥ 159
定額法（ていがくほう）‥‥‥‥‥‥‥‥ 33, 216
低価法（ていかほう）‥‥‥‥‥‥‥‥‥‥‥‥ 22
定期積金（ていきつみきん）‥‥‥‥‥‥‥‥‥ 160
定期同額給与（ていきどうがくきゅうよ）‥‥‥ 57
定期預金（ていきよきん）‥‥‥‥‥‥‥‥‥‥ 160
ディスクロージャー（Disclosure）‥‥‥‥‥ 94
訂正報告書（ていせいほうこくしょ）‥‥‥‥‥ 94
定率法（ていりつほう）‥‥‥‥‥‥‥‥‥‥‥ 33
手形（てがた）‥‥‥‥‥‥‥‥‥‥‥‥‥‥‥ 168
手形貸付（てがたかしつけ）‥‥‥‥‥‥‥‥‥ 207
手形交換所（てがたこうかんじょ）‥‥‥‥‥‥ 168
手形帳（てがたちょう）
‥‥ ☞受取手形台帳（うけとりてがただいちょう）
手形のジャンプ（てがたのジャンプ）
‥ ☞受取手形の更改（うけとりてがたのこうかい）
手形要件（てがたようけん）‥‥‥‥‥‥‥‥‥ 168
手形割引（てがたわりびき）‥‥‥‥‥‥‥‥‥ 169
適格機関投資家（てきかくきかんとうしか）‥ 217
適債基準（てきさいきじゅん）‥‥‥‥‥‥‥‥ 217
適時開示制度（てきじかいじせいど）‥‥‥‥‥ 94
出口戦略（でぐちせんりゃく）‥‥‥‥‥‥‥‥ 259
テクニカル分析（テクニカルぶんせき）‥‥‥ 184
デット（Debt）‥‥‥‥‥‥‥‥‥‥‥‥‥‥ 259
デットIR（デット・アイアール：Debt IR）‥ 208
デフォルト（Default）‥‥‥‥‥‥‥‥‥‥‥ 218
デューディリジェンス（Due Diligence）‥‥ 259
デリバティブ（Derivative）‥‥‥‥‥‥‥‥ 226
電子記録債権（でんしきろくさいけん）‥‥‥ 170
電子債権記録機関（でんしさいけんきろくきかん）‥ 170
電信売り相場（でんしんうりそうば）‥‥‥‥ 236
電信買い相場（でんしんかいそうば）‥‥‥‥ 236
電話加入権（でんわかにゅうけん）‥‥‥‥‥ 33
同意している者（どういしているもの）‥‥‥ 84
統一手形用紙（とういつてがたようし）‥‥‥ 170
投下資本利益率法（とうかしほんりえきりつほう）‥ 247
導管性（どうかんせい）‥‥‥‥‥‥‥‥‥‥ 259
投機（とうき）‥‥‥‥‥‥‥‥‥‥‥‥‥‥ 227
当座貸越（とうざかしこし）‥‥‥‥‥‥‥‥ 208
当座借越（とうざかりこし）‥‥‥‥‥‥‥‥ 208
当座勘定取引契約（とうざかんじょうとりひきけいやく）‥‥‥‥‥‥‥‥‥‥‥‥‥‥‥‥ 170
当座比率（とうざひりつ）‥‥‥‥‥‥‥‥‥ 200
当座預金（とうざよきん）‥‥‥‥‥‥‥‥‥ 160
倒産隔離（とうさんかくり）‥‥‥‥‥‥‥‥ 259
投資事業組合（とうしじぎょうくみあい）‥‥ 260
投資事業有限責任組合（とうしじぎょうゆうげんせきにんくみあい）‥‥‥‥‥‥‥‥‥‥ 260
投資その他の資産（とうしそのたのしさん）‥‥ 34
投資損失引当金（とうしそんしつひきあてきん）‥ 184
投資と資本の消去（とうしとしほんのしょうきょ）
‥‥‥‥‥‥‥ ☞資本連結（しほんれんけつ）
投資有価証券（とうしゆうかしょうけん）‥‥ 184
投資有価証券売却益（損）（とうしゆうかしょうけんばいきゃくえき（そん））‥‥‥‥‥‥‥ 184
統制活動（とうせいかつどう）‥‥‥‥‥‥‥ 270
統制環境（とうせいかんきょう）‥‥‥‥‥‥ 270
同族会社（どうぞくがいしゃ）‥‥‥‥‥‥‥ 137

同族会社の行為又は計算の否認（どうぞくがいしゃのこういまたはけいさんのひにん）････ 152
道府県民税（どうふけんみんぜい）･･････････ 137
登録債（とうろくさい）･･････････････････ 218
得意先元帳（とくいさきもとちょう）
･････ ☞売掛金元帳（うりかけきんもとちょう）
特定期間（とくていきかん）･･･････････････ 125
特定社債（とくていしゃさい）･････････････ 260
特定投資家（とくていとうしか）･･･････････ 218
特定投資家私募（とくていとうしかしぼ）････ 218
特定目的会社（とくていもくてきかいしゃ）･･ 261
特定目的借入（とくていもくてきかりいれ）･･ 261
特別償却（とくべつしょうきゃく）･･････････ 34
特別目的会社（とくべつもくてきかいしゃ）･･ 261
特別目的事業体（とくべつもくてきじぎょうたい）･･ 261
匿名組合（とくめいくみあい）･････････････ 261
独立処理（どくりつしょり）･･･････････････ 236
独立的評価（どくりつてきひょうか）････････ 271
土地（とち）･････････････････････････････ 34
特許権（とっきょけん）･･･････････････････ 34
トランチング（Tranching）･･････････････ 262
トリガー（Trigger）････････････････････ 262
取替法（とりかえほう）･･･････････････････ 34
取締役（とりしまりやく）･････････････････ 75
取締役会（とりしまりやくかい）･･･････････ 75
取立（とりたて）････････････････････････ 170
取引条件（とりひきじょうけん）････････････ 10
取引所取引（とりひきじょとりひき）････････ 227
取引高の消去（とりひきだかのしょうきょ）･･･ 84
トレーディング目的で保有する棚卸資産（トレーディングもくてきでほゆうするたなおろししさん）･･･ 22

な 行

名宛人（なあてにん）････････････････････ 171
内部環境分析（ないぶかんきょうぶんせき）･･ 101
内部者取引（ないぶしゃとりひき）
･･･ ☞インサイダー取引（インサイダーとりひき）
内部収益率（ないぶしゅうえきりつ）････････ 247
内部通報制度（ないぶつうほうせいど）･･････ 271
内部統制（ないぶとうせい）･･･････････････ 271
内部統制監査（ないぶとうせいかんさ）･･････ 271
内部統制の基本的要素（ないぶとうせいのきほんてきようそ）･･････････････････････････ 272
内部統制の限界（ないぶとうせいのげんかい）272
内部統制の不備（ないぶとうせいのふび）････ 272
内部統制報告書（ないぶとうせいほうこくしょ）･･ 94
内部取引消去（ないぶとりひきしょうきょ）･･･ 84
仲値（なかね）･････ ☞TTM（ティーティーエム）
名指人（なざしにん）････････････････････ 171
日常的モニタリング（にちじょうてきモニタリング）･･ 273
入荷基準（にゅうかきじゅん）･････････････ 16
入金伝票（にゅうきんでんぴょう）･････････ 160
任意組合（にんいくみあい）･･･････････････ 262
任意調査（にんいちょうさ）･･･････････････ 153
ネッティング（Netting）･････････････････ 237
年次予算（ねんじよさん）･････････････････ 103
年度決算（ねんどけっさん）････････････････ 75
年度予算（ねんどよさん）･･････････････････ 62
年齢調べ（ねんれいしらべ）････････････････ 10
納税義務の免除の特例（のうぜいぎむのめんじょのとくれい）････････････････････････ 126
納税準備預金（のうぜいじゅんびよきん）････ 161
延払基準（のべばらいきじゅん）････････････ 10
のれん･････････････････････････････ 34, 84
ノンリコースローン（Non-Recourse Loan）･･ 263

は 行

パートナーシップ（Partnership）･････････ 263
売価還元法（ばいかかんげんほう）･･････････ 22
配当（はいとう）･････････････････････････ 75
配当落ち日（はいとうおちび）･････････････ 184
配当落ち日基準（はいとうおちびきじゅん）･･ 184
配当基準日（はいとうきじゅんび）･･････････ 75
配当金領収書（はいとうきんりょうしゅうしょ）･･ 161
配当方針（はいとうほうしん）･･････････････ 75
配当利回り（はいとうりまわり）
･･･････････ ☞株式利回り（かぶしきりまわり）
売買取引（ばいばいとりひき）･････････････ 263
売買目的外有価証券（ばいばいもくてきがいゆうかしょうけん）･････････････････････････ 185
売買目的有価証券（ばいばいもくてきゆうかしょうけん）･･････････････････････････････ 185
配賦基準（はいふきじゅん）････････････････ 48
配賦計算（はいふけいさん）････････････････ 48
破産更生債権等（はさんこうせいさいけんとう）･･ 10
バック・オフィス（Back Office）･････････ 227
発行事務代行会社（はっこうじむだいこうかいしゃ）･･････････････････････････････････ 218
発行代理人（はっこうだいりにん）･････････ 218
発生主義（はっせいしゅぎ）････････････････ 10
発送基準（はっそうきじゅん）･･････････････ 16
半期報告書（はんきほうこくしょ）･･････････ 95

半製品（はんせいひん）……………………48
反面調査（はんめんちょうさ）……………153
PER（ピーイーアール：Price Earnings Ratio）
……☞株価収益率（かぶかしゅうえきりつ）
PDCAサイクル（ピーディーシーエーサイクル）‥101
PP（ピーピー：Payback Period Method）
……☞回収期間法（かいしゅうきかんほう）
PBR（ピービーアール：Price Book-value Ratio）
‥☞株価純資産倍率（かぶかじゅんしさんばいりつ）
非課税取引（ひかぜいとりひき）…………126
引当金の計上基準（ひきあてきんのけいじょうきじゅん）……………………………75
引受（ひきうけ）……………………………219
引渡基準（ひきわたしきじゅん）……………10
非減価償却資産（ひげんかしょうきゃくしさん）‥34
非公開会社（ひこうかいがいしゃ）…………95
非支配株主持分（ひしはいかぶぬしもちぶん）‥85
BIS規制（ビスきせい）……………………208
費目別原価計算（ひもくべつげんかけいさん）‥48
標準原価（ひょうじゅんげんか）……………48
標準原価計算（ひょうじゅんげんかけいさん）‥48
標準税率（ひょうじゅんぜいりつ）…………137
非連結子会社（ひれんけつこがいしゃ）………85
ファームバンキング（FB：Firm Banking）‥161
ファイナンス・リース取引（ファイナンス・リースとりひき）……………………………35
5フォース分析（ファイブフォースぶんせき）‥101
ファンダメンタル分析（ファンダメンタルぶんせき）‥185
風説の流布（ふうせつのるふ）……………185
フォワード（Forward）
…………☞先物取引（さきものとりひき）
付加価値値割（ふかかちわり）……………138
福利厚生費（ふくりこうせいひ）……………57
不公正取引の規制（ふこうせいとりひきのきせい）……
☞市場阻害行為の規制（しじょうそがいこういのきせい）
付随費用（ふずいひよう）……………………35
不正（ふせい）………………………………273
附属明細書（ふぞくめいさいしょ）…………95
附帯税（ふたいぜい）………………………153
附帯税の税額（ふたいぜいのぜいがく）……153
普通為替証書（ふつうかわせしょうしょ）……161
普通償却（ふつうしょうきゃく）……………35
普通預金（ふつうよきん）…………………161
物質的減価（ぶっしつてきげんか）…………35
物上担保（ぶつじょうたんぽ）……………219
物上担保付社債（ぶつじょうたんぽつきしゃさい）‥219
プット・オプション（Put Option）………227
不動産投資信託（ふどうさんとうししんたく）‥264
不動産特定共同事業法（ふどうさんとくていきょうどうじぎょうほう）………………264
船積基準（ふなづみきじゅん）………………10
不納付加算税（ふのうふかさんぜい）………154
負ののれん（ふののれん）……………………85
部分時価評価法（ぶぶんじかひょうかほう）…85
部分純資産直入法（ぶぶんじゅんしさんちょくにゅうほう）……………………………186
部門共通費（ぶもんきょうつうひ）…………49
部門個別費（ぶもんこべつひ）………………49
部門別原価計算（ぶもんべつげんかけいさん）‥49
部門別予算（ぶもんべつよさん）……………103
フューチャー（Future）
………☞先渡し取引（さきわたしとりひき）
フリー・キャッシュ・フロー（FCF：Free Cash Flow）……………………………248
振当処理（ふりあてしょり）………………237
振替機関（ふりかえきかん）………………219
振替債（ふりかえさい）……………………219
振出（ふりだし）……………………………171
振出地（ふりだしち）………………………171
振出人（ふりだしにん）……………………171
プロ私募（プロしぼ）………………………219
プロパティマネージャー（PM：Property Manager）…………………………………265
フロント・オフィス（Front Office）………227
不渡り（ふわたり）…………………………171
分割基準（ぶんかつきじゅん）……………138
分割返済（ぶんかつへんさい）……………209
分割法人（ぶんかつほうじん）……………138
粉飾決算（ふんしょくけっさん）……………76
分配可能額（ぶんぱいかのうがく）…………76
分別の利益（ぶんべつのりえき）…………193
ペイオフ（Pay off）………………………161
ヘッジ（Hedge）……………………………228
ヘッジ会計（ヘッジかいけい）……………228
ヘッジ手段（ヘッジしゅだん）……………229
ヘッジ対象（ヘッジたいしょう）…………229
別表四（べっぴょう4）……………………138
別表五（一）（べっぴょう5の1）…………138
ベンチマーキング（Benchmarking）………102
変動費（へんどうひ）…………………………49
包括利益（ほうかつりえき）…………………85
法人税、住民税及び事業税（ほうじんぜい、じゅ

うみんぜいおよびじぎょうぜい）・・・・・・・・・・139
法人税（ほうじんぜい）・・・・・・・・・・・・・・・・・・・・139
法人税等還付額（ほうじんぜいとうかんぷがく）・・140
法人税等調整額（ほうじんぜいとうちょうせいがく）・・112
法人税等追徴額（ほうじんぜいとうついちょうがく）・・141
法人税と税効果の計算（ほうじんぜいとぜいこうかのけいさん）・・・・・・・・・・・・・・・・・・・・・・・・77
法人税の確定申告（ほうじんぜいのかくていしんこく）・・・・・・・・・・・・・・・・・・・・・・・・・・・・141
法人税の中間申告（ほうじんぜいのちゅうかんしんこく）・・・・・・・・・・・・・・・・・・・・・・・・・・・・141
法人税率（ほうじんぜいりつ）・・・・・・・・・・・・・・142
法人税割（ほうじんぜいわり）・・・・・・・・・・・・・・142
法定換算方法（ほうていかんざんほうほう）・・238
法定繰入率（ほうていくりいれりつ）・・・・・・・・・10
法定実効税率（ほうていじっこうぜいりつ）・・112
法定償却方法（ほうていしょうきゃくほうほう）・・35
法定耐用年数（ほうていたいようねんすう）・・・36
法定福利費（ほうていふくりひ）・・・・・・・・・・・・58
法律上の貸倒れ（ほうりつじょうのかしだおれ）・・11
簿外資産（ぼがいしさん）・・・・・・・・・・・・・・・・・36
保険料（ほけんりょう）・・・・・・・・・・・・・・・・・・・58
保護預かり（ほごあずかり）・・・・・・・・・・・・・・・186
ポジション（Position）・・・・・・・・・・・・・・・・・・229
募集（ぼしゅう）・・・・・・・・・・・・・・・・・・・・・・・・219
保証債務見返（ほしょうさいむみかえり）・・・・193
保証予約（ほしょうよやく）・・・・・・・・・・・・・・・193
保証枠（ほしょうわく）・・・・・・・・・・・・・・・・・・・194
補助材料費（ほじょざいりょうひ）・・・・・・・・・・49
補助部門（ほじょぶもん）・・・・・・・・・・・・・・・・・49
補助簿（ほじょぼ）・・・・・・・・・・・・・・・・・・・・・・・77
本決算（ほんけっさん）・・・・・・・・・・・・・・・・・・・77

ま行

前受収益（まえうけしゅうえき）・・・・・・・・・・・・・77
前払費用（まえばらいひよう）・・・・・・・・・・・・・・77
マクロ環境分析（マクロかんきょうぶんせき）・・102
マネジメント・アプローチ（Management Approach）・・・・・・・・・・・・・・・・・・・・・・・・・・85
マネジメント方針（マネジメントほうしん）・・102
満期保有目的等有価証券（まんきほゆうもくてきとうゆうかしょうけん）・・・・・・・・・・・・・・・・・187
満期保有目的有価証券（まんきほゆうもくてきゆうかしょうけん）・・・・・・・・・・・・・・・・・・・・・・186
未経験のリスク（みけいけんのリスク）・・・・・・273
未実現利益消去（みじつげんりえきしょうきょ）・・85
未収還付法人税等（みしゅうかんぷほうじんぜいとう）・・・・・・・・・・・・・・・・・・・・・・・・・・・・・・142
未収収益（みしゅうしゅうえき）・・・・・・・・・・・・・78
見積実効税率（みつもりじっこうぜいりつ）・・113
ミドル・オフィス（Middle Office）・・・・・・・・・229
みなし仕入率（みなししいれりつ）・・・・・・・・・127
みなし取得日等（みなししゅとくびとう）・・・・・86
未払事業所税（みばらいじぎょうしょぜい）・・113
未払事業税（みばらいじぎょうぜい）・・・・・・・・113
未払消費税等（みばらいしょうひぜいとう）・・128
未払地方法人特別税（みばらいちほうほうじんとくべつぜい）・・・・・・・・・・・・・・・・・・・・・・・・・・114
未払費用（みばらいひよう）・・・・・・・・・・・・・・・・78
未払法人税等（みばらいほうじんぜいとう）・・142
無形固定資産（むけいこていしさん）・・・・・・・・・36
無申告加算税（むしんこくかさんぜい）・・・・・・154
無担保社債（むたんぽしゃさい）・・・・・・・・・・・220
免税事業者（めんぜいじぎょうしゃ）・・・・・・・・128
免税取引（めんぜいとりひき）・・・・・・・・・・・・・128
目論見書（もくろみしょ）・・・・・・・・・・・・・・・・・・95
持分法（もちぶんぽう）・・・・・・・・・・・・・・・・・・・・86
モニタリング（Monitoring）・・・・・・・・・・・・・・・273

や行

融資（ゆうし）……200
有姿除却（ゆうしじょきゃく）……37
融資台帳（ゆうしだいちょう）……201
融資判定基準（ゆうしはんていきじゅん）……201
融資枠（ゆうしわく）……201
有税償却（ゆうぜいしょうきゃく）……37
優先出資（ゆうせんしゅっし）……265
有利子負債（ゆうりしふさい）……201
有利子負債月商比率（ゆうりしふさいげっしょうひりつ）……201
有利子負債比率（ゆうりしふさいひりつ）……189
輸入取引の仕入計上基準（ゆにゅうとりひきのしいれけいじょうきじゅん）……16
用途区分（ようとくぶん）……128
預金（よきん）……161
預金小切手（よきんこぎって）……172
預金残高調整表（よきんざんだかちょうせいひょう）……162
預金台帳（よきんだいちょう）……162
預金保険制度（よきんほけんせいど）……162
予算（よさん）……103
予算管理（よさんかんり）……104
予算と実績の差異分析（よさんとじっせきのさいぶんせき）……104
予算の見直し（よさんのみなおし）……104
与信管理（よしんかんり）……11
与信限度額（よしんげんどがく）……11
予約販売（よやくはんばい）……11

ら行

LIBOR（ライボー：London Inter-Bank Offered Rate）……209
リーガルリスク（Legal Risk）……229
利益積立金（りえきつみたてきん）……143
利益連動給与（りえきれんどうきゅうよ）……59
利子税（りしぜい）……155
利子割（りしわり）……143
リスク（Risk）……273
リスク・経済価値アプローチ（リスク・けいざいかちアプローチ）……189
リスク・コントロール・マトリックス（RCM）……273
リスクの評価と対応（リスクのひょうかとたいおう）……274
利息法（りそくほう）……220
利払日基準（りばらいびきじゅん）……209
留置権（りゅうちけん）……172
流動性（りゅうどうせい）……189
流動性リスク（りゅうどうせいリスク）……189
流動比率（りゅうどうひりつ）……200
留保（りゅうほ）……143
両端入れ（りょうはいれ）……209
旅費交通費（りょひこうつうひ）……60
臨時計算書類（りんじけいさんしょるい）……96
臨時報告書（りんじほうこくしょ）……96
レバレッジ効果（レバレッジこうか）……229
連結影響度（れんけつえいきょうど）……194
連結親法人（れんけつおやほうじん）……144
連結会社（れんけつがいしゃ）……87
連結確定申告（れんけつかくていしんこく）……144
連結キャッシュ・フロー計算書（れんけつキャッシュフローけいさんしょ）……87
連結計算書類（れんけつけいさんしょるい）……97
連結決算（れんけつけっさん）……87
連結決算日（れんけつけっさんび）……87
連結欠損金額（れんけつけっそんきんがく）……145
連結子会社（れんけつこがいしゃ）……87
連結子法人（れんけつこほうじん）……145
連結財務諸表（れんけつざいむしょひょう）……87
連結事業年度（れんけつじぎょうねんど）……145
連結所得金額（れんけつしょとくきんがく）……145
連結所得に対する法人税率（れんけつしょとくにたいするほうじんぜいがく）……145
連結精算表（れんけつせいさんひょう）……87
連結中間申告（れんけつちゅうかんしんこく）……145
連結納税（れんけつのうぜい）……145
連結の範囲（れんけつのはんい）……87
連結配当規制会社（れんけつはいとうきせいがいしゃ）……97
連結パッケージ（れんけつパッケージ）……88
連結法（れんけつほう）……88
連結包括利益計算書（れんけつほうかつりえきけいさんしょ）……88
連結法人税額（れんけつほうじんぜいがく）……146
連帯保証（れんたいほしょう）……194
連単倍率（れんたんばいりつ）……88
ローリング・フォーキャスト（Rolling Forecast）……105
労務費（ろうむひ）……49
労務費差異分析（ろうむひさいぶんせき）……49

わ行

WACC（ワック：Weighted Average Cost of Capital）……☞加重平均資本コスト（かじゅうへいきんしほんコスト）
割引現在価値法（わりびきげんざいかちほう）……248
割増償却（わりまししょうきゃく）……37

【執筆者】

馬場　一徳（ばば　かずのり）**（担当：2章，4章，5章，8章，9章，14章～18章）**

税理士

馬場一徳税理士事務所（メールアドレス：baba@office-baba.jp）

［略歴］

1965年東京生まれ。一橋大学法学部卒業。筑波大学大学院ビジネス科学研究科博士前期課程修了。住友商事（株），住宅・都市整備公団，新創税理士法人等を経て，2007年より馬場一徳税理士事務所を開業。平成22年～平成24年に東京商工会議所窓口専門相談員（東京税理士会渋谷支部派遣）。平成25年～平成27年　東京税理士会渋谷支部納税者支援センター相談員。

［著書］

『マンション建替えの法律と税務』（共著・2003年・税務研究会出版局），『親が亡くなる前に知るべき相続の知識』（共著・2013年・税務経理協会），『法人税実務マニュアル』（共著・2013年・税務経理協会），『「経理・財務」実務マニュアル（3訂版）』（共著・2015年・税務経理協会），『議事録・稟議書・契約書の書き方実務マニュアル』（共著・2015年・税務経理協会）

青山　隆治（あおやま　りゅうじ）**（担当：19章，21章～29章）**

税理士，公認内部監査人，日本税務会計学会（国際部門）特別委員

［略歴］

1965年京都市生まれ。大阪市立大学経済学部卒業。筑波大学大学院ビジネス科学研究科博士前期課程修了。日本生命保険（主計部等），プライスウォーターハウスクーパースコンサルタント（株）等を経て，現在，リソース・グローバル・プロフェッショナル・ジャパン（株）コンサルタント。主にグローバル企業に対して経理・財務領域での課題解決サービス提供等，多国籍環境下にある経理・財務の実務の現場で活躍している。また青山隆治税理士事務所代表としても活躍している。

［著書］

『外資系CFO＆コンサルタントが書いた　外資系企業経理入門』（共著・2013年・税務経理協会），『法人税実務マニュアル』（共著・2013年・税務経理協会），『「経理・財務」実務マニュアル（3訂版）』（共著・2015年・税務経理協会）等

奥秋(おくあき)　慎祐(しんすけ)（担当：１章，３章，６章，７章，第10章～第13章，第30章）

公認会計士，税理士，早稲田大学商学部非常勤講師

サンセリテ会計事務所代表（メールアドレス：zeikin@sincerite-kaikei.jp）

[略歴]

東京生まれ。早稲田大学商学部卒業。22才で公認会計士2次試験に合格し，大手監査法人で上場企業の監査に携わる。その後，ロンドン留学を経て，少数精鋭の事務所に転職。そこで，中小企業，上場企業の税務，組織再編に取り組む。2008年に独立。

現在は，上場企業から中小企業，個人まで幅広いクライアントを持つユニークなオフィスを経営している。プライベートでは，2児の父として，「幸せな子育て」を実践しながら，クライアントの幸せと豊かさを様々な側面から応援している。

[著書]

『法人税実務マニュアル』（共著・2013年・税務経理協会），『「経理・財務」実務マニュアル（3訂版）』（共著・2015年・税務経理協会）

【企　画】

ジャスネットコミュニケーションズ株式会社　http://www.jusnet.co.jp/

1996年に公認会計士が設立。会計、税務、経理･財務分野に特化したプロフェッショナル･エージェンシー。

公認会計士、税理士、経理パーソンを中心とした、登録者一人ひとりのスキルやキャリアに応じて人材紹介・人材派遣サービス、実務教育サービス等を提供。

エージェント登録者は業界トップクラスの３万人を超え、監査法人、税理士法人をはじめとする５千社を超える企業・事務所から支持を受けている。

教育サービス「経理実務の学校」https://edu.jusnet.co.jp/ では、「経理・財務サービススキルスタンダード」に準拠した講座やセミナーを提供し、経理の仕事を学ぶ動画サイト「Accountant's Library」https://library.jusnet.co.jp/ では、業界最大級の動画数をラインナップしている。

ビジネスパーソンの中心に支持を集め、国内 外を問わず利用者が増えている。

著者との契約により検印省略

平成28年3月10日　初　版　発　行
平成30年6月10日　初版第2刷発行

キャリアアップを目指す人のための
「経理・財務」用語事典

著　者　馬場一徳
　　　　青山隆治
　　　　奥秋慎祐
発行者　大坪克行
整版所　株式会社森の印刷屋
印刷所　税経印刷株式会社
製本所　牧製本印刷株式会社

発行所　東京都新宿区下落合2丁目5番13号　株式会社　税務経理協会
郵便番号　161－0033　振替 00190－2－187408　電話 (03)3953－3301(編集部)
FAX (03)3565－3391　(03)3953－3325(営業部)
URL http://www.zeikei.co.jp/
乱丁・落丁の場合はお取替えいたします。

ISBN978-4-419-06330-6　C3034